KB188864

로마서 강해

Romans

로마서 5-7장

로마서 강해

김병훈

3

개혁된실천사

로마서 강해 3

지은이 김병훈

펴낸이 김종진

편집 김예담

초판 발행 2023. 11. 15.

등록번호 제2018-000357호

등록된 곳 서울특별시 강남구 선릉로107길 15, 202호

발행처 개혁된실천사

전화번호 02)6052-9696

이메일 mail@dailylearning.co.kr

웹사이트 www.dailylearning.co.kr

책값은 뒤표지에 있습니다.

ISBN 979-11-89697-53-2 03230

차례

로마서 연속 설교 서문

지극히 아름답고 영광스러운 하나님의 말씀 계시인 로마서를 읽고 그리스도의 교회에서 교인들에게 설교한다는 것은 실로 영광스러운 일입니다. 아마 강단에서 설교의 사역을 맡은 사람이라면 누구라도 로마서 강해설교를 꿈꾸어 볼 일이지 않겠나 생각합니다.

로마서는 신구약 성경 전체를 조망하는 관점을 열어주며, 구속사의 관점에서 구원론에 관한 가르침은 물론, 기독론, 계시론, 인간론 그리고 예정론을 포함하는 신론을 담고 있는 광대한 신학을 열어 보여줍니다. 이것뿐이 아닙니다. 로마서는 지극히 실천적인 교회론을 제시하는 목회 서신의 성격을 또한 아름답게 보여줍니다. 아울러 성경신학적 관점에서 구약을 읽는 신약의 해석적 원리와 방향을 규정하며, 그러한 의미에서 성경해석학의 정당한 기준을 제시합니다. 예를 들어 믿음으로 죄인이 의인의 신분을 얻는다는 이신칭의의 교리에 대한 성경적 근거가 어떠한지를 밝히는 구약성경의 해석적 토대를 세워줍니다. 이러한 해석적 지침은 그리스도의 복음의 정수를 결정하는 성경의 교훈이 무엇인가에 대한 신학 토론을 매듭짓는 최종적인 권위입니다. 이러한 로마서의 권위는 로마서를 교회에서 설교하여야 할 충분한 이유를 밝혀줍니다.

로마서가 복음을 영광스럽게 규명하는 영광스러운 하나님의 계시라는 객관적 권위의 성격에도 불구하고, 로마서를 교회에서 설교하는 것은 참으로 어려운 과업입니다. 로마서를 학습하는 일뿐만 아니라, 이것을 설교의 형태로 전달하는 일은 많은 학습 노력과 전달 기술을 요구합니다. 뿐만 아니라 로마서의 깊은 신학과 교훈을 설교의 방식을 통해 회중에게 전달하는 일은 이것을 듣는 회중의 집중과 인내를 또한 요구합니다. 로마서 설교의 영광스러움 때문에 로마서를 들었다가도, 작업의 지난함 때문에 몇 번이고 망설인 것은 이러한 이유 때문입니다.

선하신 하나님의 은혜로 나그네 교회가 설립되면서 모든 설교를 가급적 성경 강해로 한다는 기본 원칙을 세우고 이에 따라 성경책을 선택하는 가운데 감히 로마서를 포함하여 살피기로 결심하였습니다. 앞서 말한 어려움을 잘 알면서도, 오직 한 가지 바람 때문이었습니다. 그것은 나그네 교회가 이처럼 소중한 로마서의 교훈을 듣고, 복음을 균형 있게 깨닫고, 복음적 진리와 사랑 가운데 바로 서는 교회가 되었으면 하는 바람이었습니다. 설교의 책임을 맡은 설교자도 로마서를 학습하며 복음 앞에 바르게 서고, 회중들도 들으며 바로 서는 복된 은혜를 구하며, 설립된 교회를 선히 함께 이루기를 바라는 바람이 간절했습니다.

나그네 교회의 로마서 설교는 2016년 1월 6일부터 2018년 1월 31일 사이에 수요기도회에서 65회에 걸쳐 로마서 11장까지 행하여졌으며, 이후 2018년 3월 11일부터 2018년 9월 2일 사이에 주일 오전 예배 설교를 통해 로마서 16장 마지막까지 13회에 걸쳐 행하여진 것입니다. 로마서의 설교를 정한 순서에 따라 다 마친 후에, 어쩌다 필요에 의해 다시 간추린 형태로 된 설교 노트를 보면, 부족한 부분이 눈에 훤히 들어옴으로 인해 아쉬운 마음뿐입니다. 그럼에도 설교자에게 로마서 설교의 한 예를 보여드리는 데 도움이 되고자 하는 오직 한 가지 목적에 의미를 두고 이렇게 책으로 출판하기에 이르렀습니다.

이 책은 로마서를 주석한 책이 아닙니다. 그런 만큼 신약학자의 노력에 비할 바가 못 됩니다. 또한 이 책은 설교집이기는 하지만 감동적으로 복음을 풀어내는 설교와 비교할 바가 못 됩니다. 책의 성격은 일반적인 설교에 비해 강의를 담고 있다고 평가가 될 수도 있겠습니다. 분명히 이 책에 실린 글은 모두 실제 교회에서 설교한 그대로입니다. 하지만 어떤 이들은 이 설교들이 마치 강의를 전달한 것과 같다는 반응을 보이신 분도 계셨습니다. 설교학자의 평가는 어떠할는지 모르지만, 나그네 교회 회중들에게 전하였던 설교이므로, 부족한 것은 두말할 필요가 없을지라도 이 책이 설교집인 것은 분명합니다. 아무쪼록 로마서 설교를 하고자 하는 분에게 하나의 사례가 되기를 바랄 뿐입니다. 개인적으로는 조직신학을 (아주 조금뿐이지만) 공부하는 사람으로 로마서 설교를 진행하면서 개혁신학의 교리와 성경의 주해가 만나는 진리 발견과 복음 이해의 큰 기쁨을 누려왔습니다. 이러한 기쁨이 이 책을 통해서 로마서 설교를 읽고자 하는 분들에게 전달될 수 있기를 바랍니다.

이 책을 출판하면서 감사를 드릴 분들이 많습니다. 먼저는 출판을 격려해주신 존경하며 사랑하는 나그네 교회 교우 여러분, 당회와 제직회원들, 원고를 정리하는 데 수고해준 교우들, 그리고 끝으로 편집과 출간을 위해 수고해준 개혁된실천사 관계자분들에게 감사드립니다.

오직 하나님께만 영광이 있기를 바라며, 하나님의 크신 긍휼과 도우심의 은혜를 찬송합니다.

로마서 5-7장 서문

본권에 실린 설교는 2016년 8월 10일부터 2017년 3월 15일까지 15번에 걸쳐서 수요일 밤에 로마서 5장, 6장, 그리고 7장을 설교한 것입니다.

로마서 5-7장은 3-4장에서 밝힌 이신칭의 교리가 신자에게 주는 구원의 복들을 일깨워 줍니다. 특별히 5장은 이 복이 이 땅에서 살아가는 성도의 위로가 되는 것임을 알려주며, 환난 가운데서도 즐거워할 이유가 됨을 가르칩니다. 이신칭의 교리가 주는 위로는 그 열매의 기쁨만이 아니라, 여전히 죄의 영향력 아래 살아가는 성도에게 커다란 구원의 확신을 준다는 원리를 풀어줍니다. 바로 그리스도의 사랑이 의인이 아닌 죄인에게 부어지는 것임을 환기시키며 구원의 확신을 도모합니다. 이러한 은혜를 아담과 그리스도의 대조를 통하여 다시 설명합니다. 아담의 죄로 인하여 모든 인류가 사망에 놓여 있으므로 모든 인류에게 주어지는 구원의 길은 다른 한 분 예수 그리스도의 순종으로 인하여 많은 사람이 의인이 되는 길뿐임을 명시합니다. 그리하여 그 복된 말씀, "죄가 사망 안에서 왕 노릇 한 것 같이 은혜도 또한 의로 말미암아 왕 노릇 하여 우리 주 예수 그리스도로 말미암아 영생에 이르게 하려 함이라"(롬 5:21)에 이르게 됩니다.

그렇다면 6장은 이러한 이신칭의 교리를 오해하여 죄의 지배 아래 여전히 머물고자 하는 일이 있을 수 없으며 있어서 안 되는 것임을 교훈합니다. 신자는 모름지기 그리스도로 인하여 죄에 대하여 죽은 자이며 그리스도와 함께 장사되고 또 새 생명을 받은 자임을 일깨웁니다. 그러므로 신자는 죄에 종 노릇할 자가 아니며, 의의 종으로서 죄로 죽을 몸의 사욕을 다스려야 할 것임을 교훈합니다. 은혜를 더하게 하려고 죄에 거하는 일은 신자에게 있어서는 안 되는 일입니다. 6장의 마지막 절, "죄의 삯이 사망이요 하나님의 은사는 그리스도 예수 우리 주 안에 있는 영생이니라"는 말씀으로 5장 21절과 서로 호응하여 이신칭의로 인하여 누리는 그리스도 예수 안에서의 영생을 확증합니다.

7장에 이르러서는 그리스도 안에 있는 신자가 겪는 영적 실상에 대해 가르침을 줍니다. 6장에서 이른 바와 같이 신자가 의의 종으로서 거룩함의 열매를 맺고 영생에 이르러야 마땅함에도, 실제로 신자가 영적 곤고함의 탄식을 하는 영적 실상을 겪고 있다는 사실을 제시합니다. 이것으로 7장은 낙관적 기대로 신자가 죄로 인하여 탄식하는 경우는 의롭다 함을 받지 못한 것이라는 정죄를 하지 않도록 합니다. 도리어 이러한 탄식을 통해 더욱 더 그리스도의 은혜를 바라며 3-5장에 이른 그리스도의 구원의 도리를 단단히 붙들어 6장이 교훈하는 의의 열매를 맺는 종으로 살아가는 선순환의 영적 경로를 따라야 할 것임을 가르칩니다. 7장 24절 "오호라 나는 곤고한 사람이로다 이 사망의 몸에서 누가 나를 건져내랴"는 말씀은 신자의 모든 신앙이 헛되게도 다시 율법의 정죄 아래 놓여 사망에 이르게 되었다는 탄식이 아닙니다. 이 탄식은 모든 신자에게 나타나는 진정한 영적 현실인데, 이로써 모든 신자는 다시 그리스도 예수 앞에 나가게 됩니다. 그리하여 25절에서 비록 자신이 마음으로 하나님의 법을 육신으로는 죄의 법을 섬기는 양상을 목도하고 있더라도 더욱 우리 주 예수 그리스도로 말미암아 하나님께 감사하는 찬양을 올립니다. 왜냐하면 바로 8장 1절에서 이르듯이 이제 그리스도 예수 안에 있는 자에게는 결코 정죄함이 없기 때문입니다. 이러한 은혜의 각성이 반복적으로 되풀이 되면서 신자는 거룩함을 이루는 열매를 맺어갑니다.

결론적으로 본권에서 설교하는 로마서 5-7장은 칭의의 은혜는 성화의 은혜와 비분리적이라는 8장의 교훈을 예고하며 아울러 그 내용의 토대를 구축합니다. 이 복된 은혜가 독자 여러분에게 잘 전달되기를 간절히 바랍니다.

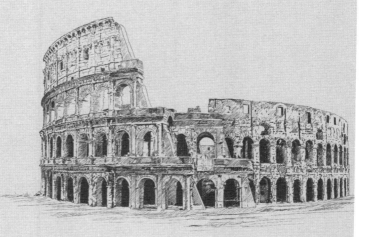

그러므로 우리가 믿음으로 의롭다 하심을 받았으니 우리 주 예수 그리스도로 말미암아 하나님과 화평을 누리자 또한 그로 말미암아 우리가 믿음으로 서 있는 이 은혜에 들어감을 얻었으며 하나님의 영광을 바라고 즐거워하느니라. 로마서 5:1-2

슬프고 고단한 인생의 이유와 해결책

슬픈 인생 가운데 복음은 여러분에게 정말로 기쁜 소식입니까? 그렇다면 왜 그렇습니까? 신자는 이 질문에 대한 답을 마땅히 알아야 합니다. 그러나 하나님을 모르는 사람은 이 세상을 살아가는 데 복음이 답이 된다는 사실에 동의하지 못합니다. 그들은 왜 인생살이가 근본적으로 슬프고 아픈지를 모릅니다. 성경은 인생이 슬프고 아픈 것은 죄 때문이라고 분명하게 말해줍니다. 따라서 이 슬프고 고단한 인생에 대한 해결책은 오직 복음에서 발견할 수 있습니다.

죄 가운데 있는 이 세상에는 하나님의 심판이 내리고 있습니다. 물론 그 심판 가운데서도 하나님은 자기 백성을 도우시고 보호하십니다. 그러나 본질상 죄 가운데 있는 우리는 스스로 인생을 슬프고 고단하게 만듭니다. 모든 사람이 죄 가운데 있으므로 그 인생 자체가 밝고 청량하며 튼튼하지 못합니다. 안타깝게도 우리는 죄성에 따라

스스로 생각해도 이해할 수 없는 일을 행하면서 살아갑니다. 지금까지의 인생을 돌아보면 만족스럽고 잘했다고 여기는 일보다 후회하는 일이 더 많을 수 있습니다.

나 자신뿐 아니라 다른 사람과의 관계 속에서도 인생의 문제는 많이 드러납니다. 우리가 다 연약한 자이기 때문이며, 더 나아가 연약하다고 말하는 것으로 충분하지 않은 '죄성'이 있기 때문입니다. 우리가 다 연약하고 죄의 성정이 있어서 모가 나고 어려운 인간관계를 만들어 가는 것입니다. 예수 믿는 가정도 그렇고, 예수 믿는 자들이 모여 있는 교회도 그렇습니다. 하물며 일반 직장이나 세상의 이해관계에 따라 살아가는 곳은 더 말할 것도 없습니다. 결국 근본적으로 인생은 슬프고 아픕니다.

성경에 따르면, 세상은 모든 불의와 추악과 탐욕과 악의가 가득한 사람들이 사는 곳이라서 살인과 분쟁과 시기와 사기와 악독과 수군거림과 비방과 자랑과 교만과 부모 거역 같은 것이 가득 차 있다고 합니다. 이게 로마서 1장에 나오는 인생의 다양한 측면입니다. 성경은 부모가 자식을 사랑하고 자식이 부모에게 효도하고 형제간에 우애가 좋으며 친구끼리 깊은 우정을 나누고 나라를 위해 자기를 희생하는 일과 같이 이 세상에 존재하는 아름답고 좋은 것을 전혀 모르는 것처럼 말합니다. 인간과 인생에 대해 비관적인 설명만 쭉 늘어놓습니다.

하나님이 그 사실을 모르셔서 그렇게 말씀하신 것이 아닙니다. 우리 가운데 부분적인 선의 모습이 있지만 그것이 이 세상의 영적 성격을 결정하는 본질이 아니기 때문이며, 근본적으로 인간의 비극과 한계와 슬픔을 극복할 정도로 아름다운 것이 아니기 때문입니다. 이 세상은 죄 가운데 죽어야 하는 인생의 문제, 하나님의 심판 아래 있어야 되는 인생의 문제를 결코 해결해주지 못합니다. 그러면 우리 가운데 있는 부분적인 선은 무엇입니까? 그것은 죄의 굴레 아래 신음하는 이 세상 속에서 인생들이 살 수 있도록 하나님께서 은혜를 다 거두지 않고 남겨 두신 흔적입니다. 성령 하나님이 우리 가운데 긍휼과 자랑과 사랑과 선에 대한 마음이 일정하게 작용하도록 남겨 두신 은혜가 있어서 그것이 나타나는 것입니다. 그러나 그것은 어두움 아래에 있는 세상에 가끔씩 비춰지는 희미한 빛인지라 사실상 어두운 세상 자체를 해결하지는 못하는 것입니다.

따라서 "이 슬프고 허무하고 아픈 인생을 근원적으로 해결할 기쁨이 있는가?"를 생각할 때, 세상 가운데서는 그 답을 구할 수 없습니다. 세상 자체가 주는 그 어떤 것도 근본적인 답이 될 수 없습니다. 좋은 음식을 먹는 것은 즐겁지만 그것은 잠깐의 즐거움일 뿐 시간이 조금 지나면 다시 배가 고픈 것처럼 아무리 좋은 것도 오래가지 못합니다. 잠깐의 즐거움 안에서 인생의 근원적 문제를 해결할 수 있습니까? 성경은 절대 그럴 수 없다고 말합니다.

하나님의 영광에 이르지 못한 인간은 정죄의 심판 아래에 있어서 이 땅에 살면서 마지막 날에 받을 영원한 심판의 전조를 미리 맛보는 것입니다. 이 세상에 살면서 우리가 겪는 모든 슬픔과 고난은 (만일 우리가 하나님의 자녀로 선택을 받은 신자라면) 하나님의 절대성과 신실하심과 우리를 사랑하시는 끊임없는 사랑과 인자하심과 긍휼의 무궁하심을 믿고 나오도록 이끄시는 하나의 연단입니다. 만일 우리가 영원한 구원의 문제를 해결받지 못한 채로 살다가 인생의 마지막 종착점에서 영원한 멸망을 당한다면, 이 땅에서 맞닥뜨리는 고난은 절대로 우리에게 연단이요 교훈으로 다가올 수 없습니다. 그것은 심판 그 자체입니다.

오직 하나님의 사랑을 받은 자에게만 고난과 슬픔이 하나님 앞에서 합력하여 선을 이루고, 믿음의 인내 가운데 마지막 날에 상을 받을 만한 이유가 됩니다. 믿지 않는 자들에게 고난은 고난이고 환난은 환난일 뿐입니다. 만일 그런 것을 통해 예수님을 믿는 은혜를 누리게 되었다면, 그는 본래부터 하나님의 택함을 받은 사람이기 때문에 고난과 환난이 선으로 바뀌는 일을 경험한 것입니다. 하나님의 영원한 선택 가운데 있는 사람이거나 하나님의 영원한 구원에 이를 사람이라면 그들에게 이 땅에서 겪는 모든 환난과 슬픔은 유익이 되지만, 그렇지 않은 사람에게 이 땅의 고난은 고난일 뿐이고 마지막 날에 받을 영원한 심판에 대한 전조인 것입니다.

신자는 이 땅에 만연한 환난과 고통을 보면서 영원한 심판이 임할 때 어떤 일이 있을지 엿보게 됩니다. 그 자신도 만일 그리스도 안에 있지 않았다면 이 세상에서 경험하는 모든 어두움의 증상이 극대화된 지옥의 심판 아래 놓이게 되었을 것을 알고, 두려움과 무서움으로 몸서리칩니다. 그러면서 용서하시는 하나님의 은혜를 바라보게 됩니다. 결국 "이 세상에 살면서 겪는 슬픔과 환난과 아픔과 비참함을 면할 수 있는 근원적 해결책이 있느냐?"라고 물어볼 때, 답은 예수 그리스도 안에 있습니다. 그분이 유일한 답이 되신다는 사실이 로마서에 나와 있습니다.

유일한 답, 예수 그리스도를 믿는 것

로마서는 사람들이 율법을 행함으로, 양심에 따라 행함으로, 무언가 노력함으로 해결책을 얻을 수 있다고 생각하는 것 자체가 근본적으로 잘못되었다는 사실을 처음부터 논증해줍니다. 특히 유대인에게는 "율법의 행위로가 아니다"라는 사실을 엄격히 말해 잘못된 길로 가지 않게 합니다. 기본적으로 우리에게 주신 양심이나 하나님의 율법은 오직 우리가 얼마나 부패한 자인지를 드러내주는 역할을 할 뿐입니다. 우리의 행실이 얼마나 악한지를 선명하게 드러내주는 일을 하는 것입니다.

그래서 최소한의 은혜가 있으면, 곧 하나님이 일반 사람들에게 베푸신 은혜가 작용하고 있다면, 양심이 자신이 얼마나 부패한 자인지를 드러내는 순간에 하나님의 심판을 생각하지 않을 수 없습니다. 그러니까 훗날에 하나님 앞에 설 때 얼마나 큰 벌을 받을까 싶어서 그 두려움 때문에 죄를 억제하는 것입니다. 그런데 그 억제하는 기능이 온전하게 작용하지는 않습니다. 억제의 기능을 이겨내고 죄악을 행하려는 마음의 욕망이 더 크기 때문입니다. 얼마 동안 죄를 억제하다가 나중에는 욕망대로 죄를 저지르고 악을 행하게 됩니다. 그러므로 율법의 행위나 자신의 양심에 의지해서 우리가 겪는 인생의 슬픔과 고난에 대한 답을 찾으려는 것은 미련하고 허망한 일입니다.

로마서는 그것을 분명히 선언하고, 우리에게 옳은 길을 가르쳐 줍니다. 그 길은 예수 그리스도를 믿는 것뿐입니다. 하나님이 예수 그리스도를 화목제물로 삼으셨기 때문에 그리스도를 믿으면 의롭다 함을 받는 길이 열리는 것이요, 그로 인해 하나님으로부터 영원한 정죄를 받지 않는 길이 열리는 것입니다. 이는 유대인이나 이방인이나 구분 없이 주어지는 것이기 때문에 우리는 모두 그 은혜를 입은 아브라함의 자손이요, 구원받은 자로 이 세상의 슬픔과 고난과 아픔 속에서도 살아갈 수 있는 힘을 얻게 되는 것입니다. 그런 것이 일시적으로는 우리를 힘들고 괴롭게 하겠지만, 궁극적으로는 우리를 절망으로 내몰 수 없습니다.

성경이 그리스도 안에서 누리는 기쁨을 이야기하는 것은 우리의 아픔과 슬픔의 실존을 모르기 때문이 아닙니다. 하나님은 우리보다 우리를 더 잘 아시는 분입니다. 그럼에도 계속해서 그리스도 안에서 누리는 기쁨을 말씀하실 때는 이 땅의 어떤 슬픔도 우리를 삼키지 못한다는 사실을 똑바로 직시하라고 요구하시는 것입니다. "내가 너희와 함께 있고 너희가 그리스도 안에 있으니 이 세상의 일이 너희를 삼킬 수 없을 것이다."

이신칭의로 인한 첫 번째 열매

로마서 5장은 크게 둘로 나뉩니다. 먼저 1절부터 11절까지의 내용은 "예수 그리스도를 믿음으로 의롭다 함을 받은 자가 누리는 신앙의 유익은 무엇인가?"에 대해 말합니다. 즉, 믿음으로 의롭다 함을 받은 자가 받는 신앙의 유익, 은택, 열매에 대해 설명합니다.

우선 1-2절을 보면, 이신칭의로 인한 세 가지 열매에 대해 말합니다.

> "그러므로 우리가 믿음으로 의롭다 하심을 받았으니 우리 주 예수 그리스도로 말미암아 하나님과 화평을 누리자 또한 그로 말미암아 우리가 믿음으로 서 있는 이 은혜에 들어감을 얻었으며 하나님의 영광을 바라고 즐거워하느니라"

첫 번째 열매는 '하나님과 화평을 누리는 것'입니다. 이것은 참 흥미로운 내용입니다. "화평을 누리자"는 거의 모든 영어성경 번역본에 "우리가 이미 화평을 누리고 있도다"로 번역되어 있습니다. 다시 말해 청유형이나 권면이 아니라, 우리가 예수 그리스도로 인해 화평을 누리고 있다는 선언의 의미를 담고 있습니다. 그 이유는 사본들의 차이 때문입니다. 어떤 사본은 '누리자'로 번역된 반면에, 다른 사본들은 '누리고 있다'로 번역되어 있습니다. 이러한 사본의 차이는 헬라어의 모음 길이의 차이 때문에 생긴 것입니다. 모음이 길면 '누리자'가 되고, 짧으면 '누리고 있다'가 되기 때문입니다.

　여러분이 생각할 때는 어느 것이 더 적절한 번역 같습니까? 하나님이 성경 원문을 남겨놓으셨다면 그것을 찾아보면 되는데 사본밖에 없으니 확인이 불가합니다. 하지만 '누리자'와 '누리고 있다'는 큰 차이가 있습니까? 만일 '밥 먹자'라고 하면 밥 먹기 전이 됩니다. 그러면 '누리자'도 누리기 전이 되는 것입니다. 본문이 그런 의미라면, "누리자. 이제부터 누리자"가 되고 이전까지는 누리지 못했다는 뜻이 됩니다. 이것은 객관적 상태를 설명하는 것이 아닙니다. 1절에서 "우리가 믿음으로 의롭다 하심을 받았으니"라며 이미 의롭다 하심을 받았다고 합니다. 시제가 하나 앞서는 것입니다. 이미 의롭다 하심을 받았다는 객관적인 사실은 우리와 하나님이 화평한 관계임을 보증해 줍니다. 근거가 되는 것입니다. 따라서 '누리자'가 아닌, "우리가 하나님과 화평을 누리고 있도다"라고 해야 연결이 자연스럽습니다.

　우리는 예수님을 믿음으로 의롭다 함을 받고 구원을 받았다고 하면서도, 자신이 뭔가 잘못하거나 영적으로 태만하거나 죄를 지을 때면 하나님을 두려워합니다. 그러나 그때라도 우리는 하나님 앞에 나가서 "하나님, 제가 죄를 지었습니다. 저는 믿음으로 변화된 능력과 흔적이 거의 없는 사람처럼, 하나님의 은혜를 모르는 사람처럼 죄에 짓고 말았습니다"라고 고백하면서 "그래도 주 예수 안에서 우리를 의롭다 하셨기에 다시 주님께서 약속하신 용서의 은혜를 믿고 하나님을 감히 아버지라 부르며 회개하오니 죄를 이길 힘을 주옵소서"라고 기도하면 됩니다. 이렇게 기도하는 것은 하나님과 화평한 사람만 가능한 일입니다. 하나님과 화평한 관계에 대해 이해한 사람은 "하나님은 나를 영원한 진노 아래 두지 않고 그분의 아들 안에서 불러 은혜를 베풀어 주셨다. 그리고 나와 하나님의 관계는 예수님을 믿음으로 말미암아 주어졌다"라는 분명한 확신을 갖고 있습니다. 그런 사람은 '화평'의 객관적 사실을 믿고 혹 죄를 지었더라도 회개함으로 하나님과 화평을 누리고, 하나님의 말씀에 순종할 때는 순종할 능력을 주신 감격으로 하나님과 화평을 누리고, 언제나 하나님과 화평한 관계를 유지하고 누리는 주관적 경험을 갖는 것입니다. 회개는 하나님과의 화평한 관계를 드러내주는 일종의 경로입니다.

그런데 믿음으로 의롭다 함을 받았다고 말하면서도 하나님과 화평한 관계에 대해 이해하지 못한 사람은, 하나님이 자기의 아버지라는 믿음 자체가 흔들리고 신앙생활을 스스로 평가하면서 하나님과의 사이가 좋아졌다 나빠졌다 한다고 여깁니다. 하나님은 가만히 계신데 자기의 심리상태에 따라 하나님과의 거리가 막 변하는 것입니다. 그런 사람들은 죄를 짓게 되면 하나님과 사이가 멀어졌다고 낙담하며 두려워합니다. 그런데 이상하게도 이러한 심리적 거리감은 죄를 짓는 일로 그 사람을 이끌어 가는 작용을 하기도 합니다. 죄를 짓고 "아, 이러면 안 되지" 하면서도 또 다시 죄를 짓는 형태로 가는 것입니다.

여러분은 영적 상태가 하나님과 멀어지고 있는 것 같을 때 아무것도 느끼지 못합니까? 어느 날 갑자기 멀어지는 것이 아닙니다. 조금씩 영적 경건에 대한 노력을 하지 않고 기도와 찬송을 하기 싫고 성경도 읽기 싫고 설교도 듣기 싫어집니다. 모든 영적인 자극과 관심과 하나님의 사랑의 메시지에 마음의 귀를 닫기 시작하는 것입니다. 그런데 그런 사람들은 그때 자기의 심리를 잘 압니다. 그들은 "이러면 안 되는데" 하면서도 죄의 관성을 즐기는 자기의 모습을 보게 됩니다. 그렇게 되면 하나님과 멀어지게 되고 스스로 하나님과 사이가 화평하지 않다고 생각하게 됩니다.

그러나 본문의 핵심은 예수 그리스도를 믿음으로 의롭게 된 자는 하나님과 화평하다는 것입니다. 즉, 우리의 주관적 상태가 어떠하든지 하나님은 변함없이 화평한 관계로 우리를 보고 계신 것입니다. 그래서 우리를 깨우쳐 주시려고 연단도 하시고, 오래 참으시는 가운데 우리를 불러내셔서 은혜의 단비를 경험하게 하십니다. 그리고 통곡하고 울면서 하나님 앞에 돌아오는 기쁨을 회복시켜 주시면서, 마침내 인생을 마치고 호흡이 끊어지는 그날에 주의 나라를 확신 있게 바라볼 수 있도록 붙들어 주시는 것입니다. 따라서 우리는 은혜의 때를 놓치지 않고 살아야 합니다. 인생의 마지막 때를 우리 스스로 결정할 수 없으니 깨어 있어야 합니다. 늘어져 있을 때 하나님이 나를 탁 데려가시면 얼마나 부끄럽겠습니까? 그래서 하나님은 지금도 우리에게 "나와 함께 이 화평의 관계를 네가 족히 누릴 수 있기를 원하노라"라고 말씀하십니다.

하나님이 객관적으로 우리를 그리스도 안에서 화평케 하셨으니, 우리가 아무리 주관적으로 화평하지 않다고 말해도 주를 진실로 믿는 자는 하나님과 화평한 관계가 유지됩니다. 그렇지만 영적으로 나태하거나 죄를 짓고 있는 사람은 하나님과의 화평을 누리지 못할 따름입니다. 그렇지만 여전히 하나님의 자녀입니다. 그래서 하나님은 우리가 그분을 아버지라 부르며 언제든지 돌아올 수 있도록 기다리십니다. 탕자를 기다린 아버지처럼 항상 우리를 기다리십니다. 예수 그리스도를 믿음으로 화평케 되는 하나님과의 관계는 우리의 주관적 상태에 따라 달라지지 않는 것입니다.

그러면 이제 반대로 예수 그리스도 안에 있지 않으면 화평을 누릴 수 없다는 사실을 생각해보고자 합니다. 예수 그리스도와 상관없이 내가 화평하다고 하면 그것이 정말로 화평한 것입니까? 다시 말해, 그리스도 안에 있지 않고도, 그리스도를 믿음으로 의롭다 함을 받지 않고도 혼자서 하나님과 화평하다고 하면 정말로 화평한 것이냐는 말입니다. 본문은 그럴 수 없다고 분명하게 말합니다. 만일 우리가 어떤 행위나 노력으로 하나님의 진노를 가라앉히려고 마음의 욕심을 다 내려놓고 깊은 명상 속으로 들어가면 화평할 수 있습니까? 절대 아닙니다. 그리스도 안에 있는 자라야 비로소 화평할 수 있습니다. 슬픔과 고난과 아픔이 많은 인생 가운데 명상을 통해 잊어버리자 한들, 내 마음에 있는 욕심을 내려놓은들 하나님과 화평할 수 없습니다. 주관적으로 화평하다고 해도 소용없습니다. 결국 영혼과 육신이 망하고 영원한 진노 아래 놓이게 되기 때문입니다.

그러므로 오직 그리스도를 믿음으로 의롭다 함을 받은 자에게만 참된 화평이 있습니다. 우리는 화평을 누리지 못하고 있는 사람에게 객관적 사실을 토대로 이렇게 권할 수 있습니다. "예수 그리스도 안에서 당신의 죄는 다 용서받은 것이라네. 하나님이 당신을 더 이상 죄인으로 보지 않고 의인으로 보고 계시네. 하나님이 당신을 원수로 보지 않고 그분의 자녀로 보고 계시다는 말일세. 하나님은 절대로 약속의 성취를 주저하지 않으시니 그리스도를 믿고 의지하여 화평한 관계를 믿고 주 앞에 나가세."

그래서 "하나님과 화평을 누리자"가 맞느냐 "하나님과 화평을 누리고 있도다"가 맞느냐를 논할 때, 어떤 사람은 "화평을 누리고 있으니 그 화평을 누리자"가 맞다고 합니다. "이미 하나님과 우리 사이에 화평의 관계가 주어졌으니 그렇게 주어진 화평을 누리자"라고 해석하면 의미상으로 적절합니다. "화평을 누리고 있으니 화평을 족히 누리도록 하자."

하나님과 화평을 누린다는 말은 어떤 의미입니까? 이제 원수가 아닌 친구가 되는 것이요 죄인이 아닌 의인이요 멸망할 자가 아닌 영생을 얻을 자요 하나님 나라의 유업을 이어받을 자요 하나님의 자녀가 되는 것입니다. 우리 편에서 보면 하나님은 모든 문제를 다 들어주시는 아버지입니다. 우리가 육신의 질병과 마음의 근심뿐만 아니라 죄를 범한 것까지 고백할 수 있는 분입니다. "주님, 제 마음속에 이렇게 더러운 생각과 수치스러운 마음이 있습니다. 어떻게 하죠?" 이렇게 말해도 됩니다. 부모든 목사든 사람에게는 말할 수 없는 것이 많습니다. 하지만 하나님 앞에서는 가릴 필요가 없습니다. 체면을 내세울 것도 없습니다. 그저 우리는 하나님과 화평한 관계임을 믿고, 주님 앞에 다 내어놓고 긍휼과 성령의 능력과 거룩한 성품을 구하며 나아가면 됩니다. 그러면 성화의 역사가 우리 가운데 임하고, 주께서 우리의 근심과 걱정을 받으시고 우리 안에 평화를 다시 채워주시며, 우리의 인생을 이끌어 주실 것입니다. 그러므로 참된 기도는 예수 그리스도를 믿음으로 말미암아 하나님과 화평을 누리고 있음에 대한 확신이 없으면 할 수 없습니다. 그렇지 않다면 어느 누구도 하나님의 은혜의 보좌 앞에 나아갈 수 없는 것입니다.

이신칭의로 인한 두 번째 열매

이신칭의로 인한 첫 번째 열매인 하나님과 화평을 누리는 것을 바탕으로 두 번째 열매가 나타납니다. 그것은 2절의 "또한 그로 말미암아 우리가 믿음으로 서 있는 이 은혜에 들어감을 얻었으며"에서 볼 수 있습니다. 이는 우리에게 주어진 놀라운 약속이고, 어떤 의미에서는 고난이기도 합니다. 에베소서 3장 12절을 보겠습니다.

   "우리가 그 안에서 그를 믿음으로 말미암아 담대함과 확신을 가지고 하나
   님께 나아감을 얻느니라."

여기서 "그 안에서 그를 믿음으로 말미암아"는 예수 그리스도를 믿음으로 우리가 의롭다 함을 받았다는 말입니다. 그다음에 나오는 말이 중요합니다. 죄인인 우리가 "담대함과 확신을 가지고" 하나님

앞에 나아간다고 합니다. 즉, 죄인은 하나님의 진노의 불 아래 두려움을 떨겠지만, 예수님을 믿는 성도는 담대하게 하나님께 나아가는 것입니다.

> "그러므로 우리에게 큰 대제사장이 계시니 승천하신 이 곧 하나님의 아들 예수시라 우리가 믿는 도리를 굳게 잡을지어다 우리에게 있는 대제사장은 우리의 연약함을 동정하지 못하실 이가 아니요 모든 일에 우리와 똑같이 시험을 받으신 이로되 죄는 없으시니라 그러므로 우리는 긍휼하심을 받고 때를 따라 돕는 은혜를 얻기 위하여 은혜의 보좌 앞에 담대히 나아갈 것이니라"(히 4:14-16).

"때를 따라 돕는 은혜"란, 하나님이 우리에게 꼭 필요한 은혜를 알맞은 때마다 주신다는 말입니다. 하나님 앞에 엎드려 나아가 은혜를 구하지 않는 사람이 그 은혜의 맛을 어떻게 알겠습니까? 그러므로 우리는 기도해야 합니다. 예수 믿는 사람에게 은혜의 보좌가 열려 있기 때문입니다. 정욕에 따라 구하는 것 외에는 주님이 모두 들으십니다. 우리의 기도를 들으시고, 우리에게 무궁한 지혜와 능력과 때를 따라 돕는 은혜를 주십니다. 지금은 우리가 구하는 것을 받지 못할수도 있지만 하나님은 다 기억하고 계십니다. 우리는 결핍에 대한 응답이 채워짐이라고 생각하지만, 기도 응답이 언제나 채워짐으로 주어지는 것은 아닙니다. 결핍한 상태가 채워짐보다 더 내게 유익할 수도 있습니다. 중요한 것은 하나님이 모든 기도에 때에 따라 응답을 하신다는 것입니다.

히브리서 4장 14절에 나와 있듯이 우리는 큰 대제사장이자 승천하신 하나님의 아들 예수로 인해 은혜의 보좌 앞에 나아갈 수 있습니다. 예수님은 제사장이자 왕이십니다. 히브리서 5장 5-6절을 보겠습니다.

"또한 이와 같이 그리스도께서 대제사장 되심도 스스로 영광을 취하심이 아니요 오직 말씀하신 이가 그에게 이르시되 너는 내 아들이니 내가 오늘 너를 낳았다 하셨고 또한 이와 같이 다른 데서 말씀하시되 네가 영원히 멜기세덱의 반차를 따르는 제사장이라 하셨으니."

여기서 "너는 내 아들이니 내가 오늘 너를 낳았다"라는 말은 시편 2편의 말씀이고, "네가 영원히 멜기세덱의 반차를 따르는 제사장이라"라는 말은 시편 110편의 말씀입니다. 시편 2편은 예수 그리스도의 왕권을 설명하는 시입니다. 왕이심을 드러내는 이 시편이 어떻게 대제사장이심을 논증하는 구절로 쓰인 것입니까? 그것은 멜기세덱이라는 존재의 특수성 때문입니다. 앞서 설명했지만 멜기세덱은 의의 왕인데 샬롬, 평강의 지역을 다스리기에 '의와 평강의 왕'이 됩니다. 그런데 창세기 14장을 보면 그가 아브라함에게 제사장의 역할을 했습니다. 멜기세덱이 평강의 지역을 다스리는 '의의 왕'이면서 제사장이라는 사실은 시편 2편과 시편 110편에 연결되면서, 왕이시며 제사장이신 예수 그리스도의 직분을 예표합니다.

본래 구약에 따르면 왕의 직분과 제사장의 직분은 구분되어 있습니다. 그런데 그리스도 안에서 통합이 이루어지는 것입니다. 이것은 왕권을 통한 심판이 그리스도를 믿는 자에게는 절대로 작용하지 않는다는 것을 알려줍니다. 왜냐하면 왕이신 그분이 우리를 위한 대제사장이시기 때문입니다. 그래서 우리의 왕이신 그리스도는 용서하시고 우리의 모든 허물을 덮어주십니다. 예수 그리스도를 믿음으로 의롭다 함을 받은 자는 그리스도의 대제사장 사역 가운데 그리스도의 왕권의 통치 아래 들어가는 것이므로, 하나님과 화평의 관계 속에 있으며 영원한 심판을 받는 두려운 왕권의 통치 아래 있지 않습니다.

이신칭의로 인한 세 번째 열매

마지막으로 이신칭의로 인한 세 번째 열매는 본문 2절의 "하나님의 영광을 바라고 즐거워하느니라"에서 확인할 수 있습니다. 비록 지금 우리는 이 세상에서 나그네로 살지만, 믿음으로 장차 받을 영광의 유업을 미리 심령 속에 누리며 살기 때문에 이 땅에서 하나님의 영광을 바라면서 즐거워하는 삶을 살 수 있다는 것입니다. 그리스도를 믿지 않는 자들 가운데 이 땅에서 장래의 삶을 확신하며 사는 사람이 있겠습니까? 없습니다. 예수 그리스도를 믿는 우리는 어떠합니까? 분명 불확실한 시대에 불안을 느낄 수 있지만, 우리는 이 세상의 장래를 확실히 아는 자로 영생의 소망을 받았기 때문에 그 영광을 바라보면서 지금 즐거움을 누릴 수 있습니다.

예를 들어, 한 학생이 오랫동안 졸업에 필요한 학점을 다 이수하고 이제 남은 것이 졸업식뿐이라면 그는 분명 기쁨이 넘칠 것입니다. 저 역시 40대 중반까지 학생으로 지냈습니다. 졸업의 요건을 다 이수하고 마지막으로 논문에 대한 교수들의 질문에 답변을 하는 과정이 있는데 그것을 통과해야 졸업을 할 수 있었습니다. 당시 교수들이 논의 후 나오시면서 한 사람씩 축하의 악수를 내밀었습니다. 사실 그러면 모든 것이 다 끝난 것입니다. 남은 것은 이제 졸업식뿐입니다. 졸업식이 있는 그날까지 학위 수여의 기쁨을 바라보며 남은 시간을 보내며 졸업식을 기다립니다.

"하나님의 영광을 바라고 즐거워하느니라"라는 말이 바로 그것입니다. 성도는 약속받은 영생을 바라보고 있기 때문에 사는 동안 그 영생의 즐거움을 맛보면서 살면 됩니다. 어떤 사람이 올림픽 금메달을 따는 결승에서 이기면, 그는 그 금메달을 수상할 때까지 끊임없이 인터뷰를 하게 됩니다. 그때 아직 수상은 안 했지만 미리 시상식의 영광을 누리는 것입니다. 마찬가지로 예수 그리스도를 믿고 의롭다 함을 받은 자는 영광을 약속받아 미리 손에 쥐고 있기 때문에 이제 그것을 바라며 즐거움으로 지내는 것입니다.

그러면 그 "영광"은 도대체 무엇입니까? 첫째로, 지금은 하나님을 희미하게 보지만 그때는 얼굴과 얼굴을 대하여 본다고 말씀한 것으로부터 짐작할 수 있습니다. 즉, 하나님의 계시를 확실하게 인식하는 것입니다. 우리가 그날에 하나님의 얼굴을 대한다는 것은 지금 우리가 서로 보듯이 그렇게 본다는 것이 아닙니다. 더욱이 하나님은 우리가 사물을 다루듯 파악하거나 분석할 수 있는 존재도 아니십니다. 하나님은 무한하시고 영원하시기 때문에 유한한 존재인 우리는 어디에 있든지 하나님의 은혜를 배워가는 것입니다. 하나님의 은혜는 아무리 감격해도 사라지지 않고 더욱더 새로워집니다. 따라서 얼굴과 얼굴을 대하여 본다는 것은 하나님을 파악한다는 것이 아니라 하나님이 우리에게 알려주시는 분량만큼 우리가 그분을 제대로 안다는 뜻입니다. 지금은 성경을 통해 하나님을 알게 해주셔서 계시의 말씀을 희미하게 아는데, 이후에는 계시의 말씀을 확실히 안다는 말입니다. 정말로 벅찬 은혜입니다.

둘째로, 그 영광은 하나님의 영광을 즐거워하는 가운데 하나님의 성품에 참여함으로 하나님을 닮아가는 것입니다. 그래서 베드로후서 1장 4절에 "이로써 그 보배롭고 지극히 큰 약속을 우리에게 주사 이 약속으로 말미암아 너희가 정욕 때문에 세상에서 썩어질 것을 피하여 신성한 성품에 참여하는 자가 되게 하려 하셨느니라"라고 했습니다. 또한 요한일서 3장 2절에는 "사랑하는 자들아 우리가 지금은 하나님의 자녀라 장래에 어떻게 될지는 아직 나타나지 아니하였으나 그가 나타나시면 우리가 그와 같을 줄을 아는 것은 그의 참모습 그대로 볼 것이기 때문이니"라고 했습니다. 예수 그리스도를 닮게 되면 하나님의 영광을 바라보고 진정한 행복을 알게 됩니다. 하나님은 그분 자신이 누구신지 우리에게 보여주시고 우리를 그분의 형상대로 빚어가십니다. 죄 가운데 있으면 하나님을 알지 못하지만, 거룩한 성품에 참여하면 하나님을 알아갈 수 있습니다. 하나님의 성품에 참여함으로 그분을 닮아가는 만큼 하나님을 알아가는 것입니다. 경건의 지식은 단순한 객관적 사실뿐만 아니라 주관적 지식을 갖는 것입니다. 경건의 지식은 하나님에 대한 단순한 지식이 아니라 우리의 고백과 삶을 빚어가는 지식입니다.

하나님은 예수 믿는 자를 의롭다 하시며 이 모든 은택들을 약속해 주셨습니다. 그러므로 예수를 믿는 것은 너무나 감격스러운 일입니다. 믿음이 별것 아닌 것 같지만, 우리는 그 믿음을 통해 하나님의 복된 은혜를 온전히 누릴 수 있습니다.

웨스트민스터 대요리문답 90문답에 나와 있는 모든 것이 예수를 믿는 것 하나로 인해 우리가 받은 약속입니다. 그에 대한 감사와 은혜를 깊이 마음에 새기며 주 앞에 나아가기를 권면합니다.

문 90. 심판 날에 의인에게 어떤 일이 이루어지는가?

답 : 심판 날에 의인은 구름을 타고 그리스도께로 인도되어 그분의 우편에 놓이게 될 것이다. 거기서 그들은 공적으로 인지함을 받고 면죄를 받아 그리스도께서 천사들과 사람들을 책망하시는 심판에 참여할 것이다. 그리고 천당으로 영접을 받아 거기서 모든 죄와 비참함에서부터 온전히, 그리고 영원히 자유함을 누릴 것이다. 수많은 성도들과 천사들과 함께 어울리며, 특히 하나님 아버지와 우리 주 예수 그리스도와 성령께서 직접 보이시고 나타나시는 가운데서, 상상도 못할 기쁨을 만끽하며, 육체와 영혼이 함께 영원토록 완전히 거룩하고 행복하게 될 것이다. 이것이 곧 보이지 않

는 교회에 속한 성도들이 부활과 심판 날에 그리스도와 더불어 영광 중에 누리게 될 온전한 교제이다. (인용 : 총회(합신) 헌법, 2부 교리).

24. 환난 중에서도 즐거워하나니

다만 이뿐 아니라 우리가 환난 중에도 즐거워하나니 이는 환난은 인내

를, 인내는 연단을, 연단은 소망을 이루는 줄 앎이로다. 로마서 5:3-4

본문 3절의 "우리가 환난 중에도 즐거워하나니"는 위로가 되면서도 시험이 되는 말씀입니다. 환난 중에 도무지 즐거워할 수 없기 때문입니다. 그럼에도 환난 중에 즐거워할 수 있는 이유가 무엇이고 어떻게 해야 그렇게 살 수 있는지 본문을 통해 깨닫는 은혜가 있기를 바랍니다.

여기서 말하는 환난은 외부에서 밀려오는 억압을 가리킵니다. 그리스도인이라고 해서 당해야 하는 어떤 상실과 슬픔과 궁핍과 가난과 핍박이 있다면, 그것이 바로 여기서 말하는 환난입니다. 굳이 그리스도인이 아니라도 삶 속에서 슬픔과 가난과 궁핍과 핍박 등의 환난을 당할 수 있습니다. 그런데 그리스도인은 신앙 때문에 환난이 더 많을 수 있습니다. 예수님은 요한복음 15장 18-19절에서 "세상이 너희를 미워하면 너희보다 먼저 나를 미워한 줄을 알라 너희가 세상에 속하였으면 세상이 자기의 것을 사랑할 것이나 너희는 세상에 속한 자가 아니요 도리어 내가 너희를 세상에서 택하였기 때문에 세상이 너희를 미워하느니라"라고 말씀하셨습니다.

이것은 그리스도이기 때문에 부가되는 환난이라 볼 수 있습니다. 사실 초대교회 때의 신자들은 예수를 믿으면 이런 환난이 당연하게 따른다고 생각했습니다. 사도행전 14장 19-23절을 보겠습니다. 유대인들이 안디옥과 이고니온에서 와서 무리를 충동하여 돌로 바울을 쳐서 죽은 줄로 알고 시외로 끌어 내칩니다. 그때 제자들이 둘러섰는데 마침 바울이 일어나게 됩니다. 그리고 그는 "제자들의 마음을 굳게 하여 이 믿음에 머물러 있으라"고 권하며 "또 우리가 하나님의 나라에 들어가려면 많은 환난을 겪어야 할 것이다"라고 말합니다. 즉 바울 사도 입장에서는 "우리가 하나님의 나라에 들어가려면 환난은 당연한 통과 요소다"라고 이해한 것입니다.

예수 그리스도의 이름 때문에 받는 환난이 시험거리가 되어서 신앙을 포기하는 일이 있어서는 안 됩니다. 일반적으로 사람들이 겪는 슬픔과 아픔을 빙자하여 신앙을 버리는 일도 없어야 합니다. 즉, 이 땅에서 사는 동안에 우리가 겪는 환난이 많을 텐데, 어떤 환난이든 그것을 이유로 신앙을 떠나서는 안 된다는 것입니다. 뒤집어 이야기하면, 하나님은 그 환난을 통해 신자에게 하나님의 나라에 들어가는 은혜를 주신다고 할 수 있습니다.

이 환난은 어디서부터 오는 것입니까? 먼저 예수님을 믿지 않는 사람들이 신자에게 주는 환난이 있습니다. 사실은 신자는 교회 안에서도 환난을 겪습니다. 마태복음 5장 11-12절을 보겠습니다.

"나로 말미암아 너희를 욕하고 박해하고 거짓으로 너희를 거슬러 모든 악한 말을 할 때에는 너희에게 복이 있나니 기뻐하고 즐거워하라 하늘에서 너희의 상이 큼이라 너희 전에 있던 선지자들도 이같이 박해하였느니라."

하나님은 우리에게 하늘에서 우리가 받을 상이 크니까 환난 가운데 기뻐하고 즐거워하라고 하십니다. 그리고 이어서 너희 전에 있던 선지자들도 이같이 박해하였다고 말씀하십니다. 선지자는 교회 바깥 이방인이 아니라 하나님이 택하신 백성 가운데 있었습니다. 따라서 이 말씀은, 너희가 교회 곧 이스라엘의 언약 백성 가운데 있지만 그 이스라엘이 너희를 핍박할 것이라는 말입니다. 하나님 앞에서 약속의 말씀을 진실하게 믿는데 교회 안에서 핍박을 받을 수 있다는 것은 참으로 기가 막힌 일입니다. 이처럼 하나님 나라의 합당한 신자가 받는 환난과 핍박은 세 가지입니다. 첫째는 예수를 믿는다는 이유 때문에 불신자에게서 받는 핍박이요. 둘째는 신자라도 불신자들처럼 죄악된 이 세상 가운데 연약한 인생으로 살아가는 삶의 고단함이요. 셋째는 교회 안에서 받는 핍박입니다. 교회가 순수한 교회가 아니기 때문에 그런 일이 벌어집니다.

교회는 가장 순수한 사람들이 모여서 지상에서 이룬 하나님 나라가 아니고, 하나님이 택한 백성과 그렇지 않은 자들이 섞여 있는 기관입니다. 교회로 모인 사람들이 모두 다 하나님의 예정적 선택을 받은 것은 아닙니다. 교회는 선택 받은 사람들만 모인 곳이 아니고 신앙을 고백하는 사람들이 모인 곳입니다. 그리고 신앙고백은 중생하지 않은 자도 형식상의 신앙고백을 할 수 있습니다. 그러므로 교회는 근본적으로 하나님이 택하신 백성의 무리만 있는 곳이 아닙니다. 그래서 교회에는 숱한 곡절이 있기 마련입니다. 지상 교회는 절대 이상적이지 않습니다. 그래서 경건한 신앙을 양육하고 격려하며 함께 가야 할 교회에서조차 핍박과 환난을 겪는 것입니다. 교회가 영적으로 부흥하면 격려하고 세워가는 사람이 드러나고, 교회가 어두움 가운데 있으면 그런 사람이 교회 안에 소수가 되어 어려움을 겪게 됩니다. 그러니까 종교개혁이 일어났던 16세기의 교회적 상황이 딱 그랬습니다. 진리의 말씀에서 벗어나고 도덕적으로 타락한 때였습니다. 그러므로 교회를 하나님의 말씀 가운데 새로 세워가는 사람들이 핍박의 대상이 될 수밖에 없던 것입니다. 핍박과 환난의 세 가지 원인 중 교회 안에서 당하는 환난은 신자에게 참으로 어려운 것입니다. 요한계시록 1장 9절을 보겠습니다.

"나 요한은 너희 형제요 예수의 환난과 나라와 참음에 동참하는 자라 하나님의 말씀과 예수를 증언하였음으로 말미암아 밧모라 하는 섬에 있었더니."

사도 요한이 자기를 가리켜 "너희 형제"라고 말합니다. 그리고 이어서 신앙의 인내로 환난을 겪으며 예수 그리스도의 나라에 참여하는 자라고 자신을 소개합니다. 사실 이것은 주님을 사랑하는 모든 자의 고백입니다. 요한계시록 3장에서 주님은 서머나 교회와 빌라델비아 교회를 책망하지 않고 칭찬하십니다. 10절을 보겠습니다.

"네가 나의 인내의 말씀을 지켰은즉 내가 또한 너를 지켜 시험의 때를 면
하게 하리니 이는 장차 온 세상에 임하여 땅에 거하는 자들을 시험할 때
라."

결국 신앙생활은 말씀 가운데 인내하며 지내는 것이라는 말입니
다. 우리는 어떤 큰일을 결정할 때 마음이 두근거립니다. 그 결정으
로 인해 앞으로 감당해야 할 일들이 보이기 때문입니다. 우리가 "예
수 그리스도의 제자로 살겠습니다"라고 말하는 것도 마찬가지입니
다. 주님은 이것을 잘 설명하기 위해 "전쟁에 나가는 임금이 전쟁의
승패를 따져보지 않겠느냐"고 말씀하셨습니다. "집을 짓는 사람이
비용이 얼마나 들지 미리 계산도 안 해보겠느냐. 너희가 제자가 되어
나를 따르려면, 이 죄악 된 세상 속에서 하나님을 믿는 것이 어떤 일
인지 생각해보아라." 죄악 된 세상 가운데 하나님을 믿는 것은 소수
자의 인생을 선택하는 것입니다. 신앙적 선택은 여유롭지 않습니다.
남들이 볼 땐 이상하고 업신여김을 당하는 일인 것입니다. 하나님을
마음에 두기 싫어하는 죄악된 인생 가운데 하나님을 사랑하는 사람
으로 살아가기 때문입니다.

인내

본문은 신앙생활 가운데 환난이 있더라도 우리가 즐거워할 수 있는 이유에 대해 이야기합니다. 한마디로 환난은 인내를, 인내는 연단을, 연단은 소망을 이루는 줄 알기 때문에 즐거워할 수 있다고 합니다. 그러면 인내란 무엇입니까? 여기서 말하는 "인내"는 어떠한 상태 아래서 여전히 변하지 않고 견디어 내는 것을 말합니다. 그것은 수동적으로 어쩔 수 없이 당하는 것만이 아니라, 내가 가고자 하는 그 길에서 어떤 상황의 압박이 있어도 그 길을 끝까지 꿋꿋이 가는 것입니다. 그래서 능동적 상태도 포함합니다. 즉, 몸이 아플 때 아픈 걸 참아 내는 것, 어려운 환경 안에서 끝까지 참아내는 것이 인내입니다.

그러면 믿음의 생활을 인내 없이 감당할 수 있는 사람이 누가 있겠습니까? 지금까지 여러분의 신앙생활 자체도 인내였을 것입니다. 누가복음 21장을 열어보세요. 5-19절을 보겠습니다.

> "어떤 사람들이 성전을 가리켜 그 아름다운 돌과 헌물로 꾸민 것을 말하매 예수께서 이르시되 너희 보는 이것들이 날이 이르면 돌 하나도 돌 위에 남지 않고 다 무너뜨려지리라 그들이 물어 이르되 선생님이여 그러면 어느 때에 이런 일이 있겠사오며 이런 일이 일어나려 할 때에 무슨 징조가 있사오리이까 이르시되 미혹을 받지 않도록 주의하라 많은 사람이 내 이름으로 와서 이르되 내가 그라 하며 때가 가까이 왔다 하겠으나 그들을 따르지 말라 난리와 소요의 소문을 들을 때에 두려워하지 말라 이 일이

먼저 있어야 하되 끝은 곧 되지 아니하리라 또 이르시되 민족이 민족을, 나라가 나라를 대적하여 일어나겠고 곳곳에 큰 지진과 기근과 전염병이 있겠고 또 무서운 일과 하늘로부터 큰 징조들이 있으리라 이 모든 일 전에 내 이름으로 말미암아 너희에게 손을 대어 박해하며 회당과 옥에 넘겨 주며 임금들과 집권자들 앞에 끌어 가려니와 이 일이 도리어 너희에게 증거가 되리라 그러므로 너희는 변명할 것을 미리 궁리하지 않도록 명심하라 내가 너희의 모든 대적이 능히 대항하거나 변박할 수 없는 구변과 지혜를 너희에게 주리라 심지어 부모와 형제와 친척과 벗이 너희를 넘겨 주어 너희 중의 몇을 죽이게 하겠고 또 너희가 내 이름으로 말미암아 모든 사람에게 미움을 받을 것이나 너희 머리털 하나도 상하지 아니하리라 너희의 인내로 너희 영혼을 얻으리라."

여기에 성전이 무너질 것, 종말이 있을 것에 대한 주님의 예언의 말씀이 나옵니다. 어떤 사람이 성전을 가리키면서 "얼마나 아름답습니까?"라고 했는데, 예수님은 성전이 다 무너질 것이고 환난이 있을 거라고 말씀하십니다. 이 말씀에는 먼저 누구나 다 당하는 보편적 환난과 신앙 때문에 받는 환난이 나타납니다. 그리고 19절에서 인내를 말씀하십니다. 결국 인내는 환난과 어려움 가운데서 수동적이든 능동적이든 하나님의 부르심을 받은 신앙의 길을 끝까지 흔들림 없이 가는 것입니다. 그때 19절에 나온 것처럼 "너희의 인내로 너희 영혼을 얻으리라"라고 합니다. 이는 곧 구원에 이르게 될 거라는 말입니다.

연단

인내는 연단을 이룬다고 말합니다. 여기서 말하는 "연단"은 "어떤 것이 있는데 그것이 과연 그것이구나"라고 증거해주는 것입니다. 고린도후서 13장 3절은 "이는 그리스도께서 내 안에서 말씀하시는 증거를 너희가 구함이니 그는 너희에게 대하여 약하지 않고 도리어 너희 안에서 강하시니라"라고 말합니다. 여기에 나오는 "증거"가 본문 4절에서 "연단"이라고 번역된 것입니다. 이 둘은 같은 단어입니다. 사람들이 사도 바울에게 그리스도께서 말씀하시는 증거를 구하니, 바울은 "그 증거를 너희가 나에게서 구하는구나"라고 말했습니다. 그 증거가 바로 연단입니다. 본문에 나오는 "연단"은 보통 우리가 쓰는 연단과 조금 다른 의미를 갖는 것입니다.

히브리서 12장 11절은 "무릇 징계가 당시에는 즐거워 보이지 않고 슬퍼 보이나 후에 그로 말미암아 연단 받은 자들은 의와 평강의 열매를 맺느니라"라고 말합니다. 여기에 나오는 "연단"은 본문 4절에 나오는 "연단"과 우리말로 번역만 같을 뿐, 헬라어 자체가 다릅니다. 여기서 "연단 받은 자들"은 훈련 받은 자들을 뜻합니다. 디모데전서 4장 7-8절에서도 마찬가지입니다. "경건에 이르도록 네 자신을 연단하라 육체의 연단은 약간의 유익이 있으나 경건은 범사에 유익하니 금생과 내생에 약속이 있느니라." 여기서 "연단하라"는 훈련하라는 뜻입니다. 그런데 베드로전서 4장 12절에는 조금 다른 의미가 붙습니다. 베드로전서 4장 12절은 "사랑하는 자들아 너희를 연단하려고 오는 불 시험을 이상한 일 당하는 것 같이 이상히 여기지 말고"
라고 말씀하는데, 여기서 말하는 "연단"은 너희를 시험하려고 오는
것을 말합니다.

결국 성경에서 연단을 받는다는 말은 주로 훈련을 받는다는 의미
로 쓰이고, 그 훈련은 그가 신자인가 아닌가 또는 그의 신앙이 어떤
가를 시험하는 의미가 있습니다. 그래서 그 결과, "과연 그가 이러하
구나"라고 결과나 어떤 증거를 보이는 것도 연단입니다. 본문 4절에
나오는 "인내는 연단을"에서 연단은 그것이 과연 그것임을 드러내주
는 증거나 본질 또는 특성을 말하는 것입니다. 우리는 모두 그리스도
인입니다. 그러면 그리스도인으로서 인내를 통하여 믿음의 길을 갈
때 신자임을 드러내주는 증거는 무엇입니까? 그것이 드러나면 "와,
저 사람은 과연 경건한 하나님의 사람이구나"라고 알 수 있는 것이
있지 않겠습니까? 그것이 바로 연단입니다.

이 연단은 좁은 길을 끝까지 견지하는 신앙의 신실함이 없으면
절대로 확인할 수 없습니다. 그러므로 그것은 오히려 어려움 가운데
잘 드러납니다. 욥기 1장 5절을 보겠습니다.

"그들이 차례대로 잔치를 끝내면 욥이 그들을 불러다가 성결하게 하되 아
침에 일어나서 그들의 명수대로 번제를 드렸으니 이는 욥이 말하기를 혹
시 내 아들들이 죄를 범하여 마음으로 하나님을 욕되게 하였을까 함이라
욥의 행위가 항상 이러하였더라."

욥이 과연 참된 경건한 사람임을 보여주는 증거가 이렇게 있는 것입니다. 이것이 본문 4절에서 말한 '인내가 보여주는 연단'입니다. 그런데 욥기 말씀을 이어서 보니 마귀가 "욥이 어찌 까닭 없이 하나님을 그렇게 경외하겠느냐? 그것은 주께서 그에게 집과 소유물을 울타리로 둘러주셨기 때문이다. 주님이 땅에 넘치도록 그에게 복을 주셨는데 당연히 그러하지 않겠는가?"라고 하나님께 도전합니다. 그리고 "그러므로 그 모든 것을 다 치면 틀림없이 주를 향하여 욕하지 않겠는가?"라고 말합니다. 다시 말해 욥이 보여주는 연단의 모습이 다 참된 경건의 증거가 아니라고 도전한 것입니다. 그래서 주님은 마귀가 환난으로 욥을 시험하는 것을 허락하십니다. 그럼에도 욥은 어떻게 반응합니까? 욥기 1장 20-23절을 보겠습니다.

"욥이 일어나 겉옷을 찢고 머리털을 밀고 땅에 엎드려 예배하며 이르되 내가 모태에서 알몸으로 나왔사온즉 또한 알몸이 그리로 돌아가올지라 주신 이도 여호와시요 거두신 이도 여호와시오니 여호와의 이름이 찬송을 받으실지니이다 하고 이 모든 일에 욥이 범죄하지 아니하고 하나님을 향하여 원망하지 아니하니라."

욥은 단순히 체념하는 것이 아니라 예배했습니다. 보통의 사람이라면, 그런 상황 속에서 불평과 원망의 마음이 있을 수 있지만, 욥은 하나님을 향해 불평하고 체념하지 않고 예배한 것입니다. 그리고 그로써 그가 경건한 자라는 증거가 드러나고 연단되었습니다. 연단이 인내 가운데 나타난 것입니다. 욥기 2장 3절에서 하나님은 사탄에게 "내 종 욥을 주의하여 보았느냐 그와 같이 온전하고 정직하여 하나님을 경외하며 악에서 떠난 자가 세상에 없느니라"라고 말씀하십니다. 여기서 말하는 '온전함'이 바로 연단의 내용입니다. 그래서 사단이 추가로 시험을 요구합니다. 이에 하나님은 "생명은 건들지 말고 나머지 살과 뼈를 치라"고 허락해주십니다. 그리고 9절에 욥의 아내가 등장하여 "그의 아내가 그에게 이르되 당신이 그래도 자기의 온전함을 굳게 지키느냐 하나님을 욕하고 죽으라"고 말합니다. 욥의 아내는 인내 가운데서 연단의 증거를 드러내지 못했습니다. 그러나 욥은 끝까지 연단의 증거를 나타내 보였습니다. 그것이 바로 "인내는 연단을 이루느니라"라는 말의 의미입니다. 욥은 환난 가운데서 여전히 주를 바라보았습니다. 환난 가운데 믿음의 인내로 신앙의 아름다운 증거를 드러내며 하나님을 바라본 것입니다. 욥의 연단 중 훈련의 의미로서 연단은 3장부터 나타납니다. 2장까지는 훈련받기 이전의 욥 자체로서 그가 경건한 신자라는 증거가 드러나고 있는 것입니다.

소망

다시 본문을 보겠습니다. 환난 중에서 인내는 연단을 이루고 연단은 소망을 이룬다고 했는데, 여기서 소망은 무엇입니까? 무엇을 소망하는 것입니까? 하나님이 약속하신 좋은 것을 바라보며 기대하는 것이 소망입니다. 신자는 마음속으로 하나님이 우리에게 약속하신 것을 항상 그리워하고 갈망하고 기대해야 합니다. 그래서 우리가 하나님의 나라를 소망 중에 바라야 하는 것입니다. 하나님의 능력을 구하여 세속적 필요를 채우는 것에 신앙의 모든 관심을 두기 시작하면, 인내와 연단과 소망으로 이어지는 이 믿음의 핵심 경로를 따라갈 수 없게 됩니다. 우리의 소망은 "현세적 욕망을 이룰 수 있도록 하나님이 능력으로 역사해 주세요"라고 하는 것이 아니라 하늘의 것을 바라봐야 합니다. 그리고 그 소망의 내용은 '하나님의 자녀 됨'을 포함하는 것입니다. 이는 로마서 5장 1-2절에 나와 있습니다.

> "그러므로 우리가 믿음으로 의롭다 하심을 받았으니 우리 주 예수 그리스도로 말미암아 하나님과 화평을 누리자 또한 그로 말미암아 우리가 믿음으로 서 있는 이 은혜에 들어감을 얻었으며 하나님의 영광을 바라고 즐거워하느니라."

하나님과의 화평이 우리의 소망입니다. 이는 그 크신 창조주 하나님을 편안하게 감사하는 마음으로 바라볼 수 있는 것입니다. 그리고 하나님을 아버지라 부르며 은혜의 보좌 앞에 나아갈 수 있습니다. 하나님이 약속하신 그 놀라운 영광으로 인해 기뻐할 수 있게 된 것입니다. 세상에서 가장 좋은 것을 손에 쥔다고 해도 그 기쁨은 잠깐일 뿐입니다. 세상의 부요함이나 세상에서 내 욕망을 채워가는 만족은 하나님이 우리에게 약속하신 소망이 아닙니다. 그런 것은 환난 가운데 인내와 연단을 통해서 비로소 바라보아야 할 것이 아닙니다. 하나님이 우리에게 주신 참된 기쁨은 예수 그리스도의 복음으로 인한 놀라운 은혜를 누리며 죄사함을 받은 자가 영원한 형벌에서 영원한 생명으로 옮겨지고 죄 없는 거룩한 성도들과 더불어 살아가는 인생을 바라보는 것입니다. 세상적인 사람은 그 기쁨이 소중하게 다가오지 않습니다. 같은 인식을 갖지 못하는 것입니다. 그런데 경건한 사람은 그 소망이 절실합니다. 그들은 죄 아래 근심하면서 자신의 본성상의 죄악이 해결될 그날을 바라봅니다. 그것이 경건한 자의 바람인 것입니다. 우리는 죄인이기 때문에 늘 경건하지 못하고, 한순간 실수할 수도 있습니다. 그러나 그때라도 전적인 죄사함의 은혜를 절실히 바라고 십자가를 붙들면 됩니다. 그리고 하나님이 나를 거룩하게 하실 그날을 더욱더 소망 중에 바라보는 것입니다. 주께서 거룩하시고 깨끗하신 것처럼 자신도 거룩하고 깨끗하게 살기 위해 부단히 노력하며 신앙의 길을 가는 것입니다. 죄 중에 있으면서 거룩을 바라는 것은 말이 안 됩니다. 몸을 씻는 사람이 깨끗함을 바라는 것입니다. 즉, 회개하는 경건한 사람이 거룩을 소망합니다. 그리고 거룩을 온전히 이루지 못한 자신을 돌아보며 십자가를 더욱더 사랑하게 되는 것입니다. 하나님의 전적인 은혜의 구원과 거룩에 대한 갈망이 있으니 잠깐 사는 이 세상 속에서 무엇을 근심하고 불평하며 살겠냐고 말합니다. 변화가 생기는 것입니다. 고린도후서 8장 1-2절을 보겠습니다.

"형제들아 하나님께서 마게도냐 교회들에게 주신 은혜를 우리가 너희에

게 알리노니 환난의 많은 시련 가운데서 그들의 넘치는 기쁨과 극심한 가
난이 그들의 풍성한 연보를 넘치도록 하게 하였느니라."

여기서는 증거 곧 연단을 이야기합니다. 모순된 말 같은데 환난
의 많은 시련과 기쁨이 그 교회에 있었다고 합니다. 그들의 환난은
구체적으로 말하면 극심한 가난이었습니다. 그럼에도 그들은 헌신했
습니다. "이 은혜와 성도 섬기는 일에 참여함에 대하여 우리에게 간
절히 구하니 우리가 바라던 것뿐 아니라 그들이 먼저 자신을 주께 드
리고 또 하나님의 뜻을 따라 우리에게 주었도다"(4-5절). 이것은 생각
하기 어려운 일이었습니다. 그들이 세상 것을 바라보았으면 절대 이
런 일은 없었을 것입니다. 그러면 이들은 먼저 드리고 나중에 더 큰
것을 받겠다는 마음으로 그렇게 한 것일까요? 아닙니다. 마게도냐 교
회는 오직 한 가지 때문에 변한 것이었습니다.

당시 마게도냐는 치열한 전투가 있는 지역이었습니다. 장군들이
로마의 황제가 되고자 서로 다툴 때 계속 전투가 일어난 지역 중 하
나가 마게도냐로, 그곳은 권력을 잡는 데 중요한 군사적 기반이 되는
지역이었습니다. 그런데 전투가 계속 이어지니까 그곳은 황폐해지고
말았습니다. 그럼에도 그곳에 있는 마게도냐 교인들은 하나님의 은
혜의 소망을 바라봅니다. 그래서 그들 안에 변화가 생겨 기쁨이 있는
것입니다.

그러면 도대체 환난 가운데서도 즐거워할 수 있는 방법은 무엇입
니까? 그것은 첫째, 로마서 5장 1-2절에 나와 있듯이 주께서 우리에

게 주신 소망의 내용을 붙드는 것입니다. 그러면 인내하는 가운데 우리가 참된 경건한 자라는 것이 증거되고, 그 증거 가운데 그리스도로 말미암아 의롭게 되어 하나님과 화평하고 믿음으로 서서 영광을 바라보며 기뻐할 수 있게 됩니다. 하나님의 자녀가 된다는 것은 은혜로 말미암아 주어지는 영광을 받는 것일 뿐 아니라 그리스도의 이름 때문에 당하는 환난도 상속받는 것입니다. 그러니까 마음의 각오를 좀 해야 합니다. 예수님 때문에 환난도 받겠다고 각오하는 것은 전혀 이상한 일이 아닙니다. 그럼에도 하나님이 약속하신 것이 있습니다. 그것은 "환난 이후에 받을 상이 매우 크다"는 사실입니다. 로마서 8장 17-18절은 "자녀이면 또한 상속자 곧 하나님의 상속자요 그리스도와 함께 한 상속자니 우리가 그와 함께 영광을 받기 위하여 고난도 함께 받아야 할 것이니라 생각하건대 현재의 고난은 장차 우리에게 나타날 영광과 비교할 수 없도다"라고 말합니다.

슬픔과 환난을 어떻게 즐거워할 수 있겠습니까? 슬픔과 고통과 환난은 아프고 힘든 것인데 그것을 즐거워하라고 말하니 누가 그런 신앙생활을 할 수 있겠습니까? 그러나 성경은 우리의 정서를 모르는 것이 아닙니다.

슬픔과 고통 때문에 하나님을 원망하고 하나님을 향해 불평하는 것은 죄입니다. 그러나 하나님께 자신의 고통과 슬픔을 비롯하여 무엇이든 토로하는 것은 죄가 아닙니다. 힘들면 울고 비명도 질러야 합니다. 시편 기자들은 다 그렇게 울면서 기도했습니다. 우리가 극심한 절망과 낙심 속에 빠져 있을 때도 하나님은 우리를 보고 계십니다.

그리고 그 일에는 하나님의 뜻이 분명히 있습니다. 그러므로 합력하여 선을 이루시는 사랑을 이해하지 못하고, 거부하고 저항할 만큼 지나치게 슬퍼하며 낙심해서는 안 됩니다. 어떤 슬픔과 고난과 아픔과 환난 가운데서도 우리에게 주신 은총과 기쁨이 무엇인지를 잊지 말아야 합니다. 자신의 슬픔과 환난이 너무 크다는 이유로 인내하고 연단하라는 말씀에 귀를 막고 돌아서서 절망의 길로 더욱 달려가는 것은 악한 것입니다.

　사람은 참 어리석게도 슬픔을 즐깁니다. 자기연민, 자기고통 안에서 절망하고 아무도 나를 이해할 수 없을 거라며 점점 가라앉는 것을 즐기는 것입니다. 그런데 여기서 예수 믿는 사람과 믿지 않는 사람의 인내와 연단에 차이가 나타납니다. 안 믿는 사람은 절망밖에 답이 없기 때문에 계속 가라앉아 있을 겁니다. 하지만 신자는 바닥까지 내려앉은 상황에서도 다시 일어나야 합니다. 하나님이 베푸신 영적인 복을 묵상하며 자신이 겪는 환난과 고통은 주님이 약속하신 영광에 비추어볼 때 아무것도 아님을 깨달아야 합니다. 심지어 생명을 잃어도 하늘의 약속이 있으니, 하늘의 영광과 기쁨과 소망을 포기하거나 무시하거나 경시하지 말고 하나님을 원망하지 말아야 합니다. 만일 자식이 생명을 잃는다면 어떻게 하겠습니까? 자식의 생명이 더 연장된다면 그것이 우리에게 지극한 행복이겠지만 그것이 자식에게도 최고의 사랑이라고 누가 확신할 수 있겠습니까? 우리는 모릅니다. 한 가지 아는 것은 하나님의 전적인 주권과 그 선하심만 바라봐야 한다는 사실입니다. 다윗은 밧세바와 간음하여 얻은 아들을 하나님이 치셔서 죽게 되자, 혹시 하나님이 불쌍히 여겨 아이의 생명을 살려주실까 하여 기도합니다. 그러나 다윗은 하나님이 아이의 생명을 거두어 가시는 그 순간에 기도를 접습니다. 주의 뜻 가운데 있는 일이라고 믿은 것입니다.

하나님 앞에서 모든 신자는 아무리 슬퍼도 성경 말씀과 신실한 성도들의 조언과 위로의 말을 귀담아 듣고 슬픔을 이겨내야 합니다. 그러면 일정 시간이 흐르고 그때 일을 추억하며 당시와 다른 이야기를 하게 될 것입니다. 조언과 위로는 "우리는 하나님과 화목하게 되었고 은혜의 보좌에 나갈 수 있게 된 것이 얼마나 큰 복인가요. 하나님의 영광으로 인하여 그것을 받았으니 이 얼마나 기쁜 일인가요? 영원한 생명과 새 하늘과 새 땅에서 누릴 그날을 기대하면서 하나님이 우리에게 예비하신 그 선한 것을 바라봅시다"라는 식으로 해야 합니다.

신자는 어떠한 상황에서도 그리스도의 은혜를 깨닫고 아는 신앙을 절대로 저버리면 안 됩니다. "하나님 아버지, 제가 여기 있습니다. 주님이 제 형편을 잘 아십니다. 주님만이 제 소망이십니다. 그래서 저는 주님께 피합니다. 제 마음은 심히 흔들리고 의심과 두려움으로 가득 차 있지만, 주께서 그리스도 안에서 맺어주신 언약을 생각하며 주님을 바라봅니다. 제가 귀히 여기는 모든 것은 본래 주님의 것이니 주님의 뜻대로 다루어 주시고, 저는 주의 가장 깊은 지성소에 들어가는 은혜 입은 자로서 그 행복을 놓치지 않게 하옵소서." 이렇게 슬픔과 환난과 절망을 감당하는 것이 참 신자의 모습입니다.

하나님이 그분의 언약 백성에게 고난을 주셔도 그것이 그를 미워하기 때문에 주시는 것이 아님을 잊지 말아야 합니다. 어린 자녀들이 "엄마는 날 사랑하지 않는 게 분명해! 왜 이렇게 나를 힘들게 하는 거야"라고 이야기하는데, 그들은 부모가 되어서 그것이 사랑이었음을 깨닫게 됩니다. 마찬가지입니다. 하나님도 고난을 겪고 있는 우리에게 "지금은 네가 이해하지 못하지만 네가 겪는 어려움은 너를 향한 지극한 내 사랑이란다"라고 말씀하십니다. 모든 일이 잘될 때만 하나님이 나를 사랑하시는 것이 아닙니다. 고난 가운데서도 하나님은 나를 마음에 품고 계십니다.

그래서 하나님은 우리가 세상이 아닌 그분을 보게 하십니다. 소망을 보게 하시는 것입니다. 그것이 우리의 인생, 특별히 신자를 붙들어 가시는 하나님의 뜻입니다. 사실 환난 가운데서 즐거워할 사람은 없습니다. 그러나 우리는 하나님이 그 가운데 믿음을 지켜가는 인내요, 인내 가운데 드러내는 신앙의 증거요, 증거로 말미암아 하나님의 소망을 붙들어 가는 일을 이루시기 때문에, 우리를 이끄시는 하나님의 손길을 느끼며, 절망하거나 주저앉지 않고 일어설 수 있습니다. 따라서 그 가운데서 신자의 즐거움을 누릴 수 있는 것입니다.

25. 확증하신 사랑

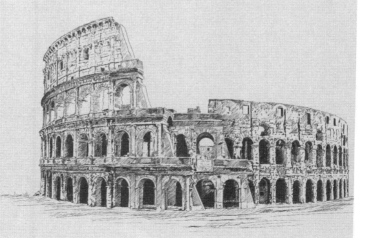

소망이 우리를 부끄럽게 하지 아니함은 우리에게 주신 성령으로 말미암아 하나님의 사랑이 우리 마음에 부은 바 됨이니, 우리가 아직 연약할 때에 기약대로 그리스도께서 경건하지 않은 자를 위하여 죽으셨도다. 의인을 위하여 죽는 자가 쉽지 않고 선인을 위하여 용감히 죽는 자가 혹 있거니와, 우리가 아직 죄인 되었을 때에 그리스도께서 우리를 위하여 죽으심으로 하나님께서 우리에 대한 자기의 사랑을 확증하셨느니라. 로마서 5:5-8

신자의 신앙생활

신자의 신앙생활은 어떤 특성을 갖고 있습니까? 신자의 신앙생활에 대해 어떻게 요약하고 정리할 수 있습니까? 로마서 5장 3-4절이 그 질문에 대한 한 가지 답이 됩니다. 3-4절을 보겠습니다.

"다만 이뿐 아니라 우리가 환난 중에도 즐거워하나니 이는 환난은 인내를 인내는 연단을 연단은 소망을 이루는 줄 앎이로다."

"성도의 믿음은 인생에서 겪는 어떤 환난도 감당할 만한 힘을 갖는다. 그들은 심지어 환난 중에도 즐거워한다." 사실 환난과 즐거움은 모순되는 말이요, 양립되지 않는 말인데 어떻게 그럴 수가 있는 걸까요? 환난 가운데 그리스도의 복음의 약속을 믿고 인내하면서 그 길을 끝까지 걸어가면, 그로 인해 하나님이 우리에게 주고자 하시는 믿음의 증거요, 신앙의 목적이 실현되는 연단의 결과를 갖게 됩니다. 그리고 연단의 결과, 하나님이 우리에게 약속한 바, 곧 예수 그리스도로 말미암아 의롭게 된 자에게 주시는 놀라운 은총을 다 받게 된다고 소망 중에 확신하기 때문입니다.

즉, 이 땅에 사는 성도들은 눈에 보이는 것만 보고 살거나 주어진 상황에 따라 흔들리는 사람들이 아니라, 본래 하나님이 우리를 부르신 선한 뜻이 이루어질 그날을 향해 걸어가는 과정 중에 있는 사람들입니다. 그래서 우리가 바라고 하나님이 예수 그리스도 안에서 우리에게 주고자 하시는 선한 것이 무엇인지 말씀을 통해 알아가며, 그 길을 걸어가는 중에 겪는 환난을 인내로 감당합니다. 그 결과 우리를 향한 그분의 목적이 이루어지니 연단의 열매가 있는 것이요, 연단을 통해 증거되는 소망을 갖고 사는 것입니다. 결국 "신자의 신앙생활은 무엇입니까?"라는 질문에 대한 답은 "이 땅에서 환난 없이 사는 것입니다"가 아니라 "이 땅에서 모든 사람이 겪는 환난에 더하여 그리스도 때문에 받는 환난이 주어지지만, 그럼에도 인내와 연단과 소망 가운데 사는 것이 신자의 삶입니다"라고 할 수 있습니다.

여러분의 신앙생활도 마찬가지입니다. 환난 가운데 믿음의 인내를 지켜야 은혜 입은 자로서 성품과 믿음을 드러낼 수 있고, 연단의 증거를 드러내며, 약속받은 소망이 반드시 여러분에게 있음을 확신할 수 있는 것입니다. 즉, 여러분 앞에 놓인 상황이나 문제는 이길 만한 것이 되고 "상황이 나를 삼킬 수 없다"고 말할 수 있는 것입니다. 사람이 볼 때는 당장 포기할 일이요 낙심과 절망의 일이요 짜증과 원망과 불평밖에 있을 수 없는 인생 같지만 신앙의 눈으로 보면 그 가운데 감사가 있고 기쁨이 있고 주 앞에 나아가는 찬송의 눈물도 있는 것입니다.

소망과 부르심

그렇다면 우리에게 어떤 소망을 약속하시는 것인가요? 우리가 바라는 소망에 대한 구체적인 내용이 5장 1-2절에 나옵니다.

> "그러므로 우리가 믿음으로 의롭다 하심을 받았으니 우리 주 예수 그리스도로 말미암아 하나님과 화평을 누리자 또한 그로 말미암아 우리가 믿음으로 서 있는 이 은혜에 들어감을 얻었으며 하나님의 영광을 바라고 즐거워하느니라."

이 소망은, 예수님으로 인해 내가 더 이상 죄인이 아니라 하나님의 자녀가 되었다는 사실이 주는 소망입니다. 우리는 티끌과 같은 존재입니다. 이 지구상에 있는 약 60억 인구 가운데 내가 존재하는 가치가 무엇이겠습니다? 사실 아무것도 아닙니다. 나 한 사람이 역사나 사회에 무슨 의미가 있겠습니까? 영웅이 떠나고 세상은 끝이 날 것 같았지만 세상의 역사는 계속되었고, 사도들이 떠날 때도 교회는 무너질 것 같았지만 그렇게 되지 않았습니다.

당시 예수님은 열두 사도를 남겨 놓으셨습니다. 이후에 사도들이 전도해서 교회를 세웠는데, 이때 교회의 성도들에게 무슨 힘이 있었겠습니까? 그런데 그 사도들이 하나님의 부르심을 받고 다른 곳으로 떠난다고 합시다. 그때 성도들이 당연히 "하나님, 교회는 어찌하라고 사도들을 불러가십니까?"라고 하지 않겠어요? 더군다나 사도들이 핍박과 환난 속에서 떠났지, 평화로운 시대에 떠난 것도 아닙니다. 즉 교회는 환난 속으로 들어가는데 사도들은 순교하고 떠났던 것입니다. 그럼에도 교회는 지금까지 이어져 왔습니다. 사람이 아니라 하나님이 세우신 것이기 때문에 그렇습니다.

예수님을 믿는 사람의 인생도 그렇습니다. 하나님이 붙들고 이끌어 가시기 때문에 끝일 것 같은 상황도 결코 끝이 아닌 것입니다. 이 모든 것의 근거는 우리의 하나님이 어떤 분인지 생각해보라는 것입니다. 하나님은 창조주요, 모든 역사를 섭리해 다스리시는 분입니다. 그분이 우리를 멸망의 자식이 아니라 예수 그리스도 안에서 의의 자녀로 받으셨고, 그로 인해 우리는 5장 2절에 나온 대로 하나님의 은혜에 들어갔으니 하나님의 은혜의 보좌 앞에 나아가 기도할 수 있는 자가 되었습니다. 따라서 하나님의 아름다운 영광을 보고 그 영광이 우리에게 비치는 큰 기쁨을 누릴 수 있게 된 것입니다. 이것이 우리에게 주어진 성도의 말할 수 없는 행복입니다. 성경 속 많은 믿음의 사람들은 바로 그런 행복을 누리며 살아간 것입니다. 그리고 이 시대의 믿음의 사람들도 그 약속의 말씀을 믿고 살아갑니다.

환난 중에도 예수 그리스도 안에서 누리는 복과 소망을 바라보며 오히려 즐거움으로 그 환난을 감당하면 정말로 하나님이 약속하신 복이 우리에게 주어지는 것일까요? 그렇습니다. 만약 그렇지 않다면 "그리스도인으로서 환난 가운데 즐거워했다"는 그 모든 것이 속임을 당한 것이요, 마지막 날에 수치를 당하는 일이 될 것입니다.

"네가 믿는 하나님이 너와 네 인생을 어떻게 했는지 보라!"

"아니야! 하나님은 나를 잊지 않으셔. 약속의 말씀대로 그리스도 안에서 용서받은 자의 행복이 있어. 나는 더 이상 멸망의 자녀가 아니라 하나님의 자녀고, 영원한 생명을 얻은 자야!"

"설령 하나님이 그런 분이라 하더라도 그분이 너를 기억하시겠니? 네가 믿음으로 그분 앞에 나간다고 해서 하나님이 너를 자기 자녀로 인정하실까? 인정하신다 해도 정말 그 약속이 이루어질까? 그러니까 그렇게 허망한 소망을 붙들고 살지 말고, 세상 사람들이 사는 것처럼 살아."

많은 사람이 우리의 신앙과 그 과정과 마지막이 어떻게 될 것인지에 대해 조롱하면서 우리를 바라봅니다. 즉 "그렇게 될까? 너희가 믿는 대로 될까? 성경대로 될까?"라는 식의 주장과 같은 것입니다. 잠언 11장 7절에는 "악인이 죽을 때에 그 소망이 끊어지나니 불의의 소망이 없어지느니라"라고 나와 있습니다. 즉 악인이 소망을 품고 바라는 것을 붙들고 있어 봐야 마지막에 죽을 때는 그 소망이 아무것도 아닌 것이 되고 하나님이 보실 때 합당치 않은 것이기에 결코 소망이라 말할 수 없으며 헛된 것일 뿐이라는 말씀입니다. 하나님이 악인을 심판하시니, 악인이 바라는 소망이 그대로 이루어질 리가 없는 것입니다. 그런데 우리가 믿는 신앙도, 우리가 바라는 소망도 그런 것일까요? 결론부터 말하면, 예수 그리스도 안에 있는 소망은 결코 우리를 부끄럽게 하지 않습니다. 그것이 오늘 본문 말씀의 첫 번째 문장입니다. "소망이 우리를 부끄럽게 하지 아니함은…" 빌립보서 1장 6절은 "너희 안에서 착한 일을 시작하신 이가 그리스도 예수의 날까지 이루실 줄을 우리는 확신하노라"라고 말씀합니다. 이것은 분명한 확신입니다.

사도 바울은 실존적으로, 경험적으로, 체험적으로 빌립보서 1장 6절에서 이렇게 말했습니다.

"너희 안에서 착한 일을 시작하신 이가 그리스도 예수의 날까지 이루실 줄을 우리는 확신하노라."

이 확신은 관념이나 하나의 지식이나 명제가 아니라 바울 사도의 인생을 건 실제적인 체험입니다. 그래서 15-21절에는 이런 내용이 이어집니다.

"어떤 이들은 투기와 분쟁으로, 어떤 이들은 착한 뜻으로 그리스도를 전파하나니 이들은 내가 복음을 변증하기 위하여 세우심을 받은 줄 알고 사랑으로 하나 그들은 나의 매임에 괴로움을 더하게 할 줄로 생각하여 순수하지 못하게 다툼으로 그리스도를 전파하느니라 그러면 무엇이냐 겉치레로 하나 참으로 하나 무슨 방도로 하든지 전파되는 것은 그리스도니 이로써 나는 기뻐하고 또한 기뻐하리라 이것이 너희의 간구와 예수 그리스도의 성령의 도우심으로 나를 구원에 이르게 할 줄 아는 고로 나의 간절한 기대와 소망을 따라 아무 일에든지 부끄러워하지 아니하고 지금도 전과 같이 온전히 담대하여 살든지 죽든지 내 몸에서 그리스도가 존귀하게 되게 하려 하나니 이는 내게 사는 것이 그리스도니 죽는 것도 유익함이라."

20절에 나온 대로 사도 바울도 우리가 갖고 있는 기대와 소망을 갖고 있었습니다.

바울 사도는 체험적이며 경험적이며 실존적으로 우리가 믿는 소망이 결코 헛되지 않다는 확신을 갖고 그 확신대로 인생을 산 사람이었습니다. 그것은 사도 바울에게만 특별한 것이 아니고 우리 모두에게 적용되는 원리입니다. 그렇다면 도대체 그런 확신은 어디서 오는 것입니까? 예를 들어 떡 줄 사람은 생각도 안 하는데 혼자서 '떡이다'라고 생각하면 어떻게 합니까? 하나님이 그렇게 생각하시지 않는데 혼자 그렇게 생각하면 어떻게 되는 것일까요?

우리의 확신이 결코 헛되지 않은 것에 대한 첫 번째 근거는 하나님이 누구신지에 있습니다. 약속한 이가 누구인지에 따라 그 확신은 달라질 수 있는 것입니다. 사람의 약속은 상황과 마음에 따라 바뀌는 것이어서 절대적으로 확신할 수는 없습니다. 저는 약속에 대한 이야기만 하면 괴로운 것이 하나 생각납니다. 어릴 때 저는 부친의 고향에서 며칠 지내면서 그 동네 또래들과 어울렸는데 너무 즐거웠습니다. 저는 집으로 돌아가면서 가서 선물을 보내주겠다고 그들과 약속했는데, 그 약속을 지키지 못했습니다. 그 친구들은 선물을 기다렸을 텐데 제 형편도 안 되고 또 집으로 돌아와서 다른 친구들과 어울리다 보니 잊어버린 것입니다. 그 뒤로는 '약속'이라 하면 그 일이 떠올라서 미안한 마음을 지우지 못하곤 합니다. 그런 일이 한두 개가 아니고 그중 하나가 생각나는 것이니, 그만큼 사람의 약속은 믿을 수 없는 것입니다. 결국 우리가 확신할 수 있는 것은 하나님이 누구신지를 생각해보는 것에 있습니다. 하나님은 절대로 자신이 한 말을 취소하시거나 바꾸시는 분이 아닙니다. 약속을 반드시 지키시는 분입니다. 성경은 그런 하나님을 가리켜서 '신실하시다'라고 말하고 성경에 따라 '미쁘시다'라고도 번역되어 있습니다. '미쁘다'는 '신실하다'와 같은 뜻입니다.

디모데후서 2장 13절에 "우리는 미쁨이 없을지라도 주는 항상 미쁘시니 자기를 부인하실 수 없으시리라"라고 나옵니다. 하나님은 신실하신 분이시므로, 하나님이 약속을 지키지 않는 것은 자신을 부인하시는 것이고 이는 하나님으로서 불가능한 일입니다. 또 민수기 23장 19절에는 "하나님은 사람이 아니시니 거짓말을 하지 않으시고 인생이 아니시니 후회가 없으시도다 어찌 그 말씀하신 바를 행하지 않으시며 하신 말씀을 실행하지 않으시랴"라고 나옵니다. 개역한글에서는 '식언하지 않으신다'고 나옵니다. 즉 하나님이 누구신지를 생각하면 하나님의 말씀이 절대적으로 이루어질 것이라는 확신을 가질 수 있는 것입니다.

히브리서 10장 23-25절 말씀에 우리가 던진 질문에 대한 답이 믿음의 공동체 안에서 실존적으로 권면하고 고백하는 내용으로 나옵니다.

> "또 약속하신 이는 미쁘시니 우리가 믿는 도리의 소망을 움직이지 말며 굳게 잡고 서로 돌아보아 사랑과 선행을 격려하며 모이기를 폐하는 어떤 사람들의 습관과 같이 하지 말고 오직 권하여 그 날이 가까움을 볼수록 더욱 그리하자."

약속하신 이는 미쁘시니 믿는 도리의 소망을 굳게 잡고 서로 돌아보아 사랑과 선행을 격려하라고 합니다. 믿음과 소망과 사랑, 이 세 가지가 다 등장합니다. 이것을 굳게 잡고, 모이기를 폐하는 어떤 사람들의 습관과 같이 하지 말라고 합니다. 어떤 사람들은 왜 모이기를 폐합니까? 하나님의 약속을 믿지 못하니까 당장 폐하고 떠나는 것입니다. 그러나 이 말씀은 하나님이 신실하시니 우리가 모일 이유가 있는 것이고 그날이 가까워질수록 더욱 그리하라고 말합니다. "주님 다시 오실 날과 인생이 마칠 날이 가까울수록 그리하자. 신앙공동체요, 믿음의 행렬에서 마음이 멀어지지 않도록 계속 더 붙어 있자. 하나님은 신실하시니 걱정하지 말라"는 것입니다. 주님의 약속은 반드시 이루어집니다.

소망이 우리를 부끄럽게 하지 않을 이유

본문 5절에는 구체적 내용이 나옵니다. 하나님의 사랑 때문에 우리의 소망이 결코 부끄러움을 당하지 않을 거라고 이야기합니다. 5절에 소망이 우리를 부끄럽게 하지 않을 이유가 세 가지 정도 나옵니다.

우선 "하나님의 사랑"이 우리 마음에 부어졌다고 합니다. 하나님의 사랑은 하나님이 우리를 사랑하시는 것을 뜻하지, 우리가 하나님을 사랑하는 것을 뜻하지 않습니다. 우리에게 주신 성령으로 우리 마음에 부은 바 된 하나님의 사랑은 구체적으로 무엇입니까? 그 내용은 6-8절에 나와 있습니다. 6절에 "기약대로 우리를 위하여 죽으셨도다"라는 말은 소망이 우리를 부끄럽게 하지 아니할 증거가 됩니다. 그 신실함의 증거대로 하나님의 사랑이 우리에게 부어진 것입니다. 그 까닭은 무엇입니까? 먼저 6절에 나온 "우리가 아직 연약할 때"라는 말을 볼 때는 그 앞에 괄호 처리되어 "모르는 사람이 누가 있는가?"라는 말이 들어 있다고 봐야 합니다. 헬라어 원문에는 "당신도 분명히 알지 않는가?"라는 말이 쓰여 있습니다. 즉 "우리가 다 알듯이, 모르는 사람이 아무도 없듯이 우리가 아직 연약할 때"라는 말입니다. 여기서 '연약하다'는 말은 영적인 의미로는 건강하지 못한 것을 뜻하고, 도덕적인 의미로는 부패해서 썩은 것을 뜻합니다. 따라서 "연약할 때"는 어떠한 하나님의 의도 행할 수 없었을 때입니다. 영적으로 병들어 마음이 부패해서 어떠한 하나님의 의도 행할 수 없었을 때, 곧 '의를 행할 수 없는 무능력자였을 때', '전적인 부패와 무능력 상태에 있었을 때'라는 뜻입니다. 또 6절은 "그리스도께서 경건하지 않은 자를 위하여 죽으셨도다"라고 말씀합니다. 경건하지 않은 자와 연약할 때는 서로 같은 내용을 설명하고 있습니다. 즉 '연약할 때'를 6절에 기초해 다시 설명하면 '경건하지 않은 자'인 것입니다. 경건하지 않은 자는 하나님 앞에서 의로운 자로 설 수 없는 자를 의미합니다. 아직 그리스도로 말미암아 하나님 앞에서 화목하게 되지 못한 자, 다시 말해 영원한 진노 아래에 있는 자입니다. 결국 8절에 나온 "우리가 아직 죄인 되었을 때에"라는 말도 "경건하지 않은 자", "연약할 때"와 다 같은 내용입니다. 아직 우리가 그리스도 안에 있지 못해서 죄를 용서받지 못하고 마음이 부패하고 연약하여 하나님의 법도를 행할 능력이 전혀 없는 무능력 상태에 있었을 때는, 한마디로 하나님의 영원한 저주 아래 있었을 때입니다. 에베소서 2장 1-3절의 말씀을 보겠습니다.

"그는 허물과 죄로 죽었던 너희를 살리셨도다 그 때에 너희는 그 가운데서 행하여 이 세상 풍조를 따르고 공중의 권세 잡은 자를 따랐으니 곧 지금 불순종의 아들들 가운데서 역사하는 영이라 전에는 우리도 다 그 가운데서 우리 육체의 욕심을 따라 지내며 육체와 마음에 원하는 것을 하여 다른 이들과 같이 본질상 진노의 자녀이었더니."

우리는 허물과 죄로 죽었고 세상 풍조를 따르는 것을 좋아했으며 불순종의 아들들 가운데서 역사하는 영을 따라 산 자였습니다. 그렇게 육체의 욕심을 따라 살며 본질상 진노의 자녀의 신분에 있었을 때에 그리스도께서 우리를 위해 죽으셨습니다. 그것이 우리 마음에 부은 바 된 '하나님의 사랑'입니다. "사랑은 여기 있으니 우리가 하나님을 위해 사랑한 것이 아니요 하나님이 우리를 사랑하사 우리 죄를 속하기 위하여 화목제물로 그 아들을 보내셨음이라"(요일 4:10).

우리 편의 어떤 이유도 없었습니다. 오직 우리를 향한 하나님의 절대적인 사랑뿐이었습니다. 다시 말해, 하나님의 사랑은 우리 편에서 어떤 이유나 근거나 조건이 선행적으로 작용하는 것이 아닙니다. 하나님이 그냥 주시는 것입니다. 허물과 죄로 죽고 공중 권세 잡은 자를 따라가고 불순종의 영을 따라가고 육체의 욕심을 따라 행하는 자에게도 그냥 주셨습니다. 하나님은 그 사랑을 우리에게 주시려고 그분의 사랑하는 아들을 화목제물로 내어주셨습니다. 그것이 우리를 향한 하나님의 사랑입니다.

하나님은 그리스도를 통해 우리에게 행하신 놀라운 그 사랑을 오직 성령으로 나타내 보이십니다. 로마서를 가지고 국어 공부를 하듯이 문제를 한 번 내보겠습니다. "하나님의 사랑은 무엇입니까?"라는 문제에 대한 답은 성경에 나온 대로 "우리가 죄인 되었을 때에 자기 아들을 내어주신 것입니다"라고 쓰면 됩니다. 이것은 믿지 않는 사람도 쓸 수 있는 답입니다. 그런데 그때 믿지 않아도 쓰는 것은 성령으로 우리 마음에 하나님의 사랑을 부으신 것이 아닙니다. "하나님 사랑을 성령으로 우리 마음에 부으신 것은 하나님의 사랑을 그저 머리로 믿는 것을 의미하지 않습니다. 그것은 영혼의 좌소인 마음 깊이 믿고, 내 의지, 내 정서, 내 모든 지식을 동원하여 총체적 인격으로 감사와 고백이 터져나올 수 있도록 삶이 이끌려 가는 것입니다. 이것이 바로 고백적 신자의 모습입니다. 실제로 복음을 가르치고 나서 "믿습니까?"라고 묻는 말은 "지식으로 그것이 무슨 말인지 알아들었느냐, 기억하고 있느냐?"가 아니라, "심령에 항시 그것을 받고 있느냐?"는 말입니다. "심령에 그것을 받고 기뻐하느냐?", "당신이 그것을 기뻐하면서 복음의 교훈대로 살고자 하느냐?"라고 묻는 것입니다. 그것을 가리켜서 "성령이 마음에 부은 바 되었다"고 합니다. 그때 성령이 우리를 변화시키시는 것은 하나님의 은혜로 되는 것으로, 자연적으로 되는 것이 아니라 특별하고 신비로운 역사를 통해 이루어지는 일입니다. 따라서 한 영혼을 구원하려 할 때 우리는 하나님께 기도할 수밖에 없습니다. 복음을 들려주어도, 상대방이 그 복음에 호기심을 갖고 접근해 와도, 일정 기간 교회에 출석했어도 "그가 실제로 믿는 사람으로 마음으로 고백하는 진실성이 있느냐?"는 성령의 역사가 있어야만 가능한 것입니다.

그런데 우리에게 주신 성령으로 말미암아 하나님의 사랑이 우리 마음에 부어졌기 때문에 그런 사람들에게 주어진 소망의 약속은 결코 부끄럽지 않습니다. 부은 바 되었다는 말은 찔끔찔끔 주신다는 뜻이 아닙니다. 물을 물통에 확 붓는 것처럼 성령이 우리의 마음을 온전히 적시는 것입니다. 그래서 믿음의 성장과 성숙은 인내와 연단의 과정으로 달라질 수 있지만, 나의 지성과 감성과 의지, 전 인격을 완전히 적시는 은혜의 충만성은 작은 믿음에라도 있는 것입니다. 따라서 믿음이 작은 사람은 머리로만 믿고, 믿음이 좀 더 있는 사람은 감정까지 뜨거워져 있고, 믿음이 훨씬 성숙한 사람은 의지적인 순종까지 보이는 것이 아닙니다. 믿음이 작은 사람도 복음의 지식으로 마음이 기쁘고, 그래서 의지로 순종하고자 원합니다. 그래서 믿음이 작은 사람도 인격적인 반응이 있는데 믿음이 연약하니까 주 앞에 잘 있다가도 때로는 "못 해요 주님, 전 싫어요"라고 하다가 또다시 주 앞에 서는 과정을 계속 겪는 것입니다. 또 말씀의 지식이 부족하니까 잘못된 불평을 하고, 복음의 진리를 자기 임의대로 생각하는 것입니다. 그래서 '내가 선행을 하지 않으면 하나님이 날 미워하실 거야. 그러면 난 구원받지 못한 사람이지'라고 생각하며 죄인 된 자를 용서하시는 하나님의 사랑을 전폭적으로 신뢰하지 못하는 것입니다. 복음의 이해와 지식이 부족하기 때문입니다. 반대로 어떤 사람은, 우리가 죄인 되었을 때에 예수님이 다 용서해주셨으니까 아무렇게나 살아도 된다고 생각하며 죄짓는 일에 대범해지기도 합니다. 이 모든 것이 복음의 지식이 불균형하기 때문에 일어나는 일입니다.

복음의 지식

복음의 지식이 조금씩 균형을 잡아가면, 신자는 바뀌기 시작합니다. 복음의 지식이 불균형하거나 불충분하면 두 가지 문제가 발생할 수 있습니다. 첫째, 진실한 믿음이 없이 외적인 종교생활만을 영위할 수 있습니다. 둘째, 진실한 믿음을 갖고 있다고 해도 여전히 복음의 지식이 부족해서 복음을 기뻐하는 반응이 육체적일 뿐 영적인 데까지 이르지 못할 수 있게 됩니다. 찬양하며 눈물 흘리고 손뼉치고 기뻐하지만 그것이 믿음인지 불분명하고, 말씀대로 살겠다고 했으나 그것이 도덕적 결단인지 하나님 앞에 살아 있는 신자의 반응인지가 모호할 수 있는 것입니다.

그러므로 계속해서 신자들에게 바른 말씀으로 균형 있는 복음의 지식을 가르쳐서 그들의 영적인 정서와 영적인 반응이나 태도가 온전한 균형을 이루어 성숙한 신자가 되게 해야 합니다. 그때 하나님의 섭리 가운데 그 믿음을 더 성장시키는 연단도 있을 것입니다. 그런 시련을 겪으면서 "인생은 티끌과 같은 존재이고 하나님의 말씀만 영원하다"라는 사실을 깨닫고, "참으로 내게 영원한 가치는 손에 쥔 돈이 아니라 하나님이 주시는 복음이요, 이 복음을 붙드는 나의 믿음이요, 그 가운데 하나님과 동행하며 살아가는 행복이구나"라는 사실을 알게 되면서 계속해서 성장해가는 것입니다. 우리가 하나님 앞에서 믿음으로 살아가는 것과 소망 가운데 붙들려 가는 것은 하나님의 사랑이 우리 안에 부어졌기 때문에 가능한 일인데, 그 부어짐은 조금씩 주어지는 것이 아니라 완전히 적셔주시는 것으로, 우리는 그로 인해 더욱 충만해져 갑니다. 하나님이 우리에게 주신 성령으로 말미암아 하나님의 사랑이 우리 마음에 부은 바 된 것은 하나님이 우리의 영혼을 만지셨다는 말입니다. 즉, 내 영혼과 내 마음을 하나님이 만지신 것입니다. 그래서 죽었던 영혼이 살아나는 생명으로 바뀌고, 칙칙하고 어두웠던 영혼이 밝은 빛으로 바뀌는 것입니다. 여러분의 심령 속에 있는 믿음의 고백이 진실하다면 여러분의 영혼은 밝게 빛나고 있는 것입니다. 빛이 없는 어두운 돌덩어리가 아닙니다. 신자의 영혼은 하나님이 보실 때 반짝반짝 빛나고 있습니다. 이 세상의 60억 인구 중 하나님의 자녀의 영혼은 반짝반짝 빛이 납니다. 여기저기 흩어져 있고, 더 강한 빛도 있고 약한 빛도 있지만 모두 빛이 납니다. 하나님이 생명의 빛을 주셨고 성령이 그 안에 내주해 계시기 때문입니다.

시편 22편을 보겠습니다. 어려운 상황 속에서도 끝까지 믿음의 고백을 하는 다윗의 시가 나옵니다. 이 시는 예수 그리스도께서 십자가에 달리실 때 인용하여 예언적 시로 삼으신 것입니다. 다윗이 메시아를 예언하는 시를 쓴 것입니다.

"내 하나님이여 내 하나님이여 어찌 나를 버리셨나이까 어찌 나를 멀리 하여 돕지 아니하시오며 내 신음 소리를 듣지 아니하시나이까 내 하나님이여 내가 낮에도 부르짖고 밤에도 잠잠하지 아니하오나 응답하지 아니하시나이다 이스라엘의 찬송 중에 계시는 주여 주는 거룩하시니이다 우리 조상들이 주께 의뢰하고 의뢰하였으므로 그들을 건지셨나이다 그들이 주께 부르짖어 구원을 얻고 주께 의뢰하여 수치를 당하지 아니하였나이다"(1-5절).

1절부터 2절까지를 봤을 때 믿음의 지식이 부족하면 하나님에 대한 결론이 이렇게 나옵니다. "하나님은 자기가 사랑하는 자도 버리시는 분이다. 그분은 자기가 사랑하는 자를 멀리하시고 돕지 않으시고 우리의 신음소리를 외면하시는 분이다. 그분은 우리가 밤낮으로 부르짖어도 응답하지 않으시는 분이다." 복음의 지식이 부족하면 1-2절처럼 결론내리고, 하나님에 대해 원망과 불평을 하고 심지어는 하나님을 떠나게 되는 것입니다. 그런데 3절부터 5절까지 보면 올바른 복음의 지식이 중심을 잡아줍니다. "이스라엘의 찬송 중에 계시는 주여 주는 거룩하신 분이시니 모든 것 위에 뛰어나신 분이십니다." 여기서 '거룩'이란 말은 완전성을 포함합니다. 하나님은 모든 피조물과 역사 속에 뛰어나신 분이요, 홀로 모든 것을 주재하는 분이므로 거룩하십니다. 피조물이 아니란 말입니다. 이어서 이렇게 볼 수 있습니다. "내가 아는 복음의 지식으로 생각해보니 하나님은 우리 조상들이 주님을 의뢰할 때 그들을 건지신 분이야. 그러므로 내가 지금 환난을 겪고 하나님이 내 기도에 응답하지 않으셔도 나는 하나님에 대해 잘못 생각하지 않을 거야." 또 5절을 보면서 "하나님은 나를 부끄럽게 하지 않으실 것이다"라는 사실을 깨달을 수 있을 것입니다. 이어서 6-8절을 보겠습니다.

"나는 벌레요 사람이 아니라 사람의 비방 거리요 백성의 조롱 거리니이다 나를 보는 자는 다 나를 비웃으며 입술을 비쭉거리고 머리를 흔들며 말하되 그가 여호와께 의탁하니 구원하실 걸, 그를 기뻐하시니 건지실 걸 하나이다."

얼마나 비참합니까? 나를 보는 자마다 다 나를 비웃으며 입술을 비쭉거리고 머리를 흔들며 조롱하는 상황입니다. 그리고 이것은 다 예수 그리스도께서 십자가에 달리실 때 겪으신 일입니다. 이어서 9-18절입니다.

> "오직 주께서 나를 모태에서 나오게 하시고 내 어머니의 젖을 먹을 때에 의지하게 하셨나이다 내가 날 때부터 주께 맡긴 바 되었고 모태에서 나올 때부터 주는 나의 하나님이 되셨나이다 나를 멀리 하지 마옵소서 환난이 가까우나 도울 자 없나이다 많은 황소가 나를 에워싸며 바산의 힘센 소들이 나를 둘러쌌으며 내게 그 입을 벌림이 찢으며 부르짖는 사자 같으니이다 나는 물 같이 쏟아졌으며 내 모든 뼈는 어그러졌으며 내 마음은 밀랍 같아서 내 속에서 녹았으며 내 힘이 말라 질그릇 조각 같고 내 혀가 입천장에 붙었나이다 주께서 또 나를 죽음의 진토 속에 두셨나이다 개들이 나를 에워쌌으며 악한 무리가 나를 둘러 내 수족을 찔렀나이다 내가 내 모든 뼈를 셀 수 있나이다 그들이 나를 주목하여 보고 내 겉옷을 나누며 속옷을 제비 뽑나이다."

다윗은 계속해서 주님께 도와달라고 고백합니다. 그리고 22-23절을 보면 알 수 있듯이 그는 그 가운데서도 찬송을 놓지 않습니다. 즉, 그는 신앙의 중심이 흐트러지지 않습니다. 나아가 이전과 전혀 다른 신앙고백을 합니다. 다윗은 24절에서 "그는 곤고한 자의 곤고를 멸시하거나 싫어하지 아니하시며 그의 얼굴을 그에게서 숨기지 아니하시고 그가 울부짖을 때에 들으셨도다"라고 말합니다. 하나님에 대한 바른 신관을 갖게 되는 것입니다. 26절에 나오는 "겸손한 자"는 하나님만 의지하는 자를 가리킵니다. 세상을 의지하는 자나 교만한 자가 아닙니다. 겸손하고 여호와를 찾는 자들이 하나님을 찬송할 거라며, 27절에서는 종말론적이며 하나님 주권적 역사의 결국을 기억합니다. 그리고 역사를 다스리시는 하나님을 기억합니다. 따라서 28절에서는 "나라는 여호와의 것이요 여호와는 모든 나라의 주재심이로다"라고 고백합니다. 이는 세상이 여호와를 감당할 수 없을 거라는 말로, 다윗은 30-31절에서 하나님을 찬송하고 대대에 전할 것이라며 시를 일단 마칩니다. 그리고 23편은 이렇게 시작됩니다.

"여호와는 나의 목자시니 내게 부족함이 없으리로다."

22편을 읽고 23편 1절로 넘어올 때 "여호와는 나의 목자시니"라는 말이 어떤 의미겠습니까? 23편만 생각하면 목가적牧歌的이며 이 세상에 사는 동안 편안하고 잘 살게 해주시는 하나님을 생각할 수 있습니다. 하지만 22편의 상황을 제대로 안다면 23편의 "내 영혼을 소생시키고 나를 의의 길로 인도하시고"(3절), "사망의 음침한 골짜기로 다닐지라도"(4절) 부분까지 더 잘 이해할 수 있을 것입니다. 사망의 음침한 골짜기나 원수의 목전이 22장에 다 설명되어 있는 것입니다. 그런데 주께서 상을 차려 주시고 기름을 내 머리에 부으시고 지팡이와 막대기로 나를 지켜주시며 내 잔을 넘치게 하시니 무엇이 부족하겠습니까? 마지막으로 23편 6절을 읽어보겠습니다.

"내 평생에 선하심과 인자하심이 반드시 나를 따르리니 내가 여호와의 집에 영원히 살리로다."

하나님을 믿고 예수 그리스도의 신자가 된 사람은 이 행복을 약속받은 사람입니다. 교인들의 형편이 다 똑같습니까? 개인마다 가정마다 다 다르고 상황이 다 다릅니다. 근심의 성격이 다를 뿐 근심 없는 집은 없습니다. 그러나 한 가지, 우리는 신앙 때문에 복 받은 자요, 어렵고 힘든 인생 가운데서도 주를 영원토록 기뻐하는 자가 될 수 있는 것입니다. 그리고 하나님이 그 아들을 우리에게 주시기까지 그 일을 행하심으로 자기의 사랑을 확증하셨으니 바로 그것을 믿고 주 앞에서 사는 것입니다.

여러분, 죄 때문에 너무 걱정하지 마세요. 우리는 다 부실한 사람들입니다. 우리 가운데 이상적인 신앙을 이루고 있는 사람은 아무도 없습니다. 하나님이 자신을 정말 사랑하시는지를 확인하려고 자신이 얼마나 훌륭한 신자인지 점수를 매기는 것은 방향이 잘못된 것입니다. 자신에게 있어서 내가 기대하는 하나님의 돌보심의 증거가 없다고 "하나님은 날 돌보지 않으셔"라고 생각하면 그것 또한 어리석은 자의 주장입니다. 즉, 소망의 확신은 오직 예수 그리스도 한 분에게만 있는 것입니다. 주 예수님을 바라보고 그분이 행하신 모든 일과 은택을 바라보면서, 성령이 내 마음에 부으신 하나님의 사랑에 감사하고 그로 인한 기쁨을 소중하게 붙들면 마지막 날에 우리에게 약속하신 소망이 결코 우리를 부끄럽게 하지 않을 것입니다. 그 말씀이 실현될 때 우리는 그것을 누리면 됩니다. 이는 맹신이나 맹목적 주관주의에 빠지라는 뜻이 아닙니다. 그것들이 약속된 말씀이기 때문입니다. 하나님은 신실하신 분입니다. 우리가 연약해 그리스도 밖에서 영원한 저주 아래 있을 때에도 그분은 우리를 사랑하셨고 지금도 여전히 우리를 사랑하십니다. 예수님의 십자가가 그것을 증거하고 성경 말씀이 그것을 확인시켜주고 있는 것입니다.

이 말씀으로 모든 믿음을 주 앞에 내어놓고 주께서 주시는 하나님의 평강이 여러분의 생각과 마음을 지켜주시길 주의 이름으로 축복합니다.

26. 구원의 확신

그러면 이제 우리가 그의 피로 말미암아 의롭다 하심을 받았으니 더욱 그로 말미암아 진노하심에서 구원을 받을 것이니, 곧 우리가 원수 되었을 때에 그의 아들의 죽으심으로 말미암아 하나님과 화목하게 되었은즉 화목하게 된 자로서는 더욱 그의 살아나심으로 말미암아 구원을 받을 것이니라. 그뿐 아니라 이제 우리로 화목하게 하신 우리 주 예수 그리스도로 말미암아 하나님 안에서 또한 즐거워하느니라. 로마서 5:9-11

죽음 이후에는 반드시 심판이 있다

우리는 신앙생활을 하면서 "구원을 어떻게 확신할 수 있을까?"라는 의문을 한 번씩 갖곤 합니다. 다 알고 있듯이, 우리는 누구도 죽음을 피할 수 없고, 그 다음에는 기록된 하나님의 말씀대로 '심판'을 받습니다. 따라서 우리는 그 심판에서 과연 건짐을 받을 것인가를 생각해 보지 않을 수 없게 됩니다. 이것이 구원의 문제인데, 이것은 우리에게 굉장히 중요합니다. 영혼 없는 짐승처럼 하나님이 계신 것을 인정하지 않고 임의대로 살다가 죽는 인생은 죽음 이후의 심판에 아무런 관심을 두지도 않을 것입니다. 그러나 인간은 죽음 이후에 하나님 앞에 서게 됩니다. 그리고 심판을 받게 됩니다. 그 심판이 얼마나 무섭고 두려운 것인지는 하나님의 높고 크심을 아는 것만큼 분명해집니다.

데살로니가전서 1장 10절은 종말에 대해 "또 죽은 자들 가운데서 다시 살리신 그의 아들이 하늘로부터 강림하실 것을 너희가 어떻게 기다리는지를 말하니 이는 장래의 노하심에서 우리를 건지시는 예수시니라"라고 말합니다. 심판 날에 하나님이 그분의 백성을 불러 세우시는 것은 그들에게 진노하시려는 것이 아닙니다. 그러나 그분의 백성이 아닌 자들에게는 반드시 진노함이 있다는 사실을 성경은 증언합니다. 죄에 대한 하나님의 진노를 요한계시록 20장에서는 '둘째 사망'이라 했고, 그 '둘째 사망'은 육신 가운데 죽는 사망이 아니라 영원한 사망을 말합니다. 그리고 그 사망의 고통을 가리켜서 불못에 던져지는 것으로 표현했습니다. 그것은 하나님의 긍휼과 자비를 단 한 점과 한순간도 맛볼 수 없는 고통을 의미합니다. 그리고 구원을 받는 것은 이와 같은 진노, 죗값을 치루는 형벌에서 건짐을 받는 것을 뜻합니다.

죄와 구원의 확신

본문은 "우리가 어떻게 구원의 확신을 가질 수 있을까?"라는 질문에 대한 답과 관련해 중요한 부분을 알려줍니다.

흔히 구원에 대해 확신을 갖지 못하는 사람들은 어떤 사람들입니까? 그들은 자기 자신에 대하여 확신을 갖지 못하고 불안해하는 경우가 많습니다. 자신을 들여다보면서 도무지 선한 것이 없다며 비참한 자기 모습을 보는 것입니다. 그들은 자기에게 하나님을 믿는 자로서 합당한 선행과 의의 근거들이라 내세울 만한 것이 아무것도 없다는 사실을 발견합니다. 그래서 자기를 들여다볼수록 비참한 것입니다. 그렇게 자신의 죄를 발견하고 심각성을 깨달을 때, 하나님에 대한 두려움이 앞서게 되고, 구원의 확신을 갖지 못하는 것입니다. 경건 생활에 힘쓰지 못하고, 아예 신앙생활을 게을리하거나 죄 중에 빠져 있을 때에는 말할 것도 없습니다. 상태가 점점 심각해질수록 자신 앞에서 구원의 위로와 확신을 찾을 길이 없어서 구원의 확신이 흔들립니다.

그런 상태가 되는 데는 몇 가지 원인이 있습니다. 정직하고 성실한 신앙생활을 하고는 있지만 연약한 자신의 모습을 발견하는 데서 구원의 확신이 흔들릴 수 있습니다. 이러한 확신의 위기는 사실 어렵지 않게 확신을 가지게 될 것입니다.

그러나 말씀에 따라 살지 않고 죄 가운데 살면서 구원에 대해 불안함을 느끼는 사람은 그 죄를 끊어내지 않으면, 즉 그 죄를 벗어나기 위해 하나님의 은총과 자비를 구하고 죄를 대적하는 마음을 갖지 않으면 그 두려움에서 벗어나기 어렵습니다. 죄를 사랑하면서 구원의 확신을 구할 수 없는 것입니다. 여전히 죄를 사랑하면서 구원을 찬양하는 것은 말이 안 됩니다. 죄를 미워하면 죄에 끌려 넘어지는 일이 있더라도 구원의 확신을 찾는 길이 열립니다. 죄를 좋아하고 죄 가운데 머물러 있기를 원하면서 구원의 확신을 찾을 수는 없습니다. 다만 죄를 미워하고 싫어하나 죄와 싸워 이기지 못한 채 넘어지는 일이 있는 사람에게는 구원의 확신을 얻을 수 있는 여지가 있는 것입니다. 이것이 가능한 이유는 구원의 확신의 근거가 본래부터 우리 자신에게 있는 것이 아니기 때문입니다. 구원의 확신의 근거는 예수 그리스도입니다. 예수 그리스도를 바라보면 구원의 확신을 가질 수 있습니다.

여러분은 예수 그리스도를 어떻게 바라보십니까? 십자가를 눈으로 본다고 그리스도를 바라보는 것이 아닙니다. 십자가의 진정한 의미를 깨달을 때 그리스도를 보는 것입니다. 즉, 예수 그리스도를 바라보는 것은 성경에 기록된 말씀을 깨닫는 것입니다. 성경 말씀을 알수록 그리스도를 붙들고 나아가는 은혜를 경험하게 됩니다. 성경을 통해 선포된 말씀을 마음으로 붙들어 믿을 때, 말씀이 주는 약속이 내 안에 확신으로 들어오게 됩니다. 그리스도께서 행하신 일을 약속하신 말씀에 따라 믿음으로 붙들면 그것이 내 것으로 적용되면서 비로소 자신의 구원을 확신할 수 있는 것입니다.

그 확신의 근거는 그리스도께서 하신 일 때문이지, 나의 선행이나 믿음이나 어떤 행동 때문이 아닙니다. 그러므로 하나님의 객관적인 말씀에 따라 선포된 그리스도가 어떤 분인지를 정확히 알고 그 그리스도와 함께하시는 하나님의 긍휼과 자비를 선명하게 알 때, 비로소 우리는 그것을 붙드는 자에게 주시는 구원의 약속을 붙들게 되고 구원을 확신할 수 있는 것입니다.

본문은 그것과 관련한 중요한 대목입니다. "하나님의 사랑을 어떻게 확인할 수 있는가?"라는 물음에 하나님은 그 증거를 우리에게 보이셨는데, "그리스도께서 우리를 위하여 죽으셨다"는 사실이 바로 그것입니다. 그리고 그분이 "우리가 아직 죄인 되었을 때" 죽으셨다는 사실이 중요합니다. 우리가 아직 죄인이요, 하나님의 사랑의 대상이 되지 못할 때 예수님이 우리를 위하여 죽으심으로 하나님의 사랑을 나타내 보이신 것입니다. 그러므로 "나는 여전히 죄인인데 하나님의 사랑을 받을 수 있는가?"라고 생각하는 것은 하나님과의 관계에 대한 출발부터가 잘못된 것입니다. 그게 아니라 "내가 죄인이니 하나님의 사랑밖에는 살 길이 없구나"라고 깨달아야 합니다.

여기서 우리가 죄인이라는 사실은 우리가 하나님의 사랑의 대상이 아니라는 것을 말해주는 게 아닙니다. 그것은 하나님이 죄인인 우리를 얼마나 사랑하시는지를 알려주고, 하나님의 사랑만이 답이라고 말해주는 것입니다. 보통 사람들은 자신이 죄인이니 어찌 하나님의 사랑을 받겠느냐고 이야기합니다. 그것은 누가복음 15장에 나오는 탕자의 비유에서도 그대로 드러납니다. 탕자가 아버지 재산을 다 허비하고 아버지 집에 돌아오는데 그때 그가 한 말이 무엇입니까? "내가 하늘과 아버지 앞에 죄를 범하였으니 내가 더 이상 아버지의 아들이라 일컬음을 받을 수가 없나이다." 이는 아버지 앞에서 죄를 고백하는 것이지만 다른 한편으로 아버지의 사랑을 모르는 것입니다. 아버지는 아들이 죄인이기 때문에 자기 아들이 아니라고 말하지 않습니다. 다시 말하면, 아들이 죄인인 것과 비참한 것은 부자 관계가 취소되는 이유가 아니라, 아버지의 사랑과 긍휼을 붙들어야 할 이유가 되는 것입니다. 그러므로 우리는 하나님이 내미시는 사랑의 손길을 믿고 붙들어야 합니다. 그러니까 자기가 죄인이라는 사실을 인정하면서도 하나님의 사랑을 의심하여 나오지 못하는 자는 자기가 죄인된 사실을 기초로 하나님의 사랑을 받을 수 없다고 스스로 결론 내림으로 복음에로 나오지 못하고 있는 것입니다.

"내가 이렇게 살아서야 어찌 구원받은 자라 할 수 있겠는가?" 이 말은 좋은 말입니다. 자기반성의 의미를 지니고 있기 때문입니다. 그러나 여기서 더 나아가 하나님의 자녀됨의 지위에 대해 확신하지 못하면 그 말은 이상해집니다. 언제 우리가 하나님의 자녀된 지위를 우리의 선행이나 의로 붙들었습니까? 우리에게 내세울 수 있는 것은 아무것도 없습니다. 우리가 하나님 앞에 죄인 된 사실을 인정하고 고백하는 순간, 눈을 들어 "하나님의 사랑밖에는 살 길이 없구나" 하고 하나님의 긍휼을 간절히 구하면 되는 것입니다.

구원의 확신의 근거

하나님은 예수님의 십자가 죽음으로 자신의 사랑을 확증하셨습니다. 본문 9절을 보겠습니다.

> "그러면 이제 우리가 그의 피로 말미암아 의롭다 하심을 받았으니 더욱 그로 말미암아 진노하심에서 구원을 받을 것이니."

사실 헬라어 원문에 따르면 여기서 "더욱"은 "더욱더"로 써야 합니다. 우리가 죄인 되었을 때 하나님이 우리를 사랑하여 아들을 보내어 죽게 하셨고, 우리는 그분의 피로 말미암아 의롭다 함을 받았습니다. 즉, 우리는 죄인 되었을 때에 그리스도의 죽음으로 말미암아 의롭다 함을 받았습니다. "그러면 죄를 지어 마땅히 받아야 할 진노하심에서 구원을 받을 것이 아니냐?"라는 질문 앞에 '당연하지'라며 강조하는 말이 '더욱더'입니다. "죄인일 때도 하나님의 사랑을 받았는데 우리가 그리스도를 믿고 의롭다 함을 받은 자가 되었으니 하나님의 진노가 임하지 않는 것은 너무나 당연하지 않느냐. 그 의롭다 함을 받은 자에게 있어서 하나님이 진노를 내리지 않으시는 일은 너무나도 당연한 일이 아니겠느냐. 그러므로 죄인 되었을 때에 그리스도의 죽으심을 믿고 의롭다 함을 받은 자에게 어찌 구원이 확실하게 보증되지 않겠느냐?" 바로 이 내용입니다. 그래서 예수를 믿고 의롭다 함을 받은 자는 하나님의 진노하심에서 반드시 구원을 받습니다. 10절을 보겠습니다.

"곧 우리가 원수 되었을 때에 그의 아들의 죽으심으로 말미암아 하나님과 화목하게 되었은즉 화목하게 된 자로서는 더욱 그의 살아나심으로 말미암아 구원을 받을 것이니라."

"우리가 원수 되었을 때"와 비슷한 말을 8-10절 사이에서 찾아보세요. 그것은 바로 8절에 나온 "우리가 아직 죄인 되었을 때"입니다. 이 말과 원수 되었을 때의 차이는 무엇입니까? 죄인은 하나님의 법에 따라 심판받을 대상을 의미합니다. 그런 심판받을 자와 하나님은 적대 관계입니다. 하나님과의 관계성에서 보면 하나님의 편이 아니라 하나님의 적인 것입니다. 즉, 법에 따라서는 죄인이요, 관계에 따라서는 원수인 것입니다.

세상 사람들은 하나님의 원수요, 하나님의 진노 아래에 있는 것이 얼마나 두려운 것인지 모릅니다. 그런데 하나님은 그 원수를 자기와 화목한 자로 바꾸십니다. 원수가 아니라 아들이요, 하나님의 편으로 만드시는 것입니다. 그래서 그는 하나님과 화평하게 됩니다. 그리고 그 평화의 관계는 예수님의 죽으심을 말미암아 이루어졌습니다. 8-9절에는 법적으로 하나님 앞에서 심판을 받아 죗값을 물을 것이 아무것도 없는 의로운 자라는 신분을 얻었다는 내용이 나오고, 10절에는 그런 자는 하나님과 화평한 관계 안에 있으므로 하나님을 사랑하고 하나님도 우리를 사랑하시는 친밀한 관계가 형성된다고 합니다.

10절에 나타난 대조 내용을 보겠습니다. 첫째, "원수 되었을 때에"와 "화목하게 된 자"는 서로 대조됩니다. 그다음에 "죽으심으로 말미암아"와 "살아나심으로 말미암아"가 서로 대조됩니다. 그리고 그 말에는 "더욱"이 붙어 있습니다. 즉, "하나님은 원수 된 자와도 그의 아들의 죽으심으로 말미암아 화목하시는데, 그 아들이 살아나면 얼마나 더 구원을 얻겠느냐?"라는 말입니다. 그러면서 대조가 점점 강해집니다. 즉 본문의 내용은 같은 사실을 다른 측면으로 조금씩 바꾸면서 "예수 그리스도 안에 있는 자에게는 결코 정죄함이 없으며, 그런 자는 하나님의 진노를 두려워할 이유가 전혀 없고 거기서 완전하게 구원받았다"는 것을 점점 더 강하게 확증해줍니다.

이 말씀은 우리가 구원의 확신의 근거를 어디에 두어야 하는지를 보여줍니다. 하나님이 용서하시지 못할 죄는 없습니다. 예수를 믿고 의롭다 함을 받았다면, 하나님의 진노를 두려워할 필요가 없습니다. 예수 그리스도의 피로 말미암아 의롭다 함을 받았으면 더 이상 하나님의 원수가 아니라 하나님과 화목하게 된 자니, 예수님의 살아나심으로 하나님과 '더욱더' 화목해지는 것입니다. 그리고 로마서 6장은 그 증거로 우리가 죄에 대해 죽고 의에 대하여 산 자가 된다고 합니다.

11절에는 결론의 말씀이 나옵니다.

"그뿐 아니라 이제 우리로 화목하게 하신 우리 주 예수 그리스도로 말미암아 하나님 안에서 또한 즐거워하느니라."

이 즐거움은 마음에 "아, 내가 아직 죄인 되었을 때에 그리스도의 피로 말미암아 의롭게 된 것이구나. 구원받는 일은 내 선행으로 되는 것이 아니구나. 내 종교적 열심이 나를 구원하는 것도 아니구나. 오직 구원은 예수 그리스도로 말미암아 주어지는 것이구나"라고 확신하는 것입니다.

이 사실에 대해 명료하고 분명하게 인식하면서 "구원의 근거는 나의 의에 있지 않다"는 생각을 하고, 성경을 통해 그리스도의 객관적인 사역을 확신한 다음, 로마서의 "우리가 행함으로 의롭다 하심을 받는 것이 아니요. 오직 믿음으로 받는다"는 말씀을 확 붙들어야 합니다. 그것이 하나님이 우리에게 주신 약속의 말씀입니다. 그리스도께서 그의 피로 말미암아 의롭다 하시는 것은 하나님 앞에 엎드려 그리스도의 약속의 말씀을 붙드는 사람에게 주어지는 것입니다. 자존심을 세우는 사람은 그곳에 들어갈 틈이 없습니다. 완전히 믿음으로 주 앞에 엎드려야 합니다. 그러면 너무나도 이해할 수 없는 일이 벌어집니다. "나 같은 죄인을 의롭다고 하시다니"라고 고백하고 스스로도 이해할 수 없는 일들을 확증받게 되는 것입니다.

본문에서 사도 바울은 자기가 구원받은 하나님의 자녀임을 확신하고 자랑하고 기뻐합니다. 11절 말씀을 놓고 "내가 하나님 안에서 예수 그리스도로 말미암아 구원받은 것을 즐거워할 수 있는 이유는 무엇인가?"라고 물어보면, "우리가 죄인 되었을 때에 그리스도께서 우리를 위해 죽으심으로 하나님의 사랑이 확증되었기 때문이다."라고 답할 수 있습니다. 즉, 그의 피로 말미암아 의롭다 하심을 받았으니 우리는 하나님의 진노에서 구원을 받습니다. 그리고 우리가 원수되었을 때에 예수님이 죽으심으로 말미암아 우리가 하나님과 화목하게 되었다는 그 사실을 믿음으로 알기 때문에 즐거워하는 것입니다.

구원을 확신하지 못 하는 이유

이렇게 명료한 사실이 있음에도 불구하고 어떤 이들은 두 가지 이유 때문에 구원에 대해 의심합니다. 하나는 말씀의 선포를 듣지 않기 때문입니다. 그런 사람에게는 교회 생활이 어떤지 물어봐야 합니다. 교회에서 하나님이 설교를 통해 주시는 말씀의 선포 안에서 그리스도의 객관적인 구원 사역을 다시 듣고 하나님의 일하심을 바라보면 그때 그리스도를 더 바라보게 됩니다. 말씀에 대한 올바른 시각은 교회를 통한 말씀의 선포를 통해서 이루어지기 때문에, 신앙이 교회를 통해 분명하게 서 있지 않으면 구원의 확신은 흔들리게 됩니다.

　다른 하나는 습관적인 죄 안에 빠져 있기 때문입니다. 죄인은 습관적인 죄를 범합니다. 어떤 죄는 그것을 끊어내는 데 오래 걸릴 수 있고, 어쩌면 어떤 죄는 아마 임종 때에 가서야 끝날 수 있을지도 모릅니다. 그러나 그럼에도 교회 생활에 충실한 사람은 하나님 앞에서 습관적인 죄를 미워하는 마음을 절대로 놓지 않고 그것과 싸웁니다. 그러면서 하나님 앞에서 은혜를 구하며 그 죄를 극복해 이겨내는 경험도 합니다. 이것은 주관적으로 자기를 살필 때 "내 안에 성령의 역사가 있다"는 경건의 흔적과 열매입니다. 그런데 이 열매는 우리에게 항상 부족하기 때문에 열매로 구원의 확신을 얻고자 한다면 항상 위기가 따라오게 됩니다. "내가 그리스도로 인해 얼마나 변했는가? 내가 예수님으로 인해 이전과 얼마나 다른 사람이 되었는가? 내가 삭개오처럼 극적인 변화를 겪었는가? 아니면 점진적으로 변했는가?" 이런 것은 간접적 증거가 됩니다. 얼마나 변했는지로 구원의 확신을 얻고자 하는 것은 치명적인 위험이 따릅니다. 왜냐하면 아직 변하지 않은 죄의 모습이 여전히 우리 안에 많이 있는 것을 부인할 수 없기 때문입니다. 그러므로 행함은 결과적인 것이요, 간접적인 증거일 뿐입니다.

구원의 확신을 누리려면 어떻게 해야 하나

그러면 어떻게 해야 합니까? 오직 예수 그리스도를 바라보고, 그 말씀 앞에 바로 서 있어야 합니다. 그리고 말씀의 선포를 통해 그리스도를 온전히 붙들어야 합니다. 그때 본문 마지막에 언급된 것처럼 "하나님과 내가 화목하게 되었구나"라고 생각하며 우리 주 예수 그리스도로 말미암아 누리는 하나님 안에서의 즐거움을 얻을 수 있는 것입니다. 그러므로 이 즐거움을 잊지 말고 계속해서 생각하십시오.

잊지 마세요. 우리는 하나님의 자녀로 주 안에서 모든 죄를 용서받았고 하나님과 화목한 자입니다. 이 사실을 속상하고 억울하고 힘든 일이 있을 때나 즐겁고 편안할 때나 항상 상기하며 살아야 합니다. 그러면 평안해지고 부활하신 그리스도가 내 안에 사시는 것을 경험하게 됩니다. 죄에 대해 죽고 의에 대해 산 자로 살게 됩니다. 우리가 하나님의 자녀라는 사실을 의식하지 않으면, 마음의 정욕과 죄의 유혹에 더욱 넘어지기 쉽습니다. 그러나 하나님과의 화평한 관계에 대한 행복을 자꾸 의식하면 성령의 충만함을 느끼고 소망과 담대함이 생기며 세상을 두려워하지 않을 여유로움도 생깁니다. 그것을 가리켜서 "우리 주 예수 그리스도로 말미암아 하나님 안에서 또한 즐거워하느니라"라고 한 것입니다. 로마서 5장 1절을 보겠습니다.

> "그러므로 우리가 믿음으로 의롭다 하심을 받았으니 우리 주 예수 그리스
> 도로 말미암아 하나님과 화평을 누리자."

이것이 계속 설명한 내용의 요약입니다. 그리고 2절에 따르면 하나님과 화평한 사람이 되어 우리에게 즐거움이 주어졌습니다. 그래서 인생은 환난이지만 환난 중에도 즐거워할 수 있고 인내하며 믿음을 계속 붙들고 나갈 수 있습니다. 그로써 믿음을 계속 붙들고 가는 사람의 신앙의 연단의 열매가 드러나고 믿음의 증거가 드러나고 그리스도 안에서 소망 가운데 기뻐할 수 있게 됩니다. 그것이 5절에 나오는 하나님의 사랑에 대한 확신, 구원의 확신입니다. 로마서 5장 1-11절은 "구원의 확신은 무엇이며 어떻게 얻습니까?"에 대한 가장 요약적인 답이 나오는 부분입니다. 이 말씀으로 우리 주 예수 그리스도 안에서 신앙의 행복을 누리고 하나님의 자녀로서 담대하게 살아가는 여러분이 되기를 주의 이름으로 축복합니다.

27. 아담의 죄, 인류의 사망

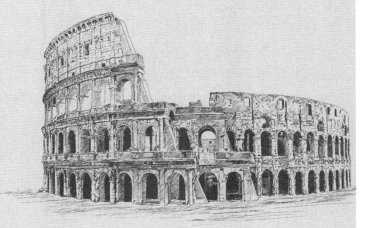

그러므로 한 사람으로 말미암아 죄가 세상에 들어오고 죄로 말미암아 사망이 들어왔나니 이와 같이 모든 사람이 죄를 지었으므로 사망이 모든 사람에게 이르렀느니라. 죄가 율법 있기 전에도 세상에 있었으나 율법이 없었을 때에는 죄를 죄로 여기지 아니하였느니라. 그러나 아담으로부터 모세까지 아담의 범죄와 같은 죄를 짓지 아니한 자들까지도 사망이 왕 노릇 하였나니 아담은 오실 자의 모형이라. 로마서 5:12-14

아담의 죄로 말미암아 모든 사람이 사망에 이르렀다

사람들은 왜 죽게 된 것입니까? 성경은 아담의 범죄로 인한 것이라고 말하며 그 이유를 풀어갑니다. 그러나 어떤 이들은 "우리는 아무런 잘못도 없는데 아담의 죄로 말미암아 우리까지 멸망을 받는 것이 과연 타당한 것이냐"고 반문합니다. 본문은 그에 대한 분명한 답을 가르쳐줍니다. 12절은 "한 사람으로 말미암아 죄가 세상에 들어오고 죄로 말미암아 사망이 들어왔다"고 말합니다. 여기서 "한 사람"은 아담입니다. 물론 하와가 먼저 죄를 범하고 하와로 말미암아 죄가 세상에 들어왔지만, 여기서 한 사람은 아담으로 봅니다. 14절에 "아담으로부터 모세까지"라고 나왔듯이 대표성을 아담에게 둡니다. 하와가 역사적, 시간적으로 먼저 범죄한 것은 사실이지만 아담이 여자의 머리가 되고 그가 바로 인류의 조상으로 대표성을 갖기 때문입니다.

그러므로 "아담으로 말미암아 죄가 세상에 들어오고 죄로 말미암아 사망이 들어왔다"는 말은 죽음이 본래부터 있었던 것이 아니요, 죄의 결과로 주어진 것이라는 사실을 말합니다. 어떤 이들은 "하나님이 본래 사람을 죽게 되는 존재로 만들었는데 어떤 사람이 하나님의 말씀에 순종하면 상으로 생명, 영생을 주기도 하셨다. 그런데 사람이 불순종함으로 영생을 받지 못하여 본래 죽게 되어 있듯이 죽는 것이다"라고 설명합니다. 그러나 그것은 성경의 가르침과 어긋납니다.

하나님은 처음에 사람을 만드실 때 하나님의 은혜와 생명으로 아담을 만들어 낙원에 두시고, 보시기에 "심히 좋았더라"라고 말씀하셨습니다. 아담이 하나님의 말씀에 순종했다면 처음에 주어진 그 생명보다 더 나은 복된 생명을 영원히 유지할 수 있었습니다. 본래 하나님이 생명을 주어 순종을 기초로 처음보다 더 복된 영원한 생명을 누릴 수 있게 하셨는데 아담이 불순종함으로 죽음을 자초하게 된 것입니다. 그러니까 사망은 죄의 삯인 것입니다. 12절에는 "이와 같이 모든 사람이 죄를 지었으므로"라고 나옵니다. 그러면서 사망이 모든 사람에게 이르렀다고 말합니다.

즉, 처음에는 한 사람으로 말미암아 죄가 세상에 들어오고 죄로 말미암아 사망이 들어왔다고 말하고, 이어서 그 일이 아담이라는 특정한 사람에게만 그친 것이 아니라 모든 사람에게 일어난다고 하면서 확장되는 설명을 이어갑니다. 그러니까 "아담의 죄로 말미암아 우리는 왜 죽느냐?"라는 질문의 답은 "아담으로 말미암아 죄가 세상에 들어오고 그로써 사망이 이 땅에 들어왔으니 아담의 후손인 모든 사람이 다 죽게 된 것이다."입니다. 성경 본문은 이렇게 아담과 뒤에 오는 모든 사람을 서로 연결하고 있습니다. 아담이 인류의 대표자로서 지은 범죄의 결과는 아담이라는 특수한 개인에게 머무는 것이 아니고, 그로부터 이어진 모든 인류에게 보편적으로 확장되었습니다. 아담 이후에 모든 사람은 사망에 이르게 됩니다.

창세기 4장에는 아벨과 가인의 이야기가 나옵니다. 타락 이후, 성경이 처음으로 기록하고 있는 내용은 형인 가인이 동생인 아벨을 죽이는 아주 끔찍한 사건입니다. 가인이 아벨을 죽이는 이 범죄 사건을 시작으로 4장, 5장, 6장에 죽음의 행렬이 이어지는데 이는 타락 이후의 결과를 분명하게 예시하고 있습니다. 그런데 여기서 "왜 아담으로 인해 모든 후손이 죽어야 하는 것인가? 죄가 없는 우리도 아담 때문에 죽어야 하는 것이 하나님의 공의에 합당한가?"라는 질문이 나올 수 있습니다. 이 질문에 대해 한 가지 답이 있는데, 이는 바로 "아담이 죄를 범한 것은 연대적인 것이다. 따라서 그 죗값을 그의 후손도 똑같이 받게 된다. 그것이 하나님의 뜻이다"라는 것입니다. 그럼에도 불구하고 하나님이 너무하신다며 저항을 하는 사람들이 있습니다. 그래서 "하나님의 창조의 뜻을 내가 거스를 수는 없지만, 나는 내가 받는 죽음에 대해 하나님의 공의를 순전하게 인정할 수 없습니다"라고 말하는 것입니다. "하나님의 공의 앞에 네가 죽어야 마땅한 것을 인정하느냐"라고 물을 때 회개를 거부하는 죄인은 하나님이 잘못되었다고 배척합니다.

하나님의 공의의 심판 자리에서는 스스로 핑계할 수 없게끔 죄가 낱낱이 드러납니다. 하나님은 각 사람에게 그 행한 대로 심판할 거라고 하셨습니다. 이 말은 "하나님은 아무 죄도 없는데 아담의 후손이라는 사실 때문에 그에게 죗값을 물어 심판하지는 않으신다. 다른 이유들을 제시하신다"는 것입니다. 그러므로 잘 생각해보아야 합니다. 아담이 범죄함으로 죄와 사망이 세상에 들어왔고 모든 사람이 죄 아래에 있고 죽게 되었습니다. 여기서 "우리는 죄가 없는데 아담의 죄 때문에 억울하게 연대죄로 죽는 것인가?"라는 의문이 나올 수 있지만, 그에 대한 답은 "그렇지 않다"는 것입니다. 즉, 아담으로 인해 죄가 들어오고 모든 사람이 사망에 이르렀지만 하나님이 우리를 영원한 사망으로 심판하실 때, 우리는 무흠한 자인데 아담의 죄 때문에 죽는 것이 아니라 우리가 범한 죄로(이 죄들은 하나님께서 심판하실 때 낱낱이 드러날 것입니다) 인해서 죽게 됩니다. 즉 죄인으로 하나님의 심판을 받아 멸망에 이르는 것입니다. 그러나 예수 그리스도 안에 있는 사람들은 그렇지 않습니다.

원죄란 무엇인가

그렇다면 여기서 "아담과 우리의 멸망 사이에는 어떤 관계가 있는 것이냐?"라는 질문이 나올 수 있습니다. 12절을 보겠습니다.

"그러므로 한 사람으로 말미암아 죄가 세상에 들어오고 죄로 말미암아 사망이 들어왔나니 이와 같이 모든 사람이 죄를 지었으므로 사망이 모든 사람에게 이르렀느니라."

"아담 한 사람의 죄로 말미암아 사망이 들어왔고…사망이 모든 사람에게 이르렀다"는 말 가운데 "모든 사람이 죄를 지었으므로"라는 말이 있습니다. 사망이 모든 사람에게 이르게 된 까닭이 무엇입니까? 직접적으로는 모든 사람이 죄를 지었기 때문입니다. 그리고 더 근원적으로는 아담의 범죄로 인해 세상에 죄와 사망이 들어왔기 때문입니다. 그러나 여기서 모든 사람이 죄를 범하였다고 할 때 과연 세 살짜리 아이도 죄가 있는지 의문이 듭니다. 하지만 하나님의 법도의 뜻에 어긋난 것은 다 죄입니다. 세 살짜리도 죄가 무엇인지 알고 있습니다. 하지만 고의적으로 죄를 범하는 것이 확인되지 않는 나이도 있습니다. 젖먹이는 자범죄를 짓는다고 할 만한 나이는 아닌 것입니다. 따라서 모든 사람이 죄를 범하므로 사망에 이른다고 했을 때 자범죄로 사망에 이른다는 말로 단순히 정의해 버리면, 나면서 죽는 아이들, 태중에 죽는 아이들, 태어난 지 얼마 되지 않아서 죽는 아이들의 죽음은 설명하기 어렵습니다. 즉 여기서 "모든 사람이 죄를 지었으므로"라는 말은 "우리는 실제로 기회와 능력을 발휘할 수 있는 때가 되면 언제라도 죄를 범하는 사람들이다"라는 뜻입니다.

갈라디아서 5장 19-20절에서 "육체의 일"에 대해 말하는데, 더러운 것, 호색, 우상 숭배, 주술, 원수 맺는 것, 분쟁, 시기, 분냄, 당 짓는 것, 분열함, 이단, 투기, 술 취함, 방탕함을 우리 마음과 영혼 본성에서 뿜어낸다는 말입니다. 이런 것이 나오기 시작할 만한 모든 근원을 가지고 있는 상태가 "모든 사람이 죄를 지었으므로"라는 내용 속에 포괄되어 있는 것입니다. 바로 이것을 '원죄'라 할 수 있습니다. 원죄란 무엇입니까? 실제로 범죄를 하기 전이라도 그 사람 마음속에 영혼의 부패함이 형성되어 있는 상태, 곧 부모로부터 이어받아 날 때부터 심령이 부패해 있는 상태 그 자체가 원죄입니다. 아담의 심령이 부패하여 그의 모든 육체의 후손도 다 영혼이 부패해서 나오니 그 후손은 다 자기가 지은 죄의 양상이 아닌 부모의 양상, 아담의 양상을 생득적으로 갖고 나오게 됩니다. 이것이 원죄입니다. 결국 모든 사람이 죄를 지었다는 말은 "모든 사람이 원죄로 인하여 마음이 부패한 상태이기 때문에 기회가 있는 때마다 죄를 짓지 않을 자가 아무도 없다"라는 뜻입니다.

다윗은 이런 상황에 대한 성경적 깨달음을 깊이 깨달은 사람입니다. 그는 시편 51편 5절에서 "내가 죄악 중에서 출생하였음이여 어머니가 죄 중에서 나를 잉태하였나이다"라고 말합니다. 이 구절은 자기의 어머니가 무슨 간음죄를 지어서 자기를 잉태하였다는 것이 아니라, 어머니의 모태에 있을 때 자신이 죄악의 부패한 상황 속에서 잉태되고 그런 자로 나왔다는 것입니다. 그리고 다윗은 "내가 마음에 죄악을 품은 자로 태어났고 지금 이스라엘의 왕으로는 할 수 없는 일을 했습니다"라며 깊은 회의를 갖습니다. 목동으로 곰과 사자를 돌팔매로 내려칠 때부터 다윗은 하나님의 은혜를 받은 자였습니다. 그는 심령에 하나님을 사랑하고 찬송하는 자였습니다. 그는 골리앗과 싸워 이겼고, 피난 중에 광야에서 늘 하나님의 보호하심과 도우심을 입었으며, 이후에 이스라엘의 왕이 되었습니다.

그는 오실 예수 그리스도의 예표적인 인물로 말씀에 따라 살아야 하는, 교회의 머리 되신 그리스도를 나타내 보이는 왕이었는데 그런 그가 하나님께 받은 은혜를 전부 다 땅에 쏟아버리는 큰 죄를 범합니다. 부하의 아내를 간음하고 그 죄를 덮으려 하다가 여의치 않자 그 부하를 전쟁에서 자연스럽게 죽게 합니다. 죄를 지은 것도 심각하고 그것을 덮으려고 했던 일도 괘씸한데 그것이 실패로 돌아가자 전쟁에 나간 장수의 충성심을 이용하여 그를 죽음으로 몰았습니다. 여기서 다윗의 가증한 죄의 양상이 드러납니다. 간음의 죄는 충동적으로 범했다 해도 이후에 죄악의 뿌리가 깊고 넓게 확장되어 갑니다. 이와 같은 죄를 범한 다윗은 정수리부터 발끝까지 온통 죄의 세력 아래 갇혀 있는 자기 영혼의 실상을 보고, 비로소 하나님의 긍휼의 제사 외에는 소망이 없다는 사실을 깊이 깨닫습니다. 그 이전의 다윗의 경건은 시편 51편까지 나아가지 못했습니다. 아무리 훌륭한 신자라도 마찬가지입니다. 에베소서 2장 1-3절을 보겠습니다.

"그는 허물과 죄로 죽었던 너희를 살리셨도다 그 때에 너희는 그 가운데서 행하여 이 세상 풍조를 따르고 공중의 권세 잡은 자를 따랐으니 곧 지금 불순종의 아들들 가운데서 역사하는 영이라 전에는 우리도 다 그 가운데서 우리 육체의 욕심을 따라 지내며 육체와 마음의 원하는 것을 하여 다른 이들과 같이 본질상 진노의 자녀이었더니."

허물과 죄로 죽었다고 하는 것은 영적으로 감각이 없는 것, 본성상 완전히 부패해 있는 것을 뜻합니다. 따라서 이 말씀은 우리가 존재 그 자체로 하나님의 진노의 자녀였다는 것입니다. 그래서 본문 12절에 "모든 사람이 죄를 지었으므로" 하나님의 진노 아래 있다는 결과가 나오는 것입니다. 따라서 중생의 은혜를 입지 않으면 아무도 구원을 받지 못합니다. 요한복음 3장 3-5절을 보겠습니다.

> "예수께서 대답하여 이르시되 진실로 진실로 네게 이르노니 사람이 거듭나지 아니하면 하나님의 나라를 볼 수 없느니라 니고데모가 이르되 사람이 늙으면 어떻게 날 수 있사옵나이까 두 번째 모태에 들어갔다가 날 수 있사옵나이까 예수께서 대답하시되 진실로 진실로 네게 이르노니 사람이 물과 성령으로 나지 아니하면 하나님의 나라에 들어갈 수 없느니라."

주님은 니고데모에게 사람이 거듭나지 않으면 하나님의 나라를 볼 수 없다고 말씀하십니다. 그리고 거듭나는 것은 "사람이 물과 성령으로 나는 것이다"라고 하십니다. 이 말씀은 하나님의 긍휼과 은혜로 죽은 자가 생명으로 살아나지 않으면, 곧 영혼이 전적으로 부패한 자가 다시 살아나는 생명의 은혜를 입지 않으면, 영적 감각이 새롭게 형성되지 않으면 죽음을 피할 수 없다는 말입니다. 영혼이 부패한 사람은 그런 상태로 모두 죽게 되는 것입니다. 결국 모든 사람이 죄를 지었다는 말은 실제로 범하는 개인의 범죄에 더하여 근원적인 원죄까지 포괄하고 있습니다. 따라서 인간에게는 소망이 없는 것입니다.

죄는 율법이 있기 전에도 있었다

본문 13절을 읽어보겠습니다.

"죄가 율법 있기 전에도 세상에 있었으나 율법이 없었을 때에는 죄를 죄로 여기지 아니하였느니라."

12절 말씀을 보고 어떤 사람이 "모든 사람이 죄를 지었으므로 사망이 모든 사람에게 이르렀다고 하는데, 죄는 법이 있어야 판단할 수 있는 것이 아닌가? 그런데 율법은 하나님이 모세 때 주신 것이니 그러면 율법이 없었을 때는 죄도 없는 것 아닌가? 그렇다면 모든 사람이 죄를 지었으므로 사망이 모든 사람에게 이르렀다는 것은 말이 안 되지 않는가?"라고 물을 수 있습니다. 그러나 율법이 없었을 때도 죄는 있었습니다. 모세가 시내 산에서 율법을 받기 전에도 죄는 있었습니다. 물론 율법을 받기 이전에는, 율법을 거역한 것이라고 죄의 성질을 규정하는 의미의 죄는 없습니다. 하지만 율법이 없었을 때도 죄는 있었습니다. 율법이 주어지기 전에도 인류는 저주 아래 있었고, 부패한 성품에 따라 죄를 범하는 일에서 자유로울 자가 아무도 없었습니다.

이러한 부패한 죄인의 양상은 성경에 잘 나타나 있습니다. 성경은 가인이 동생 아벨을 죽인 죄로 땅에서 저주를 받는다고 말하며 그에게 죗값을 물었습니다. 가인이 자신에게 주어진 죄의 벌이 너무나

중하여 "내가 여기서 쫓겨 나가서 땅에 여기저기 방황하다 보면 나를 만나는 자마다 나를 죽이려 할 것이니 이 일을 내가 어떻게 감당할 수 있겠습니까?"라고 말하니까 하나님은 "가인을 죽이는 자는 벌을 칠 배나 받을 것이라"라고 말씀하시면서 죄와 죽음과 형벌의 관계를 명확하게 설명하십니다. 결국 율법이 없어도 우리의 부패한 성품에서 나오는 행위의 죄는 이미 작용하고 있었던 것입니다.

하나님은 왜 노아 홍수 심판을 전면적으로 철저하게 행하셨습니까? 그것은 딱 한 가지 이유, 사람의 모든 계획이 항상 악했기 때문입니다. 그래서 하나님이 지면을 쓸어버리기로 하신 것입니다. 율법이 주어지기 이전에도 이미 죄는 있었고 심판은 있었습니다. 소돔과 고모라도 죗값으로 멸망받은 것입니다. 14절을 보겠습니다. 지금까지 성경에 나온 몇 가지 일을 예로 들어 설명했는데 14절은 그것을 신약적으로 설명하고 있습니다.

"그러나 아담으로부터 모세까지 아담의 범죄와 같은 죄를 짓지 아니한 자들까지도 사망이 왕 노릇 하였나니 아담은 오실 자의 모형이라."

14절의 "아담의 범죄와 같은 죄를 짓지 아니한 자들"은 어떤 사람을 의미합니까? 아담의 범죄는 하나님이 선악을 알게 하는 나무의 과실은 따먹지 말라고 하신 그 명령을 어기고 그것을 먹은 것입니다. 즉, 그들은 아담처럼 특수하게 하나님의 음성으로 된 명령을 듣지 아니한 자들입니다. 곧 아담처럼 하나님의 명령을 듣고도 죄를 저지르는 식으로 죄를 짓지 않은 자들을 뜻합니다. 사실 아담 이후에 누구도 아담과 같은 죄를 범한 사람은 없습니다. 하나님이 직접 명령해주셔서 듣는 자가 아무도 없었기 때문입니다. 하지만 아담의 죄로 인해 원죄가 발생하고 부패했기 때문에 그들 가운데도 죄가 있고 그 죗값으로 사망이 왕 노릇하게 된 것입니다.

13-14절은 12절 말씀에 대한 논리적인 보강입니다. 본문의 핵심은 바로 12절에 있습니다. 12절-14절까지 내용의 전체는 결국 12절에 핵심이 있는 것입니다. 이때 우리는 "도대체 얼마나 아담의 죄가 심각하기에 온 인류가 사망에 이르는 결과를 낳게 된 것인가?"라는 질문을 하게 됩니다. 기독교의 복음의 전제는 인간이 다 사망 가운데 있다는 것입니다. 그런데 '복음의 전제 자체에 동의하지 못하니 복음을 들을 이유가 무엇이겠느냐'라고 생각하는 사람들도 있습니다. 그런데 아담의 죄는 단순한 것이 아닙니다. 선악을 알게 하는 나무의 과실을 따먹은 범죄는 피조물인 인간으로서 창조주 하나님에 대한 관계의 근본적 반역입니다. 그래서 그 죄를 사망의 심판으로 묻게 되는 것입니다.

아담의 죄는 마귀의 단순한 유혹에 넘어가서 실수로 한 번 잘못한 것이 아닙니다. 아담의 죄는 마귀의 유혹이 계기였지만 그로 인해 하나님을 악한 자로 간주하고 자신의 위치를 하나님과 대등하거나 그보다 위에 있는 자로 높인 것입니다. 아담은 과실을 먹어도 안 죽는다는 마귀의 말을 듣고 하나님이 거짓을 말했다고 판단해 버렸고, 너희가 하나님과 똑같이 될까봐 그렇다는 마귀의 말을 듣고 하나님보다 위에 있고자 하는 욕망 가운데 하나님을 나쁘다고 정죄했습니다. 이는 피조물의 위치를 망각하고 하나님과 자신의 위치를 뒤집어 버리는 죄였습니다. 하나님을 정죄하고 하나님으로부터 독립하고자 했습니다. 그래서 하나님이 그 죗값을 사망으로 벌하신 것입니다.

그런데 어떤 경로인지는 다 알 수 없지만 그 죄는 육체의 후손의 심령 속에 그대로 전이가 됩니다. 이는 자식을 보면 알 수 있습니다. 어린아이에 불과한 자식 속에서 그 영혼의 부패성을 보는 것입니다. 그러면 그 자식을 위해 하나님 앞에서 간절히 기도하고 하나님의 약속의 선하심을 바라보게 됩니다. 그것이 모든 믿는 자의 마음입니다. 우리가 행하는 모든 죄는 어떤 행위가 아니고 어떤 물건이나 어떤 사람에 대하여 범하는 것이 아니라 하나님을 향해 범하는 것입니다. 따라서 하나님을 부인하고 거역하고 인정하기 싫어하는 이 시대에 얼마나 많은 죄악이 관영하겠습니까? 노아의 홍수 때처럼 지금도 그런 것입니다.

하지만 아직 심판이 이루어지지 않았으니 지금이 은혜의 때입니다. 그날이 되면 주님이 재림하시고 모든 것이 끝날 것입니다. 산 자와 죽은 자를 가려내시는 마지막 심판이 있을 것입니다. 인간의 존재의 목적은 하나님을 영화롭게 하고 즐거워하고 기뻐하는 것입니다. 하나님을 멸시하고 싫어하는 것은 죄이고, 자기를 영화롭게 하고 자기 욕망과 육체의 일을 즐거워하는 것도 죄입니다. 그런데 반대로 신자는 하나님을 영화롭게 하고 즐거워하고 자신의 육체의 일을 미워하고 성령의 일을 기뻐합니다. 이것이 살아 있는 영생을 누리는 참된 신앙의 즐거움이라 볼 수 있습니다. 그래서 하나님의 말씀을 달게 여기고 기도를 즐거워하게 되고 성도들과 더불어 찬양할 때 서로의 음성을 들으면서 행복한 고백을 나누는 것입니다.

28. 아담과 그리스도

그러나 이 은사는 그 범죄와 같지 아니하니 곧 한 사람의 범죄를 인하여 많은 사람이 죽었은즉 더욱 하나님의 은혜와 또한 한 사람 예수 그리스도의 은혜로 말미암은 선물은 많은 사람에게 넘쳤느니라. 또 이 선물은 범죄한 한 사람으로 말미암은 것과 같지 아니하니 심판은 한 사람으로 말미암아 정죄에 이르렀으나 은사는 많은 범죄로 말미암아 의롭다 하심에 이름이니라. 한 사람의 범죄로 말미암아 사망이 그 한 사람을 통하여 왕 노릇 하였은즉 더욱 은혜와 의의 선물을 넘치게 받는 자들은 한 분 예수 그리스도를 통하여 생명 안에서 왕 노릇 하리로다. 그런즉 한 범죄로 많은 사람이 정죄에 이른 것 같이 한 의로운 행위로 말미암아 많은 사람이 의롭다 하심을 받아 생명에 이르렀느니라. 한 사람이 순종하지 아니함으로 많은 사람이 죄인 된 것 같이 한 사람이 순종하심으로 많은 사람이 의인이 되리라. 로마서 5:15-19

누구에게나 있는 죽음과 심판

사람은 아담의 죄로 인하여 모두 죄인으로 태어나고, 하나님 앞에서 영원한 진노 아래 놓여 죽게 되었으며, 사망이 왕 노릇하는 그곳에서 사망의 종노릇을 하는 자가 되었습니다. 그러면 이런 비참한 인생길에서 우리는 어떻게 살 길을 찾을 수 있겠습니까? 그런데 이 질문 자체를 가볍게 여기는 사람이 있습니다. 그들은 "어차피 죽으면 끝나는데 무엇이 그렇게 두려운가?"라는 식으로 말합니다. 그러나 그런 사람은 무지하고 미련한 자입니다. 여기서 사망은 하나님의 영원한 심판 아래에 놓인 것을 뜻합니다. 이 땅을 살면서 육신이 죽는 것을 말하는 게 아닙니다.

이 땅의 생명이 끝나면 우리는 본격적인 심판 아래에 들어가게 됩니다. 예수님이 재림하셔서 심판하실 그날에 영원한 진노 아래에 있게 되는 것은 두려운 일입니다. 히브리서 10장 31절에서는 "살아 계신 하나님의 손에 빠져 들어가는 것이 무서울진저"라며 그 두려움을 표현했습니다. 결국 "내가 하나님 앞에서 어찌 할꼬"라고 탄식하는 사람이 하나님을 두려워할 줄 아는 사람이고, 하나님을 두려워할 줄 아는 사람은 살 소망을 향해 나가는 첫 걸음을 떼게 됩니다.

하나님을 두려워하지 않는 자들은 어떻게 됩니까? 요한계시록 21장 8절에서 하나님을 두려워하지 않는 자, 하나님을 믿지 않는 자들은 흉악한 자, 살인자, 음행자, 점술가, 우상 숭배자, 거짓말하는 자들과 더불어서 한곳으로 들어간다고 합니다. 그곳은 불과 유황으로 타는 못입니다. 그리고 그들의 사망을 가리켜서 둘째 사망이라고 했습니다. 두 번 죽는 둘째 사망은 영원한 죽음입니다. 영원한 죽음인 둘째 사망의 사실은 우리가 사는 인생이 어떠한 것인지를 말해줍니다. 이렇게 물어봅니다. "이 세상이 왜 수고와 슬픔뿐입니까?" 그 답은 무엇입니까? 인생이 수고와 슬픔뿐인 것은 하나님의 진노 아래 있기 때문입니다. 그런데 이 세상에 살면서 겪는 인생의 수고와 슬픔은 죽은 후에 당하게 될 둘째 사망, 곧 영원한 죽음이라는 하나님의 심판을 미리 맛보게 하는 것임을 잊지 말아야 합니다.

그러면 신자는 그리스도로 말미암아 하나님의 진노에서 벗어났는데 왜 수고와 슬픔이 있습니까? 그것은 진노 때문이 아닙니다. 신자에게 있어서 수고와 슬픔은 우리의 인생 자체엔 소망이 없고 오직 주님께만 소망이 있음을 깨달아 육신의 정욕을 제어하고 성령에 따라 살아가는 은혜 가운데 살아가도록 하기 위한 것입니다. 신자는 사망에서 건짐을 받은 자이지만 육체의 죽음을 맛봅니다. 신자가 맛보는 육체의 죽음은 진노나 죗값을 치르는 것이 아닙니다. 사실 구원받은 자에게는 약속된 영원한 생명이 있으므로 죽음이 죽음이 아닌 게 됩니다. 다만, 죽음이라는 과정을 거쳐서 영원한 생명을 맛보게 되는 것입니다. 육체의 죽음이라는 관문을 통과할 때에 신자는 자기에게 주신 은혜가 얼마나 큰 것인지 알게 되고 겸손해집니다. 그렇게 죽음으로 완성될 영원한 성화, 복된 성화를 이루게 되는 것입니다.

아담 vs 그리스도

본문은 "어떻게 하면 이 사망의 저주에서 벗어날 것인가?"라는 질문에 대한 답을 아담과 그리스도의 대조를 통해 풀어줍니다. 15절을 보겠습니다.

> "그러나 이 은사는 그 범죄와 같지 아니하나니 곧 한 사람의 범죄를 인하여 많은 사람이 죽었은즉 더욱 하나님의 은혜와 또한 한 사람 예수 그리스도의 은혜로 말미암은 선물은 많은 사람에게 넘쳤느니라."

"한 사람의 범죄를 인하여"라는 표현과 "하나님의 은혜와 또한 한 사람 예수 그리스도의 은혜로 말미암은"이란 표현은 대조를 이룹니다. 여기서 한 사람의 범죄는 당연히 아담의 범죄를 말합니다. 아담은 하나님과 예수 그리스도와 대조되고, 범죄는 은혜로 말미암은 선물과 대조를 이룹니다. 단순화하면 '아담 = 범죄로 인한 사망', '그리스도 = 은혜로 말미암은 선물'이라 할 수 있습니다. '범죄로 인한 사망'은 하나님의 심판을 받고 영원한 멸망, 둘째 사망에 이르는 궁극적인 멸망을 의미하는 것으로 두려운 심판을 말합니다. 이 '멸망'은 생명이 끝나는 것이 아니라 하나님의 심판을 영원토록 받는다는 의미에서의 멸망입니다. 반면에 '은혜로 말미암은 선물'에서 '은혜'는 하나님의 전적인 사랑과 선하심을 뜻합니다. 하나님의 전적인 사랑과 선하심으로 인하여 우리를 불쌍히 여기시는 일, 그것을 통하여 우리에게 값없이 선을 주고자 하시는 하나님의 손길을 가리켜서 '은혜'라 말합니다. 그 은혜로 말미암아 주어지는 것이 선물인데, 그 선물은 생명이요, 구원이요, 그 결과로 누리는 하나님과의 화목입니다. 본문의 앞부분 10-11절을 읽어보겠습니다.

"곧 우리가 원수 되었을 때에 그의 아들의 죽으심으로 말미암아 하나님과 화목하게 되었은즉 화목하게 된 자로서는 더욱 그의 살아나심으로 말미암아 구원을 받을 것이니라 그뿐 아니라 이제 우리로 화목하게 하신 우리 주 예수 그리스도로 말미암아 하나님 안에서 또한 즐거워하느니라."

이 10-11절 말씀을 보면, 선물이 무엇을 말하는지 더 분명하게 알 수 있습니다. 그것은 하나님과 화목하게 되고 하나님 안에서 즐거워하는 것입니다. 이 선물을 우리에게 주시기 위해 주께서 하신 일이 15절에서는 "예수 그리스도의 은혜"라는 말 속에 들어 있는데, 10절에서는 그의 죽으심과 그의 살아나심에 대해 말합니다. 예수 그리스도의 죽음은 예수님이 비참하게 낮아지신 사역 전체를 대표합니다. 그리고 예수님은 부활하심으로 하나님의 아들 됨을 선포하는 자리로 올라가십니다. 그곳에서 그분은 만유의 소유자가 되십니다. 즉, 그분의 사역 전체를 대표하는 것이 죽으심과 부활과 승천입니다. 그분의 사역 전체가 본문 15절의 "예수 그리스도의 은혜"라는 말 속에 들어 있는 것입니다. 그리고 그것을 통해 우리에게 주신 선물은 궁극적으로 하나님과의 화목입니다.

15절에는 이러한 대조 외에 또 하나 특별히 눈에 들어오는 것이 있습니다. 전반절에 나오는 "많은 사람"은 아담의 모든 후손을 말합니다. 인류 가운데 누구도 예외가 없습니다. 그렇다면 후반절에 나오는 예수 그리스도의 선물을 받은 "많은 사람"은 누구입니까? 둘 다 같은 헬라어가 쓰였지만, 각 단어는 실제 포함하는 범위가 다릅니다. 아담의 범죄로 인해 죽게 되는 많은 사람은 전 인류지만, 예수 그리스도의 은혜로 말미암아 살게 되는 많은 사람은 제한이 있습니다.

로마서 3장 21-22절은 "이제는 율법 외에 하나님의 한 의가 나타났으니 율법과 선지자들에게 증거를 받은 것이라 곧 예수 그리스도를 믿음으로 말미암아 모든 믿는 자에게 미치는 하나님의 의니 차별이 없느니라"라고 말씀합니다. 여기서 하나님의 의가 예수 그리스도로 말미암아 "모든 믿는 자"에게 주어진다고 했습니다. 믿는 자가 하나가 아니요, '모든'이라고 표현한 다수이기 때문에 본문 15절에서도 "많은 사람에게 넘쳤다"고 말한 것입니다. 따라서 여기서 "많은 사람"은 '예수 그리스도께 속한 모든 사람'입니다. 그러니까 아담에게 속한 모든 사람과 그리스도께 속한 모든 사람은 실제 포함하는 범위가 다르지만, 그것을 각각 '많은 사람'이라고 표현한 것입니다.

다시 말해, 예수 그리스도로 말미암아 생명의 선물을 받는 사람은 모든 인류가 아닙니다. 아담의 범죄로 인해 죽게 된 모든 인류와 똑같이 '많은'이라고 표현한다고 해서 그 범위가 같다고 하면 만인구원론에 빠지게 됩니다. 그것은 성경의 다른 말씀과 충돌하는 것이며 모순되는 것입니다. 또한, 예수 그리스도를 믿는 사람만 구원받는데 많은 사람이라고 말했으니 아담의 후손 가운데 사망의 심판을 받는 것도 제한된 일부의 많은 사람일 거라고 설명하는 것도 잘못된 주장입니다. 성경 전체는 모든 사람이 죄 아래 있다고 선언하고 있기 때문입니다. 즉, 아담의 후손 전체가 죄 아래 있는 것이요, 그러나 예수 그리스도를 믿음으로 그리스도께 속한 사람에게는 선물이 넘치도록 주어지는 것입니다.

15절에 나오는 또 다른 대조를 보겠습니다. "많은 사람이 죽었은즉"이라는 말이 나오고, 이후에 "많은 사람에게 넘쳤느니라"라고 말씀합니다. 한 사람의 범죄로 인하여 사망이 왕 노릇하는 그 죽음의 권세보다 하나님의 은혜요, 예수 그리스도의 은혜로 말미암는 선물이 더욱더 강력하여 넘쳤다는 것입니다. 즉, 예수 그리스도에게 속한 자는 아담의 범죄로 인한 사망의 권세를 넉넉히 이기고 남는다는 사실을 "넘쳤느니라"라는 말로 표현한 것입니다. 그로 인해 15절은 우리에게 강력한 메시지를 줍니다. 아담의 범죄로 인하여 초래된 사망의 비참함에서 우리를 건질 수 있는 유일한 생명의 원천은 오직 예수 그리스도뿐이라는 사실을 뚜렷하게 선언하고 있는 것입니다. 16절을 읽어보겠습니다.

> "또 이 선물은 범죄한 한 사람으로 말미암은 것과 같지 아니하니 심판은 한 사람으로 말미암아 정죄에 이르렀으나 은사는 많은 범죄함으로 말미암아 의롭다 하심에 이름이니라."

여기서 다시 대조가 나옵니다. 16절에서 "이 선물은 범죄한 한 사람으로 말미암은 것과 같지 않다"고 했습니다. 그리고 그 선물이 하나님과의 화목이라고 궁극적으로 설명했습니다. "심판은" 앞에 '왜냐하면'이라는 접속사를 넣어야 문맥을 정확히 이해할 수 있습니다.

범죄한 한 사람 아담으로 말미암은 것은 사망입니다. 그리고 예수 그리스도의 은혜로 말미암은 선물은 아담이 범죄하여 주어진 사망과 같은 것이 아닙니다. 사망은 하나님의 심판으로 범죄한 사람을 정죄함으로 주어지는 것이지만, 선물은 예수 그리스도의 은혜로 많은 범죄를 한 자들도 의롭다 함에 넉넉히 이르게 되는 것입니다. 그리고 하나님과의 화목을 선물로 받는 이유가 무엇인지를 16절에서 다시 한 번 구체적으로 설명합니다. 그 이유는 바로 의롭다 하심 때문입니다. 그래서 15절에서 예수 그리스도의 은혜로 말미암은 선물과 아담의 범죄로 인한 것의 결과가 다르다고 대조시켰는데, 16절에는 그 선물을 좀 더 구체적으로 의롭다 함이라고 말해놓고 궁극적으

로는 하나님과의 화목에 이르는 교리적 절차, 신학적 이유를 제시해
준 것입니다.

칭의와 성화

17절을 보겠습니다.

> "한 사람의 범죄로 말미암아 사망이 그 한 사람을 통하여 왕 노릇 하였은
> 즉 더욱 은혜와 의의 선물을 넘치게 받는 자들은 한 분 예수 그리스도를
> 통하여 생명 안에서 왕 노릇 하리로다."

여기서 다시 대조가 나옵니다. 15절의 대조는 한 사람의 범죄로
인한 사망과 은혜로 말미암은 선물이고 16절의 대조는 범죄에 대한
심판으로 말미암은 정죄와 은사로 주어지는 의롭다 하심입니다. 17
절은 한 사람의 범죄로 말미암아 사망이 그 한 사람을 통하여 왕 노
릇하고, 은혜와 의의 선물을 넘치게 받는 자들은 한 분 예수 그리스
도를 통하여 생명 안에서 왕 노릇한다고 합니다. 그런데 17절의 문장
에서 주어의 대조가 문법적으로 정확하게 이루어지지 않습니다. 사
도 바울의 글이 원래 그렇고 성경의 헬라어 원문 자체가 그렇습니다.
구문론적으로는 대조의 한편은 "사망이…왕노릇한다"이고, 다른 한
편은 "은혜와 의의 선물을 넘치게 받은 자들이…생명 안에서 왕노릇

한다"입니다. 문법상 주어를 비교하면 '사망'과 '은혜와 의의 선물을 넘치게 받은 자들'이 대조가 됩니다. 의미적으로는 '사망'과 '생명'이 대조가 되거나, 아니면 '한 사람으로 말미암아 범죄한 사람들'과 '은혜와 의의 선물을 넘치게 받은 자들'이 대조되어야 자연스럽습니다. 이러한 의미로 17절을 읽을 필요가 있습니다. 그래서 정리하면, 17절이 말하는 것은 '한 사람으로 말미암아 범죄한 사람들에게는 사망이 왕노릇'하는 반면에, '은혜와 의의 선물을 넘치게 받은 자들에게는 생명이 왕노릇'한다는 진리입니다.

"우리가 어떻게 생명을 얻습니까?"라고 물을 때 "의롭다 함을 받아서는 안 되고 거룩한 성화를 이루어야 생명을 얻는다"라고 하면 잘못된 것입니다. 우리가 하나님 앞에서 죄에 대한 모든 책임을 면제받고 영원한 생명을 받아 누리는 신학적 모든 기초는 의롭다 함으로 이루어지는 일입니다. 예수 그리스도께서 우리를 위하여 죄를 짊어지고 죽으신 일로 말미암아 우리가 그것을 믿고 의롭다 함을 받을 때에 우리에게 생명이 주어집니다. 의롭다 함의 목적은 생명입니다.

그러면 '거룩하다' 또는 '성화를 이룬다'는 것은 무엇입니까? 그것은 그 의롭다 함을 통하여 우리에게 주신 그 생명을 누리는 상태를 말합니다. 말하자면 '의롭다 함'은 우리를 거룩한 자, 성화를 이루어 가는 자로 빚기 위하여 주신 것이라 볼 수 있습니다. 그러니까 거룩함은 우리에게 생명을 주는 그 자체가 아니라 생명이 주어졌음에 대한 증거가 됩니다. 생명은 의롭다 함으로 주어지는 것입니다. 그러므로 좁게 보면 의롭다 함은 사망에서 건짐을 받아 생명을 얻은 자가 된다는 의미로 구원론입니다. 그리고 넓게 보면 의롭다 함은 우리를 거룩하게 빚어내기 위한 목적 가운데 주신 것입니다. 의롭다 함과 거룩함이 분리되는 일이 없기 때문에 결국 "의롭다 함만 있고 거룩함이 없는 경우는 없다"는 사실로 말미암아 포괄적 의미의 구원론은 의롭다 함과 거룩함을 함께 이야기할 수 있는 것입니다. 그래서 "거룩함이 없이 어떻게 구원받았다고 말할 수 있느냐?"라는 말은 의롭다 함을 받은 자, 곧 생명을 얻은 자에게는 생명력의 증거가 필연적으로 드러나기 때문에 "생명이 없이 어떻게 의롭다 함을 받았다고 할 수 있느냐"라고 이해할 수 있습니다.

의롭다 함으로 우리에게 거룩함에 대한 모든 능력과 시작이 주어집니다. 이것은 시간적으로 분리된 것이 아니며 논리적인 구별일 뿐이며, 시간적으로는 동시에 일어난다고 하는 것이 타당합니다. 다만 의롭다 함은 단번에 이루어지는 일이고, 거룩함을 이루는 일은 지속적으로 진행되어 가는 일입니다. 의롭다 함을 얻기 위해서는 믿음의 고백을 가져야 하는데 이 믿음의 역사는 성령 하나님을 통해 이루어집니다. 우리에게 믿음을 주신 성령님은 반드시 우리 안에 생명을 얻은 자로서의 모습이 증거로 나타나도록 이끄십니다. 그것이 성화입니다. 그리고 그리스도의 은혜로 의롭다 함을 받은 자에게 믿음을 주신 성령님은 계속해서 그를 거룩해지게 이끌어 가시는 일을 쉬지 않으십니다. 그러나 의롭다 함을 받는 일, 곧 생명을 얻는 일은 성화라는 순종으로 얻는 것이 아니요, 그리스도를 믿음으로 얻는 것입니다.

우리는 아담의 후손으로 부패한 본성을 유전적으로 받게 됩니다.

이는 영적 유전이기 때문에 육체의 생물학적 유전의 인과관계로 확인할 수 있는 것이 아닙니다. 아담의 후손은 영적 유전에 의해 심령 자체가 부패한 상태로 나오게 됩니다. 전이가 되는 것입니다. 따라서 아담의 부패한 성품이 전이가 되어 모든 사람이 오염된 상태로 이 세상에 나오게 됩니다. 그리고 의롭다 함을 받는 일은 예수 그리스도께서 행하신 일로 말미암아 거룩한 순종을 하는 거룩한 자로 정결하게 되어서 이루어지는 것이 아닙니다. 예수 그리스도의 의로 말미암아 의롭게 된다는 말의 뜻은 아담이 우리를 오염시키듯 그리스도께서 우리의 마음을 깨끗하고 정결하게 성화시키셔서 우리가 마음의 죄도 없는 완전히 거룩한 자가 되었고 그로 인해 우리가 하나님 앞에서 의로운 자로 선다는 것입니다.

아담은 우리를 죄인을 만들었고, 예수 그리스도는 우리가 여전히 심령으로는 부패한 상태에 있을지라도 우리가 갚아야 될 모든 죗값을 먼저 갚으셔서 우리를 하나님 앞에서 의로운 자로 서게 하셨습니다. 죗값을 치러주시고 의롭다 하셨기 때문에 그것을 '전이'라 하지 않고 '전가'라고 합니다. "그리스도께서 우리의 모든 죄를 대신 짊어지시고 우리에게 의롭다 할 만한 모든 공로를 그냥 넘겨주셨다"는 말이 '전가'입니다. 그래서 우리가 여전히 부패한 상태에 있고 우리 안에 육체의 소욕의 위기가 아직도 작용하고 있지만, 그럼에도 불구하고 하나님의 자녀일 수 있는 것은 그리스도께서 죄를 다 갚으시고 우리에게 그리스도의 공로를 넘겨주셨기 때문입니다.

우리는 아담의 후손으로 이 세상에 오염된 상태로 죄를 갖고 나왔습니다. 그러므로 우리의 마음 상태에 여전히 죄성이 남아 있습니다. 그렇지만 우리는 그리스도의 은혜로 죄를 갚고 공로를 넘겨받았기 때문에, 하나님은 우리에게 어떤 죗값도 물을 만한 죄책을 발견하지 못하십니다. 죄책을 물을 만한 자범죄가 실제로 없기 때문이 아니라, 그 죄가 있지만 우리에게 멸망에 이르게 할 죗값을 요구하지 않으신다는 말입니다. 이것이 그리스도로 말미암아 의롭다 함을 받았다는 뜻입니다. 죄 사함, 이는 기가 막힌 하나님의 은혜입니다.

그렇다면 훗날 하나님이 내게 죗값을 안 물으실 테니까 마음껏 죄를 지어도 되지 않느냐는 문제에 대해 로마서 6장에서는 그러면 안 된다고 가르칩니다. 5장까지는 "하나님이 너희의 죗값을 묻지 않으신다"는 내용이고 6장에서는 "그렇다고 죄를 지을 수 없다. 왜 그런 줄 아느냐?"라고 하며 그것을 설명합니다. 그리고 17절에 나오듯이 예수 그리스도를 통하여 생명이 우리 안에서 왕 노릇합니다. 주님이 이 땅에 오셔서 마귀를 멸하신 것입니다. 히브리서 2장 14-16절은 "자녀들은 혈과 육에 속하였으매 그도 또한 같은 모양으로 혈과 육을 함께 지니심은 죽음을 통하여 죽음의 세력을 잡은 자 곧 마귀를 멸하시며 또 죽기를 무서워하므로 한평생 매여 종 노릇 하는 모든 자들을 놓아 주려 하심이니 이는 확실히 천사들을 붙들어 주려 하심이 아니요 오직 아브라함의 자손을 붙들어 주려 하심이라"라고 말씀합니다. 또한, 요한일서 3장 8절은 "죄를 짓는 자는 마귀에게 속하나니 마귀는 처음부터 범죄함이라 하나님의 아들이 나타나신 것은 마귀의 일을 멸하려 하심이라"라고 말씀합니다.

다시 말해 예수님이 마귀를 멸하셨기 때문에 생명만이 우리 가운데서 왕 노릇하게 됩니다. 신자가 죄를 범하는 일이 있으나 신자의 정체성은 근본적으로 생명 안에 거하는 것입니다. 중생자가 죄를 범하는 것은 죄의 세력이 아직도 흔적으로 남아 있기 때문입니다. 신자는 그로 인해 왜 예수 그리스도의 용서가 없이는 구원이 없는지를 절감하는 것입니다. 따라서 그것은 절망 안에서 그리스도를 바라보게 하기 위해 남겨진 흔적이요 우리를 연단시켜 거룩으로 이끌어 가기 위한 하나님의 선한 장치요, 시험입니다. 이것은 놀랍고도 너무나 감사한 일입니다. 본문 18-19절을 보겠습니다.

> "그런즉 한 범죄로 많은 사람이 정죄에 이른 것 같이 한 의로운 행위로 말미암아 많은 사람이 의롭다 하심을 받아 생명에 이르렀느니라 한 사람이 순종하지 아니함으로 많은 사람이 죄인 된 것 같이 한 사람이 순종하심으로 많은 사람이 의인이 되리라."

18절에 "그런즉"은 지금까지의 설명을 다 모아서 이렇게 요약을 해보겠다는 것입니다. 이어서 그 내용이 나옵니다. 첫째는 아담과의 연합의 결과와 그리스도와의 연합의 결과를 정리합니다. 아담이 순종하지 아니함으로 범죄하였으니, 그 결과 많은 사람이 아담으로부터 부패한 심령을 물려받았습니다. 즉, 원죄를 받아 정죄에 이르렀으니 죄인이 되었다는 것입니다. 그것이 지금 로마서 3장 이하부터 계속 나오는 설명입니다.

그러면 예수 그리스도와의 연합의 결과는 어떠합니까? 그리스도께서 순종하심으로 의로운 행위를 행하셨고, 그로 말미암아 많은 사람이 그 의를 믿음으로 전가받아서 의롭다 함을 받았습니다. 즉, 많은 사람이 의인이 되어 생명을 누리게 된 것입니다. 이 내용이 그리스도의 부활을 증언하는 고린도전서 15장 22-23절에 이렇게 나옵니다. "아담 안에서 모든 사람이 죽은 것 같이 그리스도 안에서 모든 사람이 삶을 얻으리라 그러나 각각 자기 차례대로 되리니 먼저는 첫 열매인 그리스도요 다음에는 그가 강림하실 때에 그리스도에게 속한 자요."

즉, 그리스도에게 속한 자는 다 그리스도 안에서 생명을 얻을 것이라는 말입니다. 그러므로 아담과 예수 그리스도는 하늘과 땅이 다른 것처럼 다릅니다. 아담으로부터 죄를 물려받는 것은 아담 안에 있는 후손으로 받는 '전이'요, 예수 그리스도로 말미암아 의롭다 함을 받는 것은 그리스도 안에서 선택을 받은 하나님의 자녀로 받는 의의 '전가'입니다. 오염된 성품의 전이와 공로를 그냥 건네받는 전가의 차이점을 잘 알아야 합니다. 주께서 우리의 오염된 마음 상태를 순결하게 바꾸시어 선행과 의를 이루어 우리로 하여금 의롭다 함을 받도록 하신다면 그 의롭다 함은 율법의 행위로 인한 것이지, 은혜로 받는 것이 아닌 게 됩니다.

그러나 하나님의 자녀가 되는 것은 그리스도의 의를 믿고 그냥 받는 것이기 때문에 '은혜'인 것입니다. 그래서 하나님의 자녀라는 신분을 얻는 놀라운 일에서 우리가 할 수 있는 일은 아무것도 없습니다. 우리는 전적인 하나님의 은혜와 그리스도의 공로로 거저 받습니다. 받는 절차나 방식은 '믿음'입니다. 그러나 예수님을 나의 구주로 고백하는 그 믿음이 우리의 의의 공로가 되는 것은 아닙니다. 그 믿음은 주님의 공로를 전가받는 절차일 뿐입니다. 그 절차를 따라 행하였다고 자기의 공로를 주장할 수 없는 것입니다.

아담의 범죄로 인한 부패성은 본성상 물려받으니 온 인류가 받는 것이요 그리스도의 의의 생명을 받는 자는 믿는 자에 제한되니 온 인류가 구원받는 것은 아니라고 할 때, "믿음을 고백할 수 없는 영아기 때 사망한 자는 어떻게 되는가?"라는 문제가 등장합니다. 영아기 때 사망한 자도 결국 그리스도의 은혜로 구원을 받을 수 있습니다. 은혜 언약 안에 들어와 있는 경건한 신자의 자녀는 언약적 특권을 누리는 것으로 간주되는 것입니다. 그래서 믿음을 고백할 수 있도록 성장한 아이들에게는 믿음으로 고백하여 그리스도의 은혜를 자신의 것으로 받아들이는 절차가 있고, 믿음을 고백할 수 없는 영아의 경우는 은혜 언약 아래 들어와 있는 자에게 언약적 특권과 방식에 따라 그리스도에게 접붙임받는다고 보면 됩니다.

그러면 언약 바깥에 있는 사람들은 어떻게 될까요? 은혜 언약 바깥에 있는 사람들에게는 그리스도와 연결시킬 수 있는 어떤 기회도 없습니다. 원죄 아래에 놓여 있는 죄의 전이가 있을 뿐, 그리스도와 연결될 수 있는 어떤 은혜의 여지를 생각할 수가 없는 것입니다. 은혜의 기회는 하나님의 경건한 백성에게 준 언약 안에 들어 있는 것이므로 언약 바깥에 있는 자에게는 양자 됨의 어떤 특권과 혜택이 없습니다. 은혜 언약의 모든 구원론적 토대는 예수 그리스도로 말미암아 이루어지는 것이기 때문입니다.

결론은 하나입니다. 누구든지 살고자 한다면 그 방법은 오직 예수 그리스도를 믿는 것뿐입니다. 우리에게는 하나님의 진노를 달랠 능력이 없기 때문입니다. 우리는 그리스도께서 율법을 순종하시고 우리의 모든 죗값을 대신 갚으시는 고난을 당하심으로 믿는 자에게 베푸시는 의를 받아야만 하나님께 나아가는 길이 열리고 주님이 베푸신 의의 전가로 의롭다 함을 받게 됩니다. 이 은혜가 얼마나 크고 감사한지 모릅니다. 값없이 주신 것이기 때문에 더 감사해야 합니다. 의롭다 함을 받은 자는 하나님의 은혜와 그리스도의 사랑이 얼마나 놀라운 것인지 알고 그리스도 안에 거하며 그분의 말씀 안에 거하기를 기뻐하게 되어 있습니다. 그것이 신자가 누리는 복입니다.

29. 율법과 은혜

율법이 들어온 것은 범죄를 더하게 하려 함이라. 그러나 죄가 더한 곳
에 은혜가 더욱 넘쳤나니 이는 죄가 사망 안에서 왕 노릇 한 것 같이 은
혜도 또한 의로 말미암아 왕 노릇 하여 우리 주 예수 그리스도로 말미
암아 영생에 이르게 하려 함이라. 로마서 5:20-21

죄를 깨닫게 하는 율법

본문은 하나님이 우리에게 율법을 주신 것이 은혜라고 말합니다. 그러나 그것은 율법이 이에 순종하여 구원받는 방편이 되기 때문에 그러한 것이 아닙니다. 율법은 죄인에게 있어서 구원을 열어주는 것이 아니라 오히려 정죄받아야 할 이유를 보여줍니다. 그렇다면 어떻게 율법이 은혜로 받는 구원과 연결이 될 수 있다는 것일까요? 그것은 율법이 멸망에 이르는 자들에게는 정죄의 이유가 되지만, 하나님의 선택을 받은 하나님의 자녀에게는 은혜의 구원으로 나가도록 이끌어 주기 때문입니다. 율법으로 자신의 죄를 깨닫지 못하면 하나님이 베푸시는 은혜를 바라보아야 할 필요를 알지 못하며, 죄 가운데 머물러 있게 됩니다.

"율법이 들어온 것은 범죄를 더하게 하려 함이라"(20절)는 말씀은 무슨 뜻입니까? 얼핏 보면 참 이상한 말씀입니다. 죄를 더 짓게 만들려고 율법이 주어진 것이라고 이해할 수 있습니다. 그런데 여기서 범죄를 더하게 하려 했다는 말은 죄를 짓지 않는 사람을 더 죄짓게 만들려고 했다는 뜻이 아닙니다. 율법이 들어오기 전부터 죄를 범하는 자들에게 그가 행한 것이 하나님의 정죄를 받을 만한 악한 일이라는 사실을 훤히 드러나게 하려고 율법을 주셨다는 뜻입니다. 즉 율법을 모르고 행동할 때는 죄를 범하지 않던 사람이 율법을 알고 나서 비로소 죄를 범한다는 의미가 아닙니다. 율법을 모를 때는 죄인 줄 모르고 죄를 짓는 것이고, 율법을 알 때는 자기의 행동이 죄라는 것을 알게 되는 것이니 결국 인식적인 측면에서 자신이 하는 행동이 얼마나 악한가를 더 적나라하게 알게 된다는 의미입니다.

로마서 3장 10-11절은 "기록된 바 의인은 없나니 하나도 없으며 깨닫는 자도 없고 하나님을 찾는 자도 없고"라고 말씀하십니다. 이것이 문제입니다. 의인은 하나도 없고, 자신이 하나님 앞에 죄인이라는 사실을 깨닫는 자도 하나도 없습니다. 즉, 하나님 앞에서 자신이 죄인이라는 사실에 대한 자각이 무뎌졌다는 것입니다. 하나님이 문둥병에 빗대어 우리의 영혼의 감각 없음을 설명하시는데, 이는 육체가 썩어져 가도 고통의 감각이 없는 것과 마찬가지로 영적 감각이 아예 없다는 말입니다. 계속해서 로마서 3장 19-20절을 보겠습니다. "우리가 알거니와 무릇 율법이 말하는 바는 율법 아래에 있는 자들에게 말하는 것이니 이는 모든 입을 막고 온 세상으로 하나님의 심판 아래에 있게 하려 함이라 그러므로 율법의 행위로 그의 앞에 의롭다 하심을 얻을 육체가 없나니 율법으로는 죄를 깨달음이니라."

결국 3장 11절에 "깨닫는 자도 없다"라는 상황 속에서 하나님이 율법을 주신 것은 첫째, 심판 날에 정죄하실 때에 그들이 핑계하지 못하도록 입을 막는 것입니다. 그래서 그들이 어떤 죄를 짓는지 낱낱이 밝혀 하나님이 보실 때 죄인이라는 사실을 부인할 수 없게 만듭니다. 핑계할 수 없는 자신의 죄상을 알고, 하나님의 심판 앞에서 어떤 변명도 못하게 하는 것이 율법의 기능입니다.

　　율법은 하나님의 택한 백성이 죄를 깨닫게 합니다. 하나님의 백성이 아닌 자, 영적으로 감각이 없는 자는 율법이 정죄의 근거가 되어 심판을 받게 됩니다. 즉, 율법이 구원받지 못한 백성에게는 마지막 날에 하나님이 그들을 심판하시는 데 근거가 됩니다. 그런데 구원받은 자에게는 어떨까요? 선택받은 백성에게도 율법은 핑계할 수 없는 죄상을 다 드러냅니다. 그러나 그리스도를 믿음으로 의롭다 함을 받은 자들에게는 결코 마지막 심판 날에 정죄의 근거로 작용하지 않습니다. 왜냐하면 그리스도께서 율법의 정죄를 다 폐하셨기 때문입니다. 율법은 구원받을 자로 하여금 율법의 정죄를 폐하신 그리스도의 의를 찾으며 바라보도록 합니다. 이것이 결정적인 차이입니다. 율법의 기능은 똑같이 죄를 깨닫게 해주는 것인데, 죄를 깨닫는 것이 하나님의 은혜를 입지 못한 자에게는 영원한 심판에 이르는 정죄의 근거로 사용되어서 죄의 심판을 더하고, 하나님의 은혜를 입은 자에게는 율법을 통해 깨달은 모든 죄가 있는데도 율법의 정죄를 폐하신 그리스도에게 나아감으로 살 길을 얻게 됩니다. 율법으로는 죄를 깨닫는 공통적 기능이 있는 것이지만, 믿는 자와 믿지 않는 자의 결과는 하늘과 땅처럼 확연히 다릅니다.

로마서 5장 13절은 "죄가 율법 있기 전에도 세상에 있었으나 율법이 없었을 때에는 죄를 죄로 여기지 아니하였느니라"고 말씀합니다. 죄를 범하였어도 죄인 줄 모르고 있었다는 말입니다. 그러나 사실 율법이 없을 때도 죄는 죄였고, 희미하게라도 죄가 죄인 줄을 분별하는 인식은 있었습니다.

갈라디아서 3장 19절은 "그런즉 율법은 무엇이냐 범법하므로 더하여진 것이라 천사들을 통하여 한 중보자의 손으로 베푸신 것인데 약속하신 자손이 오시기까지 있을 것이라"라고 말씀합니다. 다시 말해, 하나님의 법을 어겨서 율법이 더해진 것이라고 합니다. 본문 20절에 "율법이 들어온 것은 범죄를 더하게 하려 함이라"라는 말은 사람들의 의식에 율법을 주셔서 죄가 죄임을 더욱더 잘 드러나게 하기 위한 것이라는 뜻입니다. 이것이 율법을 주신 하나님의 의도입니다.

율법은 일종의 빛으로, 창을 열고 빛이 쫙 들어오면 눈에 안보이던 먼지가 다 보이는 것과 같습니다. 율법은 우리 죄의 실상을 비추어줍니다. 의사가 청진기로 숨 쉬는 것을 들어보듯이 율법을 비춰보면 상태를 알 수 있습니다. 신학자들은 율법을 돋보기라고도 했습니다. 우리 눈에는 괜찮은 사람이지만 하나님이 보실 때는 다를 수 있다는 것입니다. 복음을 전하다 보면 "우리는 다 죄인입니다"라는 일반론에는 사람들이 동의합니다. 그러나 막상 하나님의 영원한 지옥의 심판을 받아야 한다는 말에는 거부감을 갖습니다. 사실 이 세상에서 자기가 하나님의 영원한 진노를 받을 만하다고 생각하는 사람은 아무도 없습니다.

우리는 신앙이 깊어질수록 죄의식도 같이 깊어져 갑니다. 죄의식은 하나님 앞에서 자신의 상태에 대한 근심을 낳게 합니다. 그러나 이러한 근심은 참으로 은혜 가운데 있는 자에게서 나타나는 현상입니다. 사도 바울도 "오호라, 곤고한 자로다"라고 탄식했습니다. 이 근심은 구원을 받을 수 있는 것인가를 걱정하는 것이어서는 안 됩니다. 오히려 이 근심은 하나님의 은혜로 구원받은 자로서, 좀 더 하나님을 사랑하지 못한 안타까움을 표현하며, 여전히 남아 있는 죄의 성정에 대하여 분노를 표하고, 더욱 그리스도의 용서의 은혜를 깊이 깨달아 하나님의 자비를 감사하고 찬송하는 데로 이끌어 가기에 귀한 것입니다. 이런 근심이 없다면 그리스도의 은혜를 내세워 영적으로 나태하게 됩니다. 물론 이러한 근심으로 인하여 구원의 확신이 흔들리는 데까지 나아가지 않도록 복음의 은혜에 대해 다시금 이해하는 일이 필요합니다. 신자의 죄의식과 죄책감은 자신의 죄를 회개하도록 이끌며, 이미 받은 용서와 구원을 더욱 찬송하며, 새로운 삶으로 나가도록 이끌어 줍니다.

이러한 근심의 문제를 잘못 풀어가는 접근 방식이 있습니다. 그래서 근심할 필요가 없고 근심에 따른 회개도 필요가 없다고 말하며 구원받은 사람이 회개하는 것 자체가 이미 복음에서 어긋난 것이라고 힘주어 강조하는 자들이 있습니다. 구원파와 다락방에서 그렇게 가르칩니다. 그래서 성화를 위한 회개의 설교를 그리스도의 복음을 배반하고 어긋나는 것으로 이해합니다. 그래서 신자의 영광은 어떤 일도 회개할 필요가 없는 완전한 용서함에 대한 행복을 구가하는 것이라고 여깁니다. "죄 지은 사실이 있지 않느냐"라고 물어보면 "그것은 옛 사람이 지은 것이고, 구원받은 나는 상관없는 죄야"라고 말합니다. 인격을 분열화시켜서 새 사람이 되었으니 죄에 대해 회개할 필요가 없다는 생각으로 성화적인 요청과 회개에 대한 인식을 다 지워버립니다. 그러면서 그것이 바로 구원받은 자의 행복이라고 가르치는 것입니다. 하지만 이것은 완전히 잘못된 것입니다.

율법을 주신 이유

로마서 7장 7절은 "그런즉 우리가 무슨 말을 하리요 율법이 죄냐 그럴 수 없느니라 율법으로 말미암지 않고는 내가 죄를 알지 못하였으니 곧 율법이 탐내지 말라 하지 아니하였더라면 내가 탐심을 알지 못하였으리라"라고 말씀합니다. 즉, 율법이 탐심을 죄라고 말하니까 그것을 죄라고 인식한다는 것입니다. 율법이 죄를 깨닫게 한다는 사실을 모든 사람이 율법을 대하면서 똑같이 느끼는 것은 아니었습니다. 여러분은 하나님의 계명과 성경을 읽으면서 말씀대로 살지 못하는 자신의 모습을 보고 하나님 앞에서 죄송한 마음을 가질 것입니다. 그래서 하나님 말씀대로 사는 삶으로 의를 이루어 천국에 이른다 생각하면, 천국에 갈 사람이 아무도 없다는 사실을 다 인정합니다. 그런데 예수님 당시에 서기관과 바리새인들은 그렇지 않았습니다. 그들은 하나님의 율법을 우리보다 더 잘 알고 성경을 외우는 사람들인데도 율법의 기능과 용도, 하나님이 율법을 주신 목적과 의도를 완전히 오해했습니다. 그들은 하나님이 주신 율법과 계명을 최대한 지켜서 하나님께 칭찬받고 하나님 나라의 백성으로서 영생을 얻는다고 생각했습니다. 심지어 이 생각은 당시 사람들이 갖는 일반적인 생각이었습니다.

마태복음 19장에는 한 청년이 "어떻게 해야 제가 천국에 갈 수 있겠습니까?"라고 묻습니다. 그러자 예수님은 "부모를 공경하라, 살인하지 말라, 간음하지 말라, 도둑질하지 말라, 거짓말하지 말라"라고 하시며, 십계명 중 다섯 가지를 말씀하십니다. 그러자 청년은 어려서부터 그것을 다 지켜 왔다고 말합니다. 그러나 그 청년은 하나님이 율법을 주신 용도에 대해 근본적으로 잘못 이해하고 있는 것입니다. 하나님의 율법은 우리의 죄를 깨닫게 하기 위한 것이니, 예수님이 그렇게 이야기하실 때 정상적인 사람이라면 "그 계명에 비추어 보니 내 죄가 발끝부터 정수리까지 넘쳤나이다"라고 말해야 합니다. 그래야 살 길이 주어집니다. 그런데 그렇게 생각하지 않으니 하나님이 율법을 통하여 우리의 죄를 깨닫게 하시는 모든 일에 대한 기능이 굴절된 것입니다. 결국 바리새인과 서기관들의 회개는 율법을 행하지 못한 것에 대한 회개일 뿐이고, 행한 것이 많을수록 그만큼 의가 늘어난다고 생각하고 있는 것입니다. 그러면 이런 의문이 생깁니다. "얼마만큼 의의 계명을 잘 지켜야 하나님 나라를 갈 수 있을까?" 그래서 그 청년이 예수님께 그 질문을 한 것입니다. 결국 예수님은 그가 율법의 계명을 깨닫지 못한다는 사실을 알고 일깨워주시기 위해 "네가 가진 것을 다 팔아 이웃에게 나눠주고 나를 좇으라"고 말씀하십니다. 청년의 반응은 어떠하였습니까? 이 말씀을 듣고 근심하며 갔다고 합니다. 주님의 말씀은 율법의 계명을 주신 의미를 깨닫지 못하고 있는 것에 대한 어리석음을 일깨워주기 위한 말씀이었습니다.

하나님의 택한 백성에게 구원은 커트라인이 없는 무시험 전형 합격과 같습니다. 원서만 내면 입학이 보장되어 있는 것입니다. 이것은 기가 막힌 은혜입니다. 여기서 입학 원서를 낸다는 것은 믿음의 고백입니다. 우리는 예수 그리스도의 약속을 믿고 믿음의 고백을 해야 합니다. 약속을 믿으면 구원을 받고, 약속을 안 믿으면 구원을 못 받는 것입니다. "의인과 악인을 아주 분명하게 구분해서 나눠야지, 어떻게 약속의 말씀만 믿으면 된다고 하는 식의 구원론이 있을 수 있습니까?"라고 하는 것은 율법을 주신 하나님의 거룩한 뜻을 잘 모르는 사람의 질문입니다.

본문 20절 하반절을 보겠습니다.

"그러나 죄가 더한 곳에 은혜가 더욱 넘쳤나니."

이는 굉장히 감격스러운 표현입니다. 우리가 얼마나 죄인인지를 율법이 다 드러냈으니 율법의 정죄 아래 우리는 영원히 멸망하였다는 말씀이 이어 나와야 되는데, "그러나"라는 말로 반전의 내용이 나옵니다. 즉, 죄가 아무리 많아도 은혜를 능가하지 못한다는 것입니다.

"더욱 넘쳤나니"라는 말은 은혜로 쓸어버리는 것을 뜻합니다. 노아의 홍수 때에 비가 모든 지면에서 가장 높은 산까지 덮어버리는 것과 같습니다. 모든 것을 다 덮어버린 완전성이 "은혜가 더욱 넘쳤나니"라는 표현입니다. 단순한 비교가 아니고, 최상의 상태를 표현하기 위한 수사법입니다.

이 말을 쓸 때 사도 바울의 마음속에는 어마어마한 감격이 있었습니다. 그는 예수 그리스도의 교회를 핍박하는 교회의 훼방자요 복음의 훼방자로 살았는데, 하나님의 은혜로 용서받아 영생을 얻고 복음을 전하는 자가 되었습니다. 따라서 그는 이 사실에 대해 감격적인 토로와 찬미를 하는 것입니다. 사도 바울의 죄에 대한 인식의 깊이를 생각해보면 '넘치나이다'가 얼마나 압도적인 고백인지 알 수 있습니다. 그러나 자신의 의를 의지하는 사람은 자신의 의가 늘어나고 있다고 생각하는 만큼 용서의 은혜의 필요를 더욱 작게 느낍니다. 그러므로 주님께서는 우리를 평생 성화의 과정 속에 두사 성숙하게 하시고 이끌어 가실 때 우리로 하여금 계속 죄인이라는 사실을 자각하게 하십니다. 물론 그렇다고 해도 행실이 나빠져 죄인이라는 자각이 더 깊어져가는 것을 정당화하는 것은 올바른 방향이 아닙니다.

신앙생활의 기간에 비례하여 성화가 일정하게 이루어진다면 얼마나 좋겠습니까. 그런데 그렇지 않습니다. 하나님은 왜 그렇게 하시는 것일까요? 은혜가 얼마나 큰지를 알게 하시는 것입니다. 성화의 필요성이 없다는 것이 아닙니다. 성화는 주님이 우리를 그리스도의 형상을 닮아가기까지 자라게 하시는 것으로 하나님의 뜻입니다.

그러나 이 땅에서는 그리스도의 형상의 장성한 분량을 온전히 이루지는 못합니다. 완전한 성화는 육체 가운데 있는 동안 주어지는 은혜가 아닙니다. 따라서 완전한 성화에 이르지는 못하지만, 성화적 부르심 앞에서 우리는 점점 자라갑니다. 마지막 호흡이 끊어질 때까지 하나님의 은혜의 손길은 우리를 완전히 포기하지 않으십니다. 그러므로 우리는 교회를 버리고 떠난 사람도 하나님이 버리신 것이 아닐 수 있으니 그를 위해 계속 기도해야 합니다. 하나님이 은혜로 덮지 못할 죄가 없고 하나님께서 돌이켜 다시 돌아오게 해 구원하지 못할 죄인도 없습니다. 평생 모태신앙이라 하여 평탄하게 신앙생활을 할 것 같은 사람도 나태한 신앙생활이나 시험에 빠질 수 있습니다. 주님께서는 붙들어 그리스도의 은혜의 감격을 더욱 깨닫도록 하십니다. 어려서부터 신앙 안에서 자란 사람들은 극적인 반전의 신앙생활을 해온 사람의 간증을 들으며 자신의 신앙을 부끄러워하기도 합니다. 하지만 그것은 정말 큰 은혜입니다. 영적인 고통과 환난 가운데 있지 않고 교회 안에서 보호받으며 주 안에 있었기 때문입니다. 믿음의 언약 자손이 받는 은혜는 정말 큽니다. 은혜 가운데 믿음의 언약 자손으로 사는 동안 죄와 무력감과 영적인 악 또는 교만함을 깨닫는 은혜는 계속 주어지기 때문에 자기를 들여다보는 영적인 갈등, 회개는 항상 있습니다. 영적 감각이 있기 때문입니다. 다만 큰 죄를 범한 일이 없는 것뿐입니다.

갈라디아서 3장 24절에는 "이같이 율법이 우리를 그리스도께로 인도하는 초등교사가 되어 우리로 하여금 믿음으로 말미암아 의롭다 함을 얻게 하려 함이라"라고 나옵니다. 죄가 더한 곳에 은혜가 더욱 넘치니 그 은혜를 바라보도록 이끌어 가는 것이 그리스도 앞에 나오는 것입니다. 그때 율법은 구원에 이른 자에게는 초등교사의 역할을 하게 되는 것입니다. 믿지 않는 사람에게는 그렇지 않습니다. 어린아이를 잘 가르쳐서 바른 길로 인도하는 역할은 성령 하나님의 은혜가 있어야 되는 것으로 신자에게만 작용됩니다. 하나님의 은혜를 입지 않은 사람은 그리스도에게로 나가지 못한 채 다만 율법의 심판에 대한 두려움, 정죄에서 멈춥니다. 그래서 이 땅에 사는 동안에 두려워서 양심의 떨림과 부담감을 가지고 살도록 하다가 하나님께서 심판을 위하여 마지막 날에 모으실 때 정죄의 근거로만 작용할 따름입니다. 21절을 보겠습니다.

"이는 죄가 사망 안에서 왕 노릇 한 것 같이 은혜도 또한 의로 말미암아 왕 노릇 하여 우리 주 예수 그리스도로 말미암아 영생에 이르게 하려 함이라."

"죄가 사망 아래서 왕 노릇 한 것 같이"라는 말은 우리가 사망의 권세의 지배 아래 있기 때문에 죄를 범하면 사망에 이를 수밖에 없다는 뜻입니다. 즉 죄가 사망으로 이끄는 것을 아무리 발버둥 쳐도 못 벗어난다는 것입니다.

상상해보세요. 강에서 작은 배를 타고 가는데, 갑자기 어떤 사람이 물은 천천히 흘러가는데 물소리가 요란하게 들린다고 합니다. 그 앞에 폭포가 있는 것입니다. 떨어지지 않으려면 벗어나야 하는데 아무리 발버둥쳐도 배는 그대로 가서 결국 떨어지고 맙니다. 죽을 수밖에 없는 것입니다. 마찬가지로 죄는 우리를 사망으로 이끌어 갑니다. 영원한 지옥 곧 불못으로 가는 지옥행 열차를 탄 것입니다. 어떻게 해도 벗어날 수 없는 상태로 끌려갑니다. 때가 얼마 남지 않았음을 알면 돌이켜 회개해야 하는데 진노 아래 있는 죄인들은 회개하지 않습니다. 결국 죄가 사망의 왕 노릇 하는 것은 블랙홀처럼 끌려가는 힘을 벗어나지 못하는 것입니다.

그런데 21절 하반절에 "의로 말미암아 왕노릇 하여 우리 주 예수 그리스도로 말미암아 영생에 이르게 하려 함이라"고 반대 내용이 나옵니다. 넘치는 은혜가 있으면 그 어떤 힘에서도 벗어날 수 있습니다. 그래서 우리가 볼 때는 도무지 용서할 수 없는 죄인이라도 약속의 말씀을 믿고 긍휼을 바라고 나오면 하나님은 그를 이끌어 가십니다. 그 영생의 놀라운 힘이 우리에게 작용되고 있습니다. 그것을 가리켜서 신학적 용어로 '성도의 견인'이라고 합니다. 예수 그리스도의 은혜로 택한 백성을 붙들어 그들로 하여금 믿음의 인내로 마침내 구원에 이르게 하시는 은혜를 말합니다. 죄의 권세나 사망의 권세가 옛 성품에 따라 우리를 넘어뜨리더라도, 때로는 진리에서 떠나 배도의 일이 벌어지더라도, 그것은 일시적인 것일 뿐 궁극적으로 영생의 힘을 거스를 수는 없습니다. 그것이 성도의 행복입니다. 사도 바울이 바로 그것을 이야기하고 있습니다. 로마서 7장 21-24절을 보겠습니다.

"그러므로 내가 한 법을 깨달았노니 곧 선을 행하기 원하는 나에게 악이 함께 있는 것이로다 내 속사람으로는 하나님의 법을 즐거워하되 내 지체 속에서 한 다른 법이 내 마음의 법과 싸워 내 지체 속에 있는 죄의 법으로 나를 사로잡는 것을 보는도다 오호라 나는 곤고한 사람이로다 이 사망의 몸에서 누가 나를 건져내랴."

24절의 탄식이 바로 죄가 왕 노릇하여 사망으로 이끄는 힘의 세력에 대한 자각입니다. 하지만 바울은 그 속에서 소망을 품습니다. 그 내용이 25절입니다.

"우리 주 예수 그리스도로 말미암아 하나님께 감사하리로다 그런즉 내 자신이 마음으로는 하나님의 법을 육신으로는 죄의 법을 섬기노라."

바울은 "마음으로는 하나님의 법을, 육신으로는 죄의 법을 섬기는 이런 영적 갈등이 내면에 있더라도 나에게 영생을 주시는 강력한 힘이 있습니다. 그것은 바로 예수 그리스도로 말미암는 하나님의 은혜입니다. 그래서 감사하고 환희에 찬 기쁨의 노래를 주 앞에 드리는 것입니다. 놀라운 복음이요, 이 은혜를 어떻게 다 표현할 수 있겠습니까?" 이렇게 말하는 것입니다.

하나님의 앞에 죄인인 것을 알고 통곡하며 그리스도로 말미암아 용서받는 은혜를 알았다면 "나 같은 죄인을 주께서 용서해주셨구나"라는 사실 앞에 감사할 수밖에 없습니다. "죄가 사망 안에서 왕 노릇

한 것같이 나는 죄를 지어 사망의 세력의 지배 아래 멸망으로 끌려가는 비참한 자였는데…이 모든 것에서 나를 건져내어 영생에 이르도록 하신 예수 그리스도로 말미암아 의의 지배 아래 있게 하시니 내가 생명을 얻었구나."라고 고백하는 것입니다. 구원의 확신이자 성도의 견인에 대한 찬미가 실존적으로 다가올 때 그 기쁨은 매우 큰 것입니다.

사도 바울은 신약 교리서처럼 로마서를 쓰는 것 같지만 사실 이 것은 은혜를 체험한 자로서 넘치는 감격을 고백하고 있는 것입니다. 여러분도 로마서를 읽으면서 사도 바울처럼 영혼이 뜨거워져서 동일한 신앙고백을 하나님께 드릴 수 있기를 바랍니다. 로마서를 읽어가는 가운데 우리 영혼이 감격하는 기쁨이 있기를 바랍니다.

30. 죄에 대하여 죽었도다

그런즉 우리가 무슨 말을 하리요 은혜를 더하게 하려고 죄에 거하겠느냐 그럴 수 없느니라 죄에 대하여 죽은 우리가 어찌 그 가운데 더 살리요 무릇 그리스도 예수와 합하여 세례를 받은 우리는 그의 죽으심과 합하여 세례를 받은 줄을 알지 못하느냐 그러므로 우리가 그의 죽으심과 합하여 세례를 받음으로 그와 함께 장사되었나니 이는 아버지의 영광으로 말미암아 그리스도를 죽은 자 가운데서 살리심과 같이 우리로 또한 새 생명 가운데서 행하게 하려 함이라 로마서 6:1-4

6장은 전환점이 됩니다. 5장까지는 결국 "우리가 하나님 앞에서 얼마나 비참한 죄인인가"를 계속 드러내는 내용이었습니다. 그리고 "그러한 우리가 어떻게 거룩하신 하나님 앞에 설 수 있는 것인가"라는 질문에 대한 답은 '오직 예수 그리스도'였습니다. 우리의 행위나 율법으로 거룩하신 하나님 앞에서 의로운 자로 설 수 있는 가능성은 전혀 없음을 낱낱이 논증하는 것이 5장까지의 내용이라고 보면 됩니다. 즉, 우리가 하나님 앞에서 의롭다 함을 받고 모든 죄책과 형벌을 면하게 되는 유일한 길은 하나님이 우리를 법정 앞에서 의로운 자, 죄 없는 자라고 인정해주시며 그분의 자녀로 삼아주시는 것입니다. 그리고 그 일은 오직 예수님을 통해 하나님의 용서와 자비의 약속을 믿고 나가야 가능하다는 사실을 풀어준 것입니다. 또한 본래 율법은 우리가 마땅히 행해야 될 도리이지만 그것을 완벽하게 행할 수 있는 사람은 아무도 없다는 사실을 계속 지적하면서, 그 율법에 비추어 볼 때 우리가 얼마나 큰 죄인이며 본성상 부패한 자인지를 드러내기 위해 율법을 주신 것이라고 설명합니다. 그리고 예수 그리스도는 큰 죄를 저지르고 회개하러 나오는 자에게도 용서의 은혜를 베푸시니 그만큼 은혜가 더 크다는 것이 5장까지의 결론입니다.

> "율법이 들어온 것은 범죄를 더하게 하려 함이라 그러나 죄가 더한 곳에 은혜가 더욱 넘쳤나니 이는 죄가 사망 안에서 왕 노릇 한 것 같이 은혜도 또한 의로 말미암아 왕 노릇 하여 우리 주 예수 그리스도로 말미암아 영생에 이르게 하려 함이라"(롬 5:20-21).

죄가 더한 곳에 은혜가 더욱 넘쳤다는 것은 "죄가 아무리 커도 걱정할 게 없다. 주의 은혜로 용서받지 못할 죄가 없다"는 의미인데, 이 말을 죄가 큰 만큼 은혜도 더욱 커진다고 잘못 받아들이는 사람들이 있어서 그 부분에 대한 답을 6장에서 풀어갑니다. 하나님이 그리스도 안에서 우리에게 베푸시는 은혜의 두 줄기 중 하나는 '의롭다 함'이요 다른 하나는 '우리를 거룩케 함'이라고 했을 때, 의롭다 함은 '칭의', 거룩함을 입는 것은 '성화'라고 합니다. 그리고 그 성화의 은혜가 6장부터 8장까지 이어서 나옵니다.

율법폐기론의 오류 논박

"죄가 더한 곳에 은혜가 더욱 넘쳤나니"라는 말씀에 "은혜를 더하려면 죄를 더 많이 지으면 되겠네"라는 식의 잘못된 주장을 하는 빈정 거림이 있을 것을 염두에 두고 6장이 전개되고 있습니다. "죄가 클수 록 그 죄를 다 덮으시는 은혜가 있으니 죄를 더 많이 짓는 사람이 더 큰 은혜를 받는 것이다. 그러니 우리는 죄짓는 일을 삼갈 필요가 없 으며 죄를 지었다고 해서 두려워할 필요도 없다"는 잘못된 주장이 있을 수가 있습니다. 이러한 주장을 하는 자들은 율법과 계명이 생활 의 규칙이라는 것을 부정합니다. 이들은 도리어 방종한 삶을 살면서 죄책과 죄의식과 율법의 정죄에 대해 두려워하지 않으며, 오히려 자 유롭게 살아가는 삶을 강조합니다. 말하자면 "은혜를 더하게 하려고 죄에 거하자"는 주장을 전개합니다.

또한 그것은 정반대 입장에서 책망의 반론일 수 있습니다. "사도 바울, 당신의 말은 예수 그리스도의 은혜가 어떤 죄도 덮고 묻지 않 는다고 하였으니 그 말을 오해하여 방종하는 사람들이 나타날 것 아 니냐. 그러니 당신 말은 틀렸다. 당신 말대로라면 예수 그리스도의 복음이 은혜를 더하게 하려고 우리를 죄에 거하게 했다는 오해가 생 기기 때문이다." 이런 사람들은 "그리스도를 믿고 나서 신자로서 성 숙한 삶을 살아야만 그리스도의 구원이 유용하다"고 주장합니다. 이 것은 '신율법주의'입니다. 이들은 신자다운 성숙한 삶을 살지 않으면 최종적인 심판에서 구원을 받았다고 말할 수 없다는 식으로 단언합 니다.

그리스도의 은혜가 모든 죄를 다 덮으니 마음대로 살자는 율법폐 기론, 반율법주의도 잘못된 것이고, 은혜로 그리스도 안에서 용서받고 구원받는 것은 신자가 될 때까지이고 신자가 된 다음에는 신자답게 살아야 최종적인 구원을 받을 수 있다는 행위구원론, 신율법주의도 잘못된 것입니다. 예로부터 많은 사람들이 이러한 양극단에 서 있습니다. 로마서 6장부터 8장까지의 전체 흐름은 "이 양극단에서 중심을 어떻게 잡아야 하는가"에 대한 올바른 이해를 찾아갑니다.

성경에는 하나님 앞에서 은혜를 빙자하여 자기 마음대로 살아가는 사람들에게 경고하는 내용이 수없이 나옵니다. 구약에서 하나님은 언약 백성인 그들을 사랑하여 애굽에서 불러내어 가나안 땅에 들어가게 하셨고 계속해서 은혜를 베푸셨지만, 그들은 하나님을 버리고 바알과 이방신을 좇아 섬기며 음행을 마다하지 않습니다. 그럼에도 그들은 자신이 하나님의 백성이요, 아브라함의 후손이라며 하나님께 예배와 기도를 드리고 하나님이 자기들을 보호해주실 거라고 생각합니다. 이것이 바로 율법방임주의의 오류이며, 방종한 이스라엘의 악입니다.

신약에서 초대 교회 때도 그런 일이 많았습니다. 유다서 4절을 보겠습니다.

"이는 가만히 들어온 사람 몇이 있음이라 그들은 옛적부터 이 판결을 받기로 미리 기록된 자니 경건하지 아니하여 우리 하나님의 은혜를 도리어 방탕한 것으로 바꾸고 홀로 하나이신 주재 곧 우리 주 예수 그리스도를 부인하는 자니라."

어떤 사람들이 우리 하나님의 은혜를 방탕한 것으로 바꾸어 버렸다고 합니다. 이는 그리스도의 교회를 무너뜨리는 방법입니다. 은혜의 복음을 자랑하며 그 속에서 온갖 방탕한 짓을 하면서 괜찮다고 말하는 것입니다. 그런데 하나님의 은혜는 그러한 자들에게 적용되지 않습니다.

러시아 마지막 황제인 니콜라이 2세 뒤에는 라스푸틴이라는 최면술 수도사가 있었습니다. 그는 사이비 종파에 속한 사람인데, 니콜라이 2세의 부인 왕후가 병들었을 때 최면술을 이용하여 병을 낫게 했습니다. 그래서 그 후로 그는 왕후에게 절대적인 영향을 미치고, 왕후는 황제에게 영향을 주게 됩니다. 결국 라스푸틴이 러시아의 마지막 국정을 자기 마음대로 유린합니다. 그런데 그때 라스푸틴이 "죄를 많이 범할수록 하나님의 은혜가 크니 마음껏 죄를 범하라"는 교리를 가르쳤습니다. 그것은 율법폐기론의 전형입니다. 그래서 그는 예수 그리스도의 복음 앞에 성결하게 살아가는 것에 대해 어떤 가르침도 주지 않았습니다.

사실 방종하고 타락한 죄에 빠져 살아가는 것은 우리의 자연적 성품에 잘 들어맞기 때문에 그것이 옳다고 하면 사람들은 쉽게 모입니다. 이런 현상은, 하나님의 말씀은 방종한 생활을 하는 자의 마음을 괴롭게 하기 때문에 일반적으로 두드러지게 나타날 수가 있습니다. 하나님의 말씀을 들으면 인정받기보다는 책망을 듣는 일이 더 종종 있습니다. 그러면 그 책망으로 인한 아프고 무거운 마음은 무엇으로 해소할 수 있습니까? 예수님의 십자가와 부활뿐입니다. 예배를 통해 나의 의는 산산조각 나지만 그리스도의 의가 나를 새롭게 하여 그 은혜 앞에 감사를 드리면서 성령의 도우심으로 하나님의 말씀대로 살아가겠다는 결단과 주의 능력을 구하는 기도를 올리며 하나님의 용서와 거룩함을 찬송합니다. 하나님의 말씀에 의하여 양심의 부대 낌이 있지만 예수 그리스도의 은혜의 말씀으로 용서의 기쁨을 회복 하고 새로운 삶을 살아갈 것을 다시금 마음에 결단합니다. 이러한 일 은 자기 의가 깨어지는 과정입니다. 그런데 어떤 이들은 이러한 과정 을 참아내지 못합니다. 그럴 경우 그들은 앞서 말한 율법폐기론, 또 는 반율법주의가 복음의 은혜를 가장 잘 드러낸다고 주장합니다. 그 들은 자신이 정당하다고 여기던 것들을 깨뜨리는 하나님의 설교 말 씀을 듣기 싫어하고 저항하기에 이릅니다.

하나님의 말씀 앞에 옳다고 칭찬받을 사람이 얼마나 있겠습니까? 그런데 성도들에게 잘하고 있다고만 하고 죄에 대해 책망하는 말씀 이 없다면 어떻겠습니까? 일주일 동안 죄를 짓고 왔는데 "죄를 많이 짓고 와도 괜찮다. 어떤 자도 다 용서받는다. 예수님의 십자가 용서 가 이렇게 놀랍단다"라며 괜찮다는 말만 듣고 간다면 어떻겠습니까? 마음이 편안하겠습니까? 성도는 결코 그렇지 못합니다. 성령의 은혜 로 인하여 주님 앞에 돌이켜 회개하는 부대낌을 경험하기 때문입니 다.

어떤 잘못된 경우에는 "하나님께 기도해서 여러분의 마음에 있는 욕망의 응답을 받으라. 하나님이 여러분에게 복 주길 원하신다"라는 말을 듣기도 합니다. 다 맞는 말 같지만 조합을 어떻게 하느냐에 따라 완전히 다른 이야기가 됩니다. 바둑을 둘 때, 고수는 정확히 수순을 찾아서 자기의 돌들을 살리고 땅을 넓혀 갑니다. 바둑에서 수순이 어긋나면 죽는 것처럼, 제아무리 성경을 인용한다고 해도 성경 구절을 잘못 조합하면 영혼을 죽이는 이야기가 되는 것입니다.

죄에 거할 수 없는 이유

본문은 "은혜를 더하게 하려고 죄에 거하겠느냐 그럴 수 없느니라"라고 말씀합니다. 여기서 "그럴 수 없느니라"는 하나님이 그것을 허락하신 적이 없다는 말로 아주 강한 절대 부정입니다. 우리가 죄에 대하여 죽었는데 어찌 그 가운데 살겠다고 하는 것이냐? 죄에 대해 죽었다는 말은 은혜를 받았다는 뜻이고, 이 말은 우리가 은혜를 받아 죄에 대한 책임과 사망의 형벌로부터 면제를 받았다는 의미입니다. 죄에 대해 죽었다는 말은 죄를 원하는 마음 자체가 완전히 죽었다는 뜻은 아니나 우리를 다스리는 죽음의 권세로부터 완전히 자유로운 자가 되었다는 말입니다. 우리는 죄책과 죽음의 두려움으로부터 자유롭게 되었으니 더 이상 죄의 세력에 끌려다니는 종이 아닙니다. 하나님의 자녀인 것입니다.

"어찌 그 가운데 더 살리요"라는 말은 죄를 범하면서도 아무 생각이 없는 자처럼 그 속에서 계속 살겠느냐는 의미입니다. 즉 죄에 대한 죄책감, 죄로 인한 경계심, 죄에 대한 하나님의 분노, 하나님의 영광 앞에서의 부끄러움 등, 이 모든 마음의 영적인 책망과 아픔 같은 감각 자체가 아예 없는 자처럼 어떻게 죄 가운데 거할 수 있겠느냐는 말입니다. 우리는 한편으로는 죄에 대해 죽었고, 또 한편으로는 죄에 대한 감각이 살아난 자입니다. 한편으로 죄에 대해 죽었으니, 죄의 권세가 우리를 다스려 영원한 죽음의 심판 아래로 이끌어 가지 못합니다. 다른 한편으로 하나님의 자녀, 은혜의 자녀가 되어 죄에 대한 감각이 살아난 것입니다. 즉 죄에 대하여 산 자는 죄에 대한 감각이 죽은 자요, 죄에 대하여 죽은 자는 죄에 대한 감각이 살아난 자입니다. 예를 들어, 우리 몸의 신경이 다 죽으면 아픈 게 느껴지지 않으니까 맨발로 돌밭도 다닐 수 있을 것입니다. 마찬가지로 죄에 대해 죽었을 때는 죽음의 길을 다녀도 감각이 없기 때문에 그냥 죄 가운데 태연히 걸어갈 것입니다. 그런데 은혜를 입어서 하나님의 자녀가 되면 감각이 다 살아나기 때문에 죄의 길을 태연하게 걸을 수 없습니다. 우리의 생명이 예수 그리스도와 함께 하나님 안에 감추어져 있기 때문입니다. 우리가 땅의 것을 행하는 사람이 아니라 위의 것을 생각하는 사람들로 바뀌었기 때문입니다.

3절에 있는 내용을 풀어서 보면 "그리스도 예수와 합하여 세례를 받음으로 우리가 그와 함께 죽었다"고 말씀합니다. 우리는 죽지 않고 살아 있는데, 우리가 언제 죄에 대하여 죽었다고 말하는 걸까요? 그리스도께서 죽으셨는데 우리가 세례를 받음으로 그리스도와 연합하게 되었고, 그로 인해 우리는 그의 죽으심과도 연합되었기 때문에 그분이 죽었을 때 같이 죽은 것이라고 말하는 것입니다.

그리스도와 합하여 세례를 받았다는 말은 세례를 받음으로 그리스도와 하나가 되고 영적으로 연결되는 것을 뜻합니다. 그러면 "그리스도의 영과 내 영이 하나가 되었다"는 말은 무슨 뜻입니까? 그것은 그리스도와 내가 인격적인 사귐을 갖게 되었다는 것을 의미합니다. 그리고 인격적인 사귐은 예수 그리스도의 교훈을 심령에 받고 그 교훈을 따라 살기 원하며 그리스도를 닮아가는 자로 바뀌어 가는 것을 뜻합니다. 간단하게 말해서, 그리스도와의 인격적인 사귐은 그리스도를 닮아가는 것입니다.

부모와 자식도, 교회 리더와 교인들도 서로 닮아갑니다. 온 교회가 한마음과 한뜻이 되면 이질적인 사람 없이 다 닮은 사람이 됩니다. 그리고 그로 인해 우리 안에서 인격적 교제가 이루어지게 됩니다. 실제로 우리가 그리스도 안에 있으면 우리는 그리스도를 닮아가게 됩니다. 이것은 그리스도와 우리가 영적인 의미에서 연합을 이루고 있기 때문에 필연적입니다.

본문은 그리스도께서 십자가에 달리실 때 우리도 십자가에 달렸다고 말합니다. 실제로는 주님이 우리를 대신해 달리신 것입니다. 그런데 주님이 십자가에 달려 죽으신 것이 곧 내가 달려 죽은 것이라고 말할 때는 내 육체가 십자가에 달리지는 않았지만 영으로는 주님과 연합해서 달려 죽은 것이나 다름없다는 뜻입니다. "내 안에 그리스도께서 사시고 내가 그리스도 안에 산다"라는 말과 같은 의미입니다. 그러나 내가 직접 죗값을 치렀다는 뜻은 아닙니다. 그리스도와의 연합은 주님이 행하신 일이 모두 내가 행한 것이 되는 것입니다. 내가 실제로 한 것은 아니지만, 주님이 죽으신 게 마치 내가 죽은 것과 같다는 것입니다. 이는 내가 그리스도와 영적으로 연합했기 때문에 가능한 일입니다. 그래서 주님이 죽으실 때 우리가 함께 죽었다고 말하는 것입니다. 따라서 예수님의 죽음은 대리적 죽음입니다.

죄에 거할 수 없는 이유 2

4절로 가보겠습니다. 4절에서는 아예 우리가 그와 함께 장사되었다고 말합니다. 장사는 죽은 자가 죽었음을 완전히 확증하는 것입니다. 어떤 사람이 죽었는지, 살았는지에 대해 시비가 붙으면 무덤을 확인해보면 됩니다. 무덤, 장사는 죽음을 확실히 증거합니다. 사도신경에도 "십자가에 달려 죽으시고 장사 지낸 지 사흘 만에"라고 '장사 지낸다'는 말이 나옵니다. 여기서도 죽음을 확증합니다.

　4절은 1절이 제기한 문제에 대한 최종적이고 적극적인 답입니다. 앞에 2-3절이 우리가 죄에 대해 죽었는데 어떻게 죄 가운데 살겠느냐며 부정적이고 소극적으로 대답한다면, 4절부터는 적극적이며 긍정적인 대답이 나옵니다.

　　"이는 아버지의 영광으로 말미암아 그리스도를 죽은 자 가운데서 살리심과 같이 우리로 또한 새 생명 가운데서 행하게 하려 함이라."

그리스도의 부활은 하나님의 능력과 약속의 신실하심을 드러냅니다. 예수 그리스도의 부활을 통해 그리스도와 하나님 아버지의 영광이 온 우주에 충만해집니다. 그런데 그리스도를 살리신 그 영광으로 인해 우리도 이 땅에서 부활을 미리 경험하게 됩니다. 그것은 새 생명을 가지고 새 사람으로 살아가는 것입니다.

어떤 사람은 "우리가 영적으로 부활하여 새 사람으로 살아가는 것 자체가 부활의 능력을 입은 것이다"라는 말만 하고, 마지막 때에 있을 육체의 부활에 대해서는 말하지 않습니다. 예수 그리스도의 육체의 부활을 믿지 않는 것입니다. 또 어떤 이들은 "예수님은 십자가에서 가장 비참한 자로 죽었으나, 그의 가르침은 역사상 가장 위대한 가르침이 되었다. 그런 의미에서 예수님은 부활한 것이다"라고 말합니다. 그들은 "우리에게 육체의 부활은 없다. 우리가 그리스도로 인해 의롭게 되고 도덕적인 삶을 살아간다면 그것으로 부활을 경험한 것이다"라고 설명합니다. 그런데 이것은 현대 신학의 위험이요, 거짓 신앙입니다.

하나님의 영광은 예수 그리스도의 부활을 통해 드러납니다. 하나님의 가장 절대적 영광은 마지막 날에 우리를 다시 살리시고 육체의 부활을 일으키실 때 찬란하게 드러날 것입니다. 그런데 우리가 아직 죽지 않고 살아 있는 동안 장차 육체가 부활하여 누릴 그 영광을 이 땅에 사는 동안 미리 맛보게 하시는데, 그것이 바로 '중생으로 인한 부활'입니다. 우리가 거듭난 생명으로 살아갈 때 나타나는 변화입니다. 그리고 그것을 '성화'라고 하는 것입니다.

하나님은 목적을 가지고 우리를 구원하셨습니다. 우리를 의롭게 하신 놀라운 은혜는 우리를 거룩한 그리스도의 형상으로 만들려는 목적으로 베푸신 일입니다. 목적도 없이 그냥 단순히 우리를 의롭게 하신 것이 아닙니다. 하나님은 우리를 위해 이 땅에 예수 그리스도를 보내셨고, 예수님은 십자가에 못 박혀 대리 속죄하시고 부활하셨습니다. 그런데 성경은 우리가 그분과 함께 부활했다고 말합니다. 이 사실이 얼마나 기쁩니까? 그런데 하나님께서 우리를 의롭게 하신 것은 단지 우리에게 그분의 자녀라는 신분을 주기 위한 것만이 아닙니다. 보다 궁극적으로 하나님의 자녀답게 만들기 위해 의롭게 하신 것입니다.

즉 구원의 목적성은 의롭다 함에 그치는 것이 아니라 의로운 자라는 신분을 주시고 우리를 거룩한 자로 만드는 데 있는 것입니다. '칭의', 곧 의롭다 하시는 이 은혜는 은혜의 시작일 뿐 그 자체로 하나님이 베푸신 구원의 은혜를 다 설명할 수는 없습니다. 그것은 그저 은혜의 토대요, 은혜의 기반입니다. 그것이 없으면 어떤 은혜도, 어떤 구원도 없기 때문입니다. 그러나 그것 자체는 목적이 아닙니다. 최종적인 목적은 우리가 새 생명 가운데 살아서 하나님께 영광을 돌리고 그리스도의 형상을 닮아가는 것에 있습니다. 그것이 바로 하나님 나라에서 우리가 영생을 맛보며 사는 것에 대한 실질적인 내용입니다. 그런 목적이 없는 구원이라면, 하나님은 애초에 우리에게 성화의 과정을 요구하지 않으십니다. 그럴 필요가 없기 때문입니다.

우리는 육체를 벗어나 우리의 영혼이 낙원에 갈 때에 완전한 성화를 입고 완전히 거룩한 자가 됩니다. 그러면 한번 생각해보세요. 어차피 이 땅에서 우리는 완전한 성화를 이룰 수도 없고 죄인의 모습으로 사는 것을 피할 수가 없습니다. 하나님이 정해 두신 일정한 한계 안에서 살다가 죽은 다음에야 완전히 거룩해집니다. 그런데 왜 하나님은 자꾸 우리에게 거룩하라고 명령하시는 것입니까? 이 땅에 살면서 어차피 완전한 성화를 이루지 못하는데 왜 그렇게 우리에게 거룩을 명하시는 것입니까? "우리는 예수 그리스도로 말미암아 의롭다 함을 받은 것에 감사하며 죄짓지 않으려고 노력하는데, 그럼에도 결국 죄를 짓고 맙니다. 그러나 죄가 많을수록 은혜를 더욱 크게 찬양할 수 있으니까 죄를 짓든 말든 내버려 두시다가, 나중에 죽으면 예수님의 피로 의롭게 된 우리를 완전히 거룩하게 해주셔서 주의 나라에 거하게 하시면 되지 않습니까?" 그러나 이것이 하나님의 뜻이라면, 성경에 있는 많은 교훈들은 불필요한 것이 되고 말 것입니다. 이를 테면 다음의 말씀들입니다. "너희는 빛의 자녀처럼 행하라." "너희는 육체의 소욕을 따르지 말고 성령을 따라 행하라." "너희는 착한 행실을 행하여 모든 사람이 너희의 착한 행실을 보고 하나님께 영광 돌리게 하라." "주여 주여 하는 자마다 천국에 갈 것이 아니요 하나님의 뜻대로 행하는 자가 천국에 들어가리라." "너희는 옛 사람을 벗어 버리고 새 사람을 입으라." "너희는 어둠의 일에 참여하지 말고 생명으로 나오라." "너희의 죄악을 너희가 알지 못하느냐."

하나님은 이 땅에서 살아가는 우리의 삶을 우리가 생각하는 것보다 더 귀하게 보십니다. 우리를 하나님의 자녀로 세우셨기에 우리가 주의 뜻에 따라 살기 위해 소망을 가지고 능력을 구하며 힘써 살기를 원하십니다. 그것이 이 땅에서 받으시는 예배요 영광이기 때문입니다. 하나님은 죄인 된 우리를 하나님의 자녀로 신분을 바꾸어 주시고 의롭게 하여 우리를 변화시켜주시면서 영광받기를 원하십니다. 그게 하나님이 영광을 받으시는 방식입니다. 그래서 우리에게 거룩하게 살라고 명하시는 것이요, 그것이 이 땅에 사는 동안의 목적입니다. 그리고 우리가 이 땅에 사는 동안에 그 목적을 다 이루지 못하고 인생을 마칠 때, 우리의 영혼을 완전히 거룩하게 하시고 훗날 썩지 않을 거룩한 육체를 입히심으로 영육이 하나 되게 하시어 새 땅, 새 예루살렘에서 살게 하시는 것입니다.

주의 말씀을 순종하고 율법에 순종하는 우리의 행위는 절대로 우리를 구원할 공로가 되지 못합니다. 우리의 행위는 죗값을 치를 만한 가치가 없습니다. 구원의 공로는 우리의 행위가 아니요, 오직 예수 그리스도의 공로뿐입니다. 그러므로 우리가 하나님의 자녀가 되는 이 은혜는 오직 믿음으로 받는 것입니다. 그리고 그런 믿음은 성령 하나님이 주시는데, 성령님은 우리에게 그 믿음을 주시면서 우리의 성품을 새롭게 바꾸어 주십니다. 하나님의 아들을 닮아가게 하시는 것입니다.

따라서 행함의 증거가 없는 구원은 없습니다. 그러나 행함으로 공로를 세워 의로워질 수 없고 구원에 이르게 할 기반을 세울 수는 없습니다. 그러니까 행함으로 의롭다 함을 받을 수 있다는 것은 잘못된 구원론입니다. 그리고 행함의 증거가 없는 구원론은 성경의 구원론이 아닙니다. 하나님은 행함의 증거를 통해 전적인 그리스도의 은혜로 인한 구원을 확인하십니다. 그것을 통해 영광받으시는 것입니다. "행함으로 구원을 받는 것은 아니지만, 행함의 증거가 없는 구원은 없다"는 사실을 잘 기억해야 합니다. 그래서 야고보서에 "의롭다 함을 받는 것은 믿음으로만이 아니라 행함으로니라"라는 말이 나오는 것입니다.

오직 예수 그리스도의 공로로 의롭다 함을 받는 것이요, 그 은혜를 믿음으로 받아 하나님의 자녀가 되는 것입니다. 그 은혜와 믿음, 그리스도의 공로로 하나님의 자녀가 된 자는 죄에 계속 거할 수 없습니다. 그래서 죄를 멀리하고 죄와 싸우며 하나님의 말씀에 순종하는 행함의 증거를 가진 자로 서게 됩니다. 따라서 내가 구원을 받았는지 확인하기 위해 행함의 증거가 있는지 살피는 것도 한 방법입니다. 그러나 그 방법은 항상 위태합니다. 왜냐하면 내가 가지고 있는 행함의 증거가 자기가 볼 때는 증거로 보이지 않을 수 있기 때문입니다. 내가 볼 때는 변한 게 없고 본질상 변하지 못했다는 영적인 아픔과 예민한 감각이 늘 있는 것입니다. 믿음의 기쁨이 클수록 그런 마음은 더 깊어집니다. 즉 자기가 열매를 추수하고 "와, 이렇게 열매가 많아. 나는 의로워. 증거가 이렇게 많다니, 나는 구원받았어"라고 말하기 쉽지 않은 것입니다.

믿음이 정직한 사람은 다른 사람이 볼 때 열매가 있는데도 자기가 열매라고 내놓는 것이 너무 부족해 보여서 "아, 그걸 어떻게 내놔요"라는 마음을 갖게 됩니다. 그래서 행함의 증거가 없는 구원은 없는데 그 증거를 가지고 구원의 확신을 얻고자 하다 보면 항상 흔들릴 수 있는 것입니다. 진실한 믿음의 사람일수록 자신의 열매와 경건을 자랑할 수 없으니까 늘 십자가 앞에 나아갑니다. 그래서 결국에는 구원의 확신을 예수 십자가 안에서 찾게 됩니다. 믿음이 깊고 거룩한 사람이든, 이제 막 예수를 믿은 사람이든, 모두 예수 십자가 안에서 구원의 확신의 근거를 잡아야 합니다. 그것이 하나님의 신실한 약속입니다.

모든 신자는 로마서 1장부터 5장까지의 내용을 사랑합니다. 성화로 인한 구원의 열매를 맺는 일이 목적인데 우리에게 다가오는 복음은 항상 칭의 사건으로 오고 칭의 사건으로 마무리됩니다. 우리는 삶에서 열매를 맺어야 합니다. 하지만 임종 때 자기의 행위를 증거로 내세워 주 앞에 설 사람은 아무도 없습니다. 죽을 때는 모두 십자가로 갑니다. 창대한 믿음을 가진 사람은 십자가로 시작해서 십자가로 끝나는 이 구원의 복음을 갖고 있습니다. 그 과정 중에 성화의 삶을 살아갑니다. 이것은 목적이지만 복음의 기반이 아니요, 결과지만 시작은 아닌 것입니다. 성화는 점차 모습을 드러내며 세워지는 집이지 토대가 아닙니다. 칭의가 토대이자 시작입니다.

그래서 '반율법주의'나 '율법주의'는 틀린 것입니다. 하나님의 칭찬을 기대해도 됩니다. 우리는 어차피 주님의 상급을 바라보고 사는 사람들로, 주님 앞에 힘써 달려갈 길을 다 간 후에 우리에게 주실 그 면류관을 바라보며 살기 때문입니다. 하지만 면류관이 나를 구원할 거라고 생각하면서 그렇게 면류관을 바라보면 안 됩니다. 우리를 구원하는 것은 오직 십자가뿐입니다. 면류관은 하나님의 은혜 가운데 베푸실 칭찬이요 이 땅에 사는 우리의 위로요 내가 복된 은혜를 받았다는 증거입니다. 바로 이것이 오늘 본문 로마서 6장이 교훈하는 신앙의 원리입니다.

31. 죽은 자와 살아 있는 자

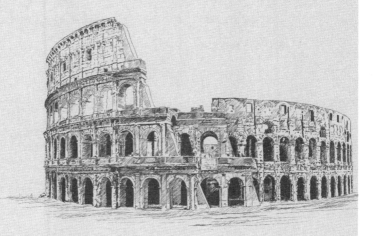

만일 우리가 그의 죽으심과 같은 모양으로 연합한 자가 되었으면 또한 그의 부활과 같은 모양으로 연합한 자도 되리라. 우리가 알거니와 우리의 옛 사람이 예수와 함께 십자가에 못 박힌 것은 죄의 몸이 죽어 다시는 우리가 죄에게 종 노릇 하지 아니하려 함이니 이는 죽은 자가 죄에서 벗어나 의롭다 하심을 얻었음이라. 만일 우리가 그리스도와 함께 죽었으면 또한 그와 함께 살 줄을 믿노니 이는 그리스도께서 죽은 자 가운데서 살아나셨으매 다시 죽지 아니하시고 사망이 다시 그를 주장하지 못할 줄을 앎이로라. 그가 죽으심은 죄에 대하여 단번에 죽으심이요, 그가 살아 계심은 하나님께 대하여 살아 계심이니, 이와 같이 너희도 너희 자신을 죄에 대하여는 죽은 자요 그리스도 예수 안에서 하나님께 대하여는 살아 있는 자로 여길지어다. 로마서 6:5-11

믿음과 행함

본문에서 사도 바울은 죽은 자와 살아 있는 자를 대조합니다. 그러면서 우리가 그리스도 안에 있으면서 어떻게 살아야 하는지에 대한 답을 신학적으로 제시합니다. 신자에게 "어떻게 살아야 하는가?"는 "믿음은 도대체 무엇인가? 또 믿음 생활은 무엇인가?"라는 질문과 같습니다. 믿음 자체는 우리의 행동이나 활동과는 다른 것입니다. 믿음은 본래 정신적이고 심리적인 작용으로 주께서 약속하신 것을 굳게 믿는다고 고백하는 행위입니다. 즉, 무엇을 알고 이해하고 생각하는 것과 같은 부류의 심리적 작용, 정신적 작용이 믿음이라는 것입니다.

신앙에서의 믿음은 전인격적인 것이기 때문에 인격이 신앙의 대상인 하나님을 믿는다는 것은 우리의 전인격을 향한 하나님의 뜻에 따라 살아가는 일과 맞물려갑니다. 분리될 수 없습니다. 믿음이 행함은 아니지만, 행함과 믿음이 분리되지는 않는 것입니다. 그러나 분리되지 않는다고 해서 행함을 믿음으로 생각하면 잘못입니다. 반대로 믿음이 있으니 행함은 없어도 된다고 생각하는 것은 분리적 사고입니다. 이것 또한 잘못된 생각입니다. 믿음과 행함은 구별되는 것이나 분리되지는 않습니다. 마태복음에서는 그것을 나무와 열매의 관계로 설명합니다. 또 요한복음에서는 열매를 맺는 포도나무 가지로 설명합니다. 그리고 로마서에서는 우리의 죽음과 삶, 죽은 자와 살아 있는 자의 대조를 통해 믿음의 고백과 삶의 실제적인 열매인 행함이 왜 분리되어서는 안 되는지 말해줍니다.

예수 그리스도는 죄의 억압과 정죄로부터 우리를 자유케 하셨습니다. 그러나 우리가 죄를 짓는 일에서 자유로워진 것은 아닙니다. 그리스도께서 죄의 심판과 억압과 형벌, 즉 정죄로부터 우리를 자유케 하셨다는 것입니다. 이 사실을 올바로 이해하는 것이 복음에 대한 바른 이해입니다. 그러나 용서받았으니 죄를 마음대로 지어도 괜찮다는 식으로 생각하는 것은 잘못된 것입니다. 즉, 방탕한 마음, 방임한 마음, 방자한 마음으로 영적 긴장을 풀어버리는 의미에서의 자유케 함은 복음에 대한 잘못된 이해요, 복음에 없는 것입니다.

그러므로 복음을 바로 아는 사람은 하나님 앞에서 자신을 돌아보고 영적으로 근신하며 올바르게 살고자 하는 마음을 가져야 합니다. 그것은 일반적으로 말해서 따뜻하고 온유하고 부드러운 마음을 갖는 것입니다. 용서받은 하나님의 자녀의 행복이 아니면 나올 수 없는 경건인 것입니다. 이것은 인간 스스로 노력하여 인정받고자 하는 의미에서의 윤리적 선이나 자기 근신이 아닙니다.

부활과 영적인 변화

본문 5절은 예수 그리스도와의 연합을 이야기하며, 그리스도와 연합한 자는 그가 죽으신 것과 같이 죽은 자가 된다고 합니다. 그리고 약속된 확실한 미래가 나오는데, 그것은 '부활'입니다. 여기서 부활은 우리를 완전히 새 사람으로 바꾸는 것을 뜻합니다. 육체의 부활은 지금의 나의 성정과 인격을 그대로 가지고 몸이 썩었으나 새로운 몸을 덧입는 것뿐 아니라 전인격적인 온전한 새 사람의 부활을 의미합니다. 다시는 썩을 만한 죄 가운데 머물러 있기를 원하지 않으며, 영육 간에 온전히 주를 향해 나가는 특별한 존재로 빚어지는 것입니다. 마음의 소망이 주께 있고 주를 향한 소망이 우리를 행복하게 합니다. 그러므로 그것 외에 다른 것들을 생각하지 못하는 상태로 온전한 거룩을 이루는 것, 깨끗한 영혼의 상태에 걸맞은 깨끗한 몸을 입게 되는 것이 미래에 있을 부활입니다.

본문에서는 이 미래에 있을 부활을 우리가 확실히 안다고 합니다. 눈으로 보듯 장차 있을 것을 안다는 것입니다. 그것이 5절에 나와 있는 "되리라"라는 시제에 담겨 있는 의미입니다. 그 부활이 미래에 있지만, 그 육체가 담을 영혼의 완전한 거룩을 지금 이 땅에서 미리 맛보게 하십니다. 그러나 지금은 완전한 상태를 누리고 있지는 못합니다. 따라서 맛보는 그것이 그리스도와 내가 연합되어 죄사함을 받았다는 사실에 대한 확인이요, 증거요, 근거가 됩니다. 내 안에서 죄를 탄식하고 용서를 갈구하고 그리스도 십자가 안에서 용서받았다는 메시지를 성경에서 보게 되고 그로 인해 감사하는 마음을 갖는 마음의 영적인 변화들이 나타납니다. 이것이 중생자에게 나타나는 변화입니다. 내가 그리스도와 함께 죽어서 연합되고 그가 오실 때에 부활로 연합하여 나도 부활할 것이라는 확신을 갖게 하는 근거입니다.

사실 연약한 신자들은 자기의 죄가 많다며 이 사실에 대해 확신하지 못하고 흔들릴 수 있습니다. 그러나 경건해질수록 확신은 견고해집니다. 여기에도 역설이 있습니다. 경건한 자일수록 그는 죄에 더 예민하고 자기의 부족함을 더 보게 되어 십자가에 더욱더 매달립니다. 그런데 오히려 불안하지 않고 구원의 확신이 견고해지는 것입니다. 사실 이상합니다. 자기의 죄된 모습을 알수록 자신이 구원받은 자가 아닐 수 있겠다며 불안해해야 하지 않습니까? 구원이 자기의 의에 있다고 생각하면 불안해질 수밖에 없습니다. 우리는 종종 자기의 변화된 거룩한 모습의 열매를 보고 구원의 확신을 가지려 합니다. 그러나 그렇게 자기의 모습에 매달리다보면 내가 얼마나 거룩하고 변했는지를 들여다보는 순간 죄된 모습을 발견하게 될 것입니다. 열매를 드러내놓고 구원의 확신을 잡으려 하면 그 열매는 자기의 의가 되는데, 그런 사람은 그 순간에 그것을 뒤엎어버리는 자기의 허물들을 발견하게 됩니다. 그들에게 열매는 분명한 증거인데 그것이 뒤엎어지면 무너지게 되는 것입니다. 참된 증거는 "하나님이 은혜를 베푸

서서 나 같은 죄인도 이렇게 신앙을 가지고 살게 하시는구나. 참 감사하다. 이것은 내가 한 것이 아니요 주께서 행하신 은혜이니, 주께서 나를 사랑하신다는 사실을 어찌 내가 부인할 수 있겠는가?"하는 것입니다.

그래서 누구도 자기의 의를 드러내며 열매를 구원의 확신의 근거로 삼을 수 없습니다. 오히려 그 열매를 주신 하나님의 약속의 말씀으로 돌아가야 합니다. 하나님의 말씀을 더 분명히 알수록 자기의 죄가 낱낱이 드러나니 십자가를 더 의지하게 되고, 십자가를 의지하는 만큼 구원의 확신은 더해져가니 구원의 확신은 십자가의 은혜를 바라보는 데 있습니다. 그리스도의 죽으심과 연합한 자에게 죄를 짓고 싶은 마음이 전혀 없는 것은 아닙니다. 죄를 짓고자 하는 마음이 있지만, 그것이 하나님 앞에서 합당한 것이 아님을 알고 인정함으로 영적인 주저함과 괴로움과 절제와 거부가 있는 것입니다. 죄의 소욕을 아파하는 성령의 근심이 마음에 역사하고 있어서 절대로 죄지은 상태가 오래가지를 못합니다.

어떤 사람은 평생 죄를 짓다가 죽음을 앞두고 돌이킬 수도 있습니다. 하지만 그런 사람은 긴 시간 동안 거의 죽은 자처럼 살았기에 심령이 피폐할 것입니다. 그런 사람들이 돌아올 가능성이 얼마나 있을까요? 인간적으로는 계산이 안 나옵니다. 그러나 딱 하나, 하나님이 돌이시킨다면 돌이키는 은혜가 있게 됩니다. 하나님께만 가능성이 있습니다. 우리 편에서는 없습니다. 그러므로 신자가 양심의 가책을 주시는 성령의 음성을 외면한 채 죄 가운데 주저앉아 오랫동안 살

수 없다는 것은 맞는 말입니다. 우리는 늘 연약하고 성화되지 않았기 때문에 넘어지고 실족하지만, 그때마다 하나님이 말씀으로 책망하시고 징계하셔서 다시 돌아오게 됩니다. 그리고 그런 경험을 통해 영적 감각이 죽지 않고 살아 있음을 확인하게 됩니다. 우리가 끝까지 소망을 두는 것은 하나님이 불러내시면 죄에서 떠나 하나님께로 돌아갈 수 있으며, 이러한 은혜를 베푸시는 하나님의 자비로우심은 결코 변함이 없으시고 영원하시다는 진리 때문입니다. 간단히 말해, 하나님의 긍휼을 바라보기 때문입니다. 그러면서 전적인 하나님의 은혜를 찬양하게 됩니다.

옛 사람, 죄의 몸을 죽이고 새 사람으로 만드심

6절의 "우리가 알거니와 우리의 옛 사람이 예수와 함께 십자가에 못 박힌 것은"이라는 말은 5절의 "우리가 그의 죽으심과 같은 모양으로 연합한 자가 되었으면"에 대한 다른 풀이입니다. 즉 우리가 그리스도와 연합하여 죽었다는 것은 옛 사람이고, 옛 사람은 중생하기 이전에 죄 된 성품 가운데 찌들어 있는 모습을 뜻합니다. 그리스도를 믿는 참된 제자들은 갈라디아서 2장 20절에서 사도 바울이 말한 것처럼 자기의 옛 사람을 십자가에 못 박아버립니다. 죄의 소욕을 십자가에 못 박는 것입니다.

인격적으로 우리는 하나님 앞에서 더 이상 옛 사람이 아닙니다.

즉, 하나님이 보실 때 우리는 그리스도 안에 있는 새 사람이라는 말입니다. 그런데 왜 내 안에서 옛 사람의 모습이 자꾸 나타납니까? 그것은 죄의 흔적입니다. 우리는 그리스도에게 속한 자입니다. 그런데 전에는 마귀에게 속한 자였습니다. 옛 사람으로는 마귀에게 속한 자였던 상태를 나타냅니다. 그러나 새 사람으로는 그리스도에게 속해 있습니다. 하나님이 보실 때 우리는 전적으로 그리스도에게 속한 자입니다. 새 사람이기 때문입니다. 우리의 옛 사람은 이미 십자가에 못 박혀 죽고 궤멸되었습니다. 따라서 우리는 전적으로 새 사람이요, 그리스도 안에 있는 사람이요, 하나님의 자녀일 뿐입니다. 그런데 우리는 부패한 심령을 가진 자로 옛 사람의 죄의 소욕과 흔적이 여전히 남아 있어 죄의 유혹에 넘어가기도 합니다. 그러나 죄를 짓더라도, 예수 그리스도를 믿음으로 전적인 죄사함의 은혜를 받은 우리는 죄를 지었다는 사실로 인해 하나님의 자녀인 우리의 신분이 취소되지 않는다는 사실을 잘 기억해야 합니다.

마귀는 우리를 죄짓게 하고 죄의 비참한 결과의 고통을 보는 것에서 멈추지 않고 우리를 하나님께 돌아갈 수 없는 데까지 끌고 가자 합니다. 그것이 마귀의 역할입니다. 죄를 짓게 하는 것으로 그치지 않는 것입니다. 죄를 짓고 절망과 수렁 속에서 "하나님이 주신 은혜가 큰데 이렇게 죄를 범하고 있다니 과연 내가 하나님의 자녀일 수 있는가?" 하며 괴로워할 때, 마귀는 "그래, 너는 아니야"라며 우리의 신분을 부인하게 합니다. 그때 중요한 것은 예수 그리스도의 십자가를 바라보고, 우리 또한 십자가에 못 박혀 죽었다는 사실을 기억해야 합니다. 그 사실을 기억하고 주님 앞에 다시 나오면 삽니다. 생명을 회복하는 능력이 나타납니다.

6절에 "죄의 몸이 죽어 다시는 우리가 죄에게 종 노릇 하지 아니하려 함이니"라고 나옵니다. 옛 사람이 예수와 함께 못 박혀서 새 사람이 된 데는 목적이 있습니다. 그것은 우리를 향하신 하나님의 목적입니다. "죄의 몸"은 죄덩어리 몸, 즉 죄만 짓는 옛 사람입니다. 죄의 정욕에 끌려 살던 옛 사람을 십자가에 못 박고 우리를 새 사람으로 바꾸신 것은 첫째, 우리가 죄에게 종 노릇을 하지 않게 하려 함입니다.

주님은 주의 사랑하는 백성, 주의 자녀를 향한 긍휼과 사랑의 손길을 한 번도 놓지 않으십니다. 주님은 우리가 죄에게 종 노릇 하지 않게 하려고 십자가에서 죽으심으로 우리를 새사람이 되게 하셨습니다.

그렇다면 이 사실은 우리가 이 땅에서 완전한 거룩을 이룬다는 뜻입니까? 아닙니다. 마태복음 6장 12절에 "우리가 우리에게 죄 지은 자를 사하여 준 것 같이 우리 죄를 사하여 주시옵고"라고 나옵니다. 이것은 죄를 범하는 연약성을 놓고 주님 앞에 회개하는 기도입니다. 예수님 안에서 모든 죄가 용서받은 것을 알지만 일상 가운데 범한 죄들을 회개하며 "주님 우리의 죄를 사하여 주옵소서"라고 고백하는 것입니다. 요한일서 1장 8절에는 "만일 우리가 죄가 없다고 말하면 스스로 속이고 또 진리가 우리 속에 있지 아니할 것이요"라고 나옵니다.

결국 요점은 "죄의 몸을 죽이기 위해 우리를 새 사람으로 만드셨다"는 것입니다. 예수님이 십자가 은혜로 그분을 믿는 자의 모든 죄를 사하셔서 우리의 옛 사람을 그리스도와 함께 못 박아버리시고 새 사람의 신분을 얻게 하신 것은, 우리가 옛 사람처럼 죄 가운데 머물러 있으면서도 즐거워하고 그 가운데 소망이 있는 줄로 속은 채로 계속 살아가는 사람이 되지 못하게 하시려는 것입니다. 그래서 죄 중에 계속 머물러 있는 일이 즐겁지 않는 일이 됩니다. 더 이상 죄를 즐거워하지 않고 죄와 싸워 이기는 것입니다. 즉, 죄의 종노릇이 아니라 죄를 이겨내는 일이 벌어지는 것입니다. 죄의 종이었던 자가 나쁜 습관을 끊어버리고, 나쁜 생각을 지우며, 판단하지 않고 용납하고 오래 참고 긍휼과 자비가 생기기 시작합니다. 이것은 성령의 변화입니다. 판단하고 정죄하고 수군대고 중상하고 모략하고 거짓말하는 마음이 즐겁지 않게 됩니다. 서로 이해하려는 마음의 폭이 넓어지고 인간관계가 변하게 됩니다. 죄가 아니라 하나님이 이끌어 가심으로, 더 이상 죄 중에 머물러 있는 것을 좋아하지 않는 마음에서 비롯되는 것들입니다.

죽은 자에서 산 자로

본문 7절을 읽어보겠습니다.

"이는 죽은 자가 죄에서 벗어나 의롭다 하심을 얻었음이라."

여기서 "죽은 자"는 육체가 죽은 자가 아니라 그리스도 안에서 죽은 자를 의미합니다. 이것은 6절의 예수와 함께 십자가에 못 박힌 자를 뜻하고 5절의 그의 죽으심과 같은 모양으로 연합한 자를 의미합니다. 또 "죄에서 벗어나"는 6절의 "죄에게 종 노릇 하지 아니하려"라는 말과 같은 뜻입니다. 따라서 "의롭다 하심을 얻었음이라"라는 말은 하나님이 우리를 심판할 이유를 찾지 못하신다는 말로 우리가 죄 없는 자로 인정받고 신분의 변화가 있는 것입니다.

그러면 우리는 이제 어떻게 살아야 합니까? 8절에 나온 대로 우리가 그리스도와 함께 죽고 새 사람의 신분을 얻었으면 그리스도와 함께 살 줄 믿어야 합니다. 즉, 성화입니다. 거룩한 삶, 그리고 그리스도와 함께 산다는 말은 신앙생활을 하면서 그리스도의 말씀과 뜻과 형상을 본받을 때까지, 그리스도의 장성한 분량이 충만한 데까지 이르는 것입니다. 이것이 신앙생활이고 주님이 우리에게 허락하신 인생의 내용입니다. 죄 용서의 은혜를 날마다 찬송하는 것은 단순히 그 은혜를 잊지 않고 기억하기 위한 것만이 아니라, 새롭게 변화된 삶을 살기 위한 것입니다. 그것이 신앙의 즐거움이요 영생을 맛보는 것입니다.

그러면서 변화를 바라고 노력해보기도 합니다. 눈빛을 좀 바꾸고, 운전 습관도 좀 바꿔보십시오. 저는 요즘 운전할 때 신경질을 덜 부린다고 굉장한 변화라며 칭찬을 많이 받습니다. 이런 것이 무슨 변화일까 싶지만 이런 변화로 죄에 대한 예민성과 판단이 바뀌어 갑니다. 그래서 8절에서 성화에 대한 요구를 하면서 9절에서는 이렇게 살아야 할 이유를 제시해줍니다. 9절을 보겠습니다.

> "그리스도께서 죽은 자 가운데서 살아나셨으매 다시 죽지 아니하시고 사망이 다시 그를 주장하지 못할 줄을 앎이로다."

이것은 기독론적 설명입니다. 사도행전 2장 24절에서는 "하나님이 그를 사망의 고통에서 풀어 살리셨다"고 합니다. 계시록 1장 18절은 "곧 살아 있는 자라 내가 전에 죽었었노라 볼지어다 이제 세세토록 살아 있어 사망과 음부의 열쇠를 가졌노니"라고 말합니다. 사망과 음부의 열쇠를 가진 주님이 다시는 사망이 그를 주장하지 못하게 하실 것이란 말입니다.

본문 9-10절에서는 예수님을 바라보라고 합니다. 그리고 11절에서 "이와 같이 너희도 너희 자신을 죄에 대하여는 죽은 자요 그리스도 예수 안에서 하나님께 대하여는 살아 있는 자로 여길지니라"라고 합니다. 본문의 5-7절까지 내용은 무엇입니까? "예수 그리스도의 십자가로 말미암아 우리가 새 사람이 되었다." 즉, 연합하여 누리게 된 신분의 변화를 강조합니다. 그리고 우리의 상태를 바꾸시려고 죄사함과 의롭다 함의 놀라운 은혜를 주신 것입니다. 그러므로 그 목적을 생각하며 거룩한 성화의 길로 사는 것이 마땅합니다.

은혜를 더하게 하려고 죄 가운데 있을 수 없는 이유를 말하시면서 부르심의 목적대로 성화를 이룰 뿐 아니라 예수님을 바라보라고 하십니다. 예수님이 죽으심으로 우리를 주님의 지성소로 이끌어 가셨으니 우리는 주님을 바라보며 거룩한 삶을 살아야 합니다. 즉, 예수님이 하나님 앞에서 살아 계신 것처럼 우리도 그분과 연합하여 살아야 합니다.

코람데오Coram Deo는 정죄를 받을까 두려워하며 하나님 앞에 서는 것이 아닙니다. 십자가의 전적인 은혜로 하나님의 자녀가 된 자, 곧 옛 사람은 죽고 새사람이 된 자가 하나님을 바라보는 것입니다. 코람데오는 우리에게 로마서 6장 말씀을 그대로 전해줍니다. 하나님의 은혜를 입고 성화의 전적인 부르심 앞에 서게 하는 것입니다. 우리는 죄에 대하여 죽은 자이기 때문에 정죄받을 근거가 우리 안에 없습니다. 하나님에 대하여 살아 있는 자이기 때문에 하나님의 뜻대로 살아가야 할 이유가 우리에게 있는 것입니다. 골로새서 3장 1-4절을 보겠습니다.

> "그러므로 너희가 그리스도와 함께 다시 살리심을 받았으면 위의 것을 찾으라 거기는 그리스도께서 하나님 우편에 앉아 계시느니라 위의 것을 생각하고 땅의 것을 생각하지 말라 이는 너희가 죽었고 너희 생명이 그리스도와 함께 하나님 안에 감추어졌음이라 우리 생명이신 그리스도께서 나타나실 그 때에 너희도 그와 함께 영광 중에 나타나리라."

이것은 로마서 6장 말씀을 그대로 요약한 것으로, "너희가 그리스도와 함께 다시 살리심을 받았으면 그날에 그리스도와 함께 부활하여 살 줄로 믿으라"라고 풀이할 수 있습니다. 쉽게 이야기하면 하나님의 자녀인 신분임을 알고 거기에 합당한 감사의 마음과 또한 자부심도 가지고 그리스도를 바라보며 위의 것을 찾으라는 말입니다. 그것이 신앙생활입니다. 신앙생활은 자기를 돌아보는 반성과 자각 없이 "예수님이 용서해주셨다니 좋네요. 감사합니다" 하고 눈물 흘리고 다시 돌아와 전과 같이 똑같이 사는 것이 아닙니다. 신자는 계속 반성하고 자각해야 합니다. 그것이 깨어 있는 영적 감각이요, 중생자의 생명력입니다. 그것이 없으면 죽은 자, 잠자는 자, 감각 없는 자입니다. 이방인과 같이 죄 가운데 있으나 죄를 모르는 자가 되는 것입니다. 감각 있는 자는 자기를 늘 돌아보기 때문에 그럴 수 없습니다. 용서하심에 감사하고 힘과 용기를 내어 살면 세상이 감당하지 못하는 사람이 됩니다.

이제 성도로 살아가면서 신앙 정체성에 대한 자각이 얼마나 소중한 것인지 마음에 잘 새기고 주의 은혜를 찬미하며 살아가는 여러분이 되기를 주의 이름으로 축복합니다.

32. 죄가 지배하지 못하도록

그러므로 너희는 죄가 너희 죽을 몸을 지배하지 못하게 하여 몸의 사욕에 순종하지 말고 또한 너희 지체를 불의의 무기로 죄에게 내주지 말고, 오직 너희 자신을 죽은 자 가운데서 다시 살아난 자 같이 하나님께 드리며 너희 지체를 의의 무기로 하나님께 드리라. 죄가 너희를 주장하지 못하리니 이는 너희가 법 아래에 있지 아니하고 은혜 아래에 있음이라. 로마서 6:12-14

신자는 어떻게 살아야 하는가

예수 그리스도를 믿는 사람은 신자답게 살아야 합니다. 우리는 하나님의 놀라운 은혜로 그분의 자녀가 되었고, 하나님은 계속해서 우리에게 도움을 베푸시며 우리를 이끌어 가십니다. 그러므로 우리는 "신자는 신자답게 살아야 한다"는 당위적인 요구 앞에 정직하게 반응해야 합니다. 그것이 본문이 주는 요점입니다.

본문 12-13절은 모두 명령형으로 되어 있습니다. 다섯 가지 내용이 있는데 하나씩 살펴보겠습니다. 12절의 몸은 영혼과 분리되는 육신이 아니라, 영혼과 몸이 하나로 되어 있는 '전 인격'을 뜻합니다. 그래서 이 구절은 "너희가 죽을 자이지만 죄가 너희를 지배하지 못하게 할 것이요. 육신의 정욕이 이끄는 대로 몸을 사용하지 말라"는 뜻이 됩니다.

"성도는 어떻게 살아야 합니까?"라는 질문에 대한 답을 찾기 위해 웨스트민스터 대요리문답 96문답과 97문답을 참고해볼 수 있습니다. 제96문은 중생하지 못한 사람들에게도 하나님의 율법과 계명이 소용있다고 답합니다. 첫째, 그것이 그들의 양심을 일깨웁니다. 죄를 죄인 줄 알게 하고 두려움을 갖게 하는 것입니다. 죄를 깨닫게 하고 죄에 대한 형벌의 심판을 두려워하는 마음을 갖게 해서 그들이 그리스도 앞에 나오도록 이끌어 줍니다. 그렇게 나오는 사람은 하나님의 은혜를 입은 자들입니다. 그런데 그렇지 못한 자들은 죄와 형벌에 대한 두려움만 가진 상태에 머물러 있습니다. 여전히 죄의 상태에 머물러 있으면, 훗날 영원한 진노 아래 있을 때 핑계할 수 없게 됩니다. 즉, 중생하지 못한 자가 하나님의 계명을 만나면, 양심을 통해 죄를 깨닫게 되고 하나님께 받을 진노의 심판에 대한 두려움에 휩싸이게 됩니다. 그런데 끝까지 회개하지 않고 죄의 용서를 구하지 않는 죄인의 상태로 살아가면, 마지막 날 하나님의 영원한 심판을 받을 때 핑계할 수 없는 것입니다.

중생하고 그리스도를 믿는 자는 행위 언약인 하나님의 율법에서 해방되었습니다. 따라서 그들은 정죄를 당하지 않습니다. 그래서 제97문답에 중생하고 그리스도를 믿는 사람들은 행위 언약인 도덕법으로 인하여 구원을 받지 않으며 정죄도 받지 않는다고 했습니다. 그리스도 안에서 중생한 사람은 율법을 순종함으로 말미암아 의롭다 함을 받는 것에서 벗어나 은혜 언약 안에 있는 사람입니다. 사실 우리는 행위 언약으로 작용하는 율법에서는 자유한 자입니다. 그럼에도 율법은 은혜 언약 안에 있는 사람에게 여전히 도덕법으로 작용합

니다. 그들이 그리스도 안에서 은혜를 입어 율법의 정죄로부터 해방
되었으나, 그리스도와 연합되어 거룩한 삶을 살도록 요구받고 있기
때문입니다. 그래서 제97문답은 그들에게 순종하는 생활법칙으로서
도덕법을 따르라고 가르치고 있습니다. 우리가 주일예배 때 십계명
을 읽는 것은 하나님이 주신 도덕법에 대한 전체 요약을 읽는 것입
니다.

제98문답에 "도덕법은 어디에 요약되어 있습니까?"라는 물음에
대한 답은 십계명입니다. 그러므로 십계명은 열 가지 계명에 불과하
지만 하나님이 우리에게 원하시는 도덕적, 율법적 삶에 대한 핵심을
다 포괄하고 있습니다. 그것은 원리적으로 하나님을 사랑하고 이웃
을 사랑하는 것으로 요약되어 있습니다. 신자인 우리에게 마땅한 요
구입니다. 그런데 이 마땅한 도리와 요구를 이행하지 않으면 어떻게
됩니까? 일반 사람들은 벌을 받지만, 신자는 불순종의 이유로 정죄에
이르지는 않습니다. 순종해야 될 의무는 있지만 순종의 의무를 이행
하지 못한 것으로 인해서 구원에서 벗어나거나 어두움으로 내려가는
행위 언약적 심판은 적용되지 않습니다. 우리는 그리스도의 은혜로
말미암아 용서받은 자의 행복을 누리면서 성도로서의 책임과 부름을
받은 자들입니다. 그리고 실패해도 영원한 정죄로 내몰리지 않는 특
별한 지위 안에서 하나님의 율법 앞에 서 있는 자들입니다. 이 부분
을 잘못 이해하면 율법에 대한 거룩한 부르심 앞에 순종할 책임마저
도 방기하거나 소홀히 하게 됩니다. 또한 반대로 하나님의 은혜 안에
있으면서도 죄에 대한 양심의 각성과 두려움이 지나치면 우리가 율

법의 정죄를 받는 사람이 아니라는 사실도 잊게 됩니다.

죄가 지배하지 못하게 하라

본문은 하나님의 도덕법 앞에 선 성도의 위치를 설명해줍니다. 죄가 우리의 죽을 몸을 지배하는 경우도 있지만 그렇지 않은 경우도 있습니다. 본문 13절은 너희 지체를 의롭지 못한 일을 행하는 일에 무기로 써서 너희의 삶과 전 인격을 마귀와 정욕에 종노릇하며 살겠느냐, 아니면 죽은 자 가운데서 다시 살아난 예수 그리스도와 같이 자신을 드리며 하나님의 명령을 따라 살겠느냐는 것입니다.

여러분의 몸을 불의의 무기로 사용하고 있냐는 질문에 그럴 때도 있다고 한다면, 그것은 죄가 여러분을 주장하는 것이 아닙니다. 상태적으로 죄의 영향력은 받지만 그 죄의 지배 아래 종 노릇하듯이 사는 자들은 아닌 것입니다. 신자에게 때때로 죄의 지배를 당하는 모습이 드러나거나 거룩하지 못한 모습이 드러나는 것은, 의의 종이지만 죄의 흔적이 남아 있기 때문입니다. 중생자는 불완전하기 때문에 주님 앞에 엎드려 기도하고 극복해 가는 것 같아도 죽은 죄의 나쁜 습관이 또 일어납니다. 죄의 기운이 약해져서 충분히 다스려졌다 싶다가도 어느 순간 다시 터져 나옵니다. 그러면 성화에 대한 자신감을 도무지 가질 수 없습니다. "하나님의 사람인가 아니면 죄의 사람인가, 의의 종인가 아니면 죄의 종인가"에 대한 혼동이 올 만큼 괴로울 수 있습니다.

사도 바울은 신자의 존재를 분명히 보여주며 합당한 명령을 선언함으로 우리에게 격려와 위로를 더해줍니다. 그것이 바로 14절 말씀으로 이어집니다. 우리는 왜 죄가 우리의 죽을 몸을 지배하지 못하게해야 합니까? 왜 몸의 사욕에 순종하지 못하도록 해야 합니까?

첫째, 은혜의 원리에 마땅하지 않기 때문입니다. 우리 편에서 하나님이 주신 은혜를 바르게 아는 자라면 그 은혜를 알면서 어떻게 죄중에 있겠느냐는 것입니다. 둘째, 하나님 편에서 우리에게 행하신 일이 있기 때문입니다. 우리를 정죄하게 하는 죄의 권세보다 예수 그리스도 은혜의 권세가 더 크기 때문입니다.

우리는 은혜 언약 안에 있기 때문에 죄를 범해도 영원한 정죄에들어가지 않습니다. 하나님은 은혜 언약 안에 우리를 품으셔서 우리가 영원한 진노 아래로 내몰리지 않도록 보호해주십니다. 그래서 이은혜 언약 안에서 하나님의 중생자가 죄를 범할지라도 그는 멸망당하지 않습니다. 행위 언약에 의한 정죄는 예수 그리스도께서 이미 우리를 위하여 폐하셨습니다. 따라서 그 은혜가 너무 크기 때문에 죄를범할 수 없다는 고백이 나오는 것입니다. 또 중요한 것은 우리 안에서 역사하시는 성령의 능력입니다. 거룩하신 성령의 능력이 우리 안에 역사하는 죄의 능력보다 더 강합니다.

그런데 왜 우리는 패배자처럼 죄에 대하여 끌려다니는 것입니까? 그것은 우리 안에 계신 성령님께 그 도움을 힘써 구하지 않기 때문입니다. 즉 성도가 죄의 문제를 놓고 하나님 앞에 진실하게 엎드려 도우심의 능력을 간절히 구하면 어떤 죄도 감당하여 이길 수 있습니다. 우리는 새 사람이 되었고 따라서 그에 걸맞은 모습으로 살아야 합니다. 생명이 주어진 우리가 생명을 상실하여 죽은 자가 되는 일은 결코 없습니다. 성령에 의해 우리 안에 주어진 생명의 능력이 죄의 능력 때문에 사라지는 일은 없는 것입니다. 성령의 역사를 이길 죄의 힘은 없습니다.

하나님의 말씀을 따라 거룩한 생각과 마음과 행동과 열매를 드러내며 살아가는 것이 부족하다고 느껴져서 늘 마음이 괴롭고 영혼이 낙심될 때, 성령의 승리를 경험하기 힘들다는 생각이 들 수 있습니다. 그러나 기억하세요. 그렇게 죄에 시달리는 생각이 있어도 여러분 안에 시작된 성령의 역사는 사라지거나 패배하지 않습니다. 죄의 힘보다 성령의 역사가 더 강하기 때문에 오히려 회개의 역사가 일어납니다. 성도에게 변화의 역사는 항상 열려 있습니다. 죽음이 절대로 삼킬 수 없는 성령의 승리가 성도에게 이미 보장되어 있는 것입니다.

그래서 신자에게 명령이 주어집니다. 우리 안에 시작하신 하나님의 선한 일 때문에 "너희는 죄가 너희의 죽음을 지배하지 못하게 하라. 몸의 사욕에 순종하지 말라. 너희 지체를 불의의 무기로 죄에게 내어주지 말라. 오히려 의의 무기로 하나님께 너희 지체를 드리라"는 명령이 주어진 것입니다. 우리 안에 절대적 승리자인 성령의 역사가 없다면, 이 모든 명령은 다 헛된 것이요 영원한 정죄의 심판의 메시지가 됩니다. 우리 안에 중생자로 살아가는 성령의 능력이 없다면, "너희는 죄가 너희 죽음을 지배하지 못하게 하라"는 말이 "너희는 영원한 형벌 아래 있는 자니라"라는 정죄 선언일 뿐입니다. 고린도후서 6장 1-10절을 보겠습니다.

"우리가 하나님과 함께 일하는 자로서 너희를 권하노니 하나님의 은혜를 헛되이 받지 말라 이르시되 내가 은혜 베풀 때에 너에게 듣고 구원의 날에 너를 도왔다 하셨으니 보라 지금은 은혜 받을 만한 때요 보라 지금은 구원의 날이로다 우리가 이 직분이 비방을 받지 않게 하려고 무엇에든지 아무에게도 거리끼지 않게 하고 오직 모든 일에 하나님의 일꾼으로 자천하여 많이 견디는 것과 환난과 궁핍과 고난과 매 맞음과 갇힘과 난동과 수고로움과 자지 못함과 먹지 못함 가운데서도 깨끗함과 지식과 오래 참음과 자비함과 성령의 감화와 거짓이 없는 사랑과 진리의 말씀과 하나님의 능력으로 의의 무기를 좌우에 가지고 영광과 욕됨으로 그러했으며 악한 이름과 아름다운 이름으로 그러했느니라 우리는 속이는 자 같으나 참되고 무명한 자 같으나 유명한 자요 죽은 자 같으나 보라 우리가 살아 있고 징계를 받는 자 같으나 죽임을 당하지 아니하고 근심하는 자 같으나 항상 기뻐하고 가난한 자 같으나 많은 사람을 부요하게 하고 아무 것도 없는 자 같으나 모든 것을 가진 자로다."

겉에서 보면 성도는 근심밖에 없는 자, 아무것도 없는 자 같은데 실상은 반대입니다. 7절에 나와 있듯이 그들은 진리의 말씀과 하나님의 능력으로 의의 무기를 좌우에 가진 자이기 때문입니다. 이것이 하나님의 은혜입니다. 그래서 성도로 살아가며 겪는 고난 속에서도 깨끗함과 지식과 오래 참음과 자비함과 성령의 감화와 거짓이 없는 사랑이 우리 안에 있습니다. 중생하지 못한 자와 중생자는 근원 자체가 다릅니다. 우리의 구원은 하나님이 우리 안에 행하신 것이며, 하나님은 초자연적인 신비로 우리를 부활시키셨습니다. 즉, 영적으로 죽은 자를 살리신 것입니다. 그런데 이 생명의 역사를 누가 빼앗아 가겠습니까? 이 생명을 취할 자는 아무도 없습니다. 에베소서 6장 10절부터 읽어봅니다.

> "끝으로 너희가 주 안에서와 그 힘의 능력으로 강건하여지고 마귀의 간계를 능히 대적하기 위하여 하나님의 전신 갑주를 입으라 우리의 씨름은 혈과 육을 상대하는 것이 아니요 통치자들과 권세들과 이 어둠의 세상 주관자들과 하늘에 있는 악의 영들을 상대함이라 그러므로 하나님의 전신 갑주를 취하라 이는 악한 날에 너희가 능히 대적하고 모든 일을 행한 후에 서기 위함이라 그런즉 서서 진리로 너희 허리 띠를 띠고 의의 호심경을 붙이고 평안의 복음이 준비한 것으로 신을 신고 모든 것 위에 믿음의 방패를 가지고 이로써 능히 악한 자의 모든 불화살을 소멸하고 구원의 투구와 성령의 검 곧 하나님의 말씀을 가지라."

이 말씀은 우리에게 전신갑주를 입으라고 합니다. 13절에 "능히 대적하고"라는 말은 대적하면 반드시 이긴다는 말입니다. 물론 시험에 넘어지고 실족할 때가 있지만 그것은 궁극적인 패배가 아닙니다. 긴 전투에 있어서 잠깐의 패배입니다. 성도는 그때 하나님의 절대적인 은혜에 찬송하고 죄 중에 있는 우리를 불쌍히 여기시는 하나님의 절대적인 긍휼을 노래하면서 신앙을 포기하지 말아야 합니다. 이것이 성도에게 평생 지워지지 않는 은혜요, 하나님이 성도를 붙드시는 성도의 견인입니다. 우리는 은혜에서 떨어지는 법이 없습니다.

신자는 하나님의 은혜에서 결코 떨어지지 않는다

웨스트민스터 신앙고백서에는 "성도가 중대한 죄를 범하고 오랫동안 죄 중에 머무를 때가 있다. 그러나 하나님의 중생자는 그 인생 전체를 들여다봤을 때 하나님의 은혜에서 결코 떨어지는 법이 없다. 생명의 역사는 견고하게 선다. 왜냐하면 하나님이 하시는 일이기 때문이다"라는 취지의 교훈이 나옵니다(17장, 성도의 견인). 성도는 불순종한 율법의 요구나 명령 앞에서 죄송함과 부끄러움과 수치를 한없이 느끼고 근심과 괴로움 속에 있게 되고, 이것이 심해지면 때때로 구원받지 못한 것이 아닌가라는 정죄의 두려움마저 느끼게 됩니다. 그러나 기억하시기 바랍니다. 성도는 하나님의 은혜에서 결코 떨어지지 않으며, 율법의 정죄에 의하여 멸망에 이르지 않습니다. 오히려 하나님 앞에서 능력을 구하면 이깁니다. 진리와 성령 가운데서 서면 이깁니다. 그것을 위해 갖출 것이 성경에 나와 있습니다. 진리의 허리띠, 의의 호심경, 평안의 복음이 준비한 신, 믿음의 방패, 구원의 투구, 성령의 검(곧 하나님의 말씀)을 갖춰야 합니다. 그리고 기도로 성령의 도우심

을 구해야 합니다. 본문 14절을 보겠습니다

"죄가 너희를 주장하지 못하리니 이는 너희가 법 아래에 있지 아니하고
은혜 아래에 있음이라."

이것은 결코 변하지 않는 하나님의 은혜의 선언으로 하나님의 자녀들에게 하신 약속입니다. 죄가 우리를 다스리지 못한다고 합니다. 이는 죄짓는 일이 있다 해도 죄가 우리의 왕이 아니라는 말입니다. 사울이 하나님을 떠나 주님의 뜻에 불순종하니까 하나님은 사울을 왕으로 세운 것을 후회하시고 그를 그 자리에서 내치십니다. 그리고 사무엘을 통해 자기 마음에 합당한 자에게 나라를 주겠다고 하십니다. 그 후에 다윗이 왕이 되었지만, 하나님의 마음에 합당한 자인 다윗도 죄를 짓고 맙니다. 하지만 사울과 달리, 그는 그의 인생에서 죄가 왕이 아니었습니다.

죄의 권세는 율법의 정죄 때문에 생기는 것이고, 죄의 권세는 사망을 낳는 것입니다. 그런데 그 법이 예수 그리스도 안에서 완전히 무너져 버렸습니다. 법 자체는 그리스도 안에서 은혜 언약 안에 새로워지는 것입니다. 율법에 의한 정죄의 힘은 그리스도 안에서 완전히 무력화되었습니다. 따라서 율법이 우리 안에서 정죄의 무기를 가지고 우리에게 왕 노릇을 하지 못한다는 말입니다. 그래서 "죄가 너희를 다스리지 못한다"고 하는 것입니다. 갈라디아서 3장 10-14절을 보겠습니다.

"무릇 율법 행위에 속한 자들은 저주 아래에 있나니 기록된 바 누구든지 율법 책에 기록된 대로 모든 일을 항상 행하지 아니하는 자는 저주 아래에 있는 자라 하였음이라 또 하나님 앞에서 아무도 율법으로 말미암아 의롭게 되지 못할 것이 분명하니 이는 의인은 믿음으로 살리라 하였음이라 율법은 믿음에서 난 것이 아니니 율법을 행하는 자는 그 가운데서 살리라 하였느니라 그리스도께서 우리를 위하여 저주를 받은 바 되사 율법의 저주에서 우리를 속량하셨으니 기록된 바 나무에 달린 자마다 저주 아래에 있는 자라 하였음이라 이는 그리스도 예수 안에서 아브라함의 복이 이방인에게 미치게 하고 또 우리로 하여금 믿음으로 말미암아 성령의 약속을 받게 하려 함이라."

하나님 앞에서 아무도 율법으로 말미암아 의롭게 되지 못할 것이 분명합니다. 그리스도께서 우리를 위하여 저주를 받아 율법의 저주에서 우리를 속량하셨습니다. 우리는 법이 아니라 은혜 아래 있기 때문에 죄가 우리를 주장하지 못합니다. 죄가 우리에게 왕 노릇을 하지 못하는 것입니다. 본문 14절의 "너희가 법 아래 있지 않고 은혜 아래에 있음이라"라는 말은 신앙 안에서 말할 수 없이 큰 위로가 됩니다. 중생자에게는 죄의 흔적과 옛 사람의 모습이 남아 있습니다. 따라서 항상 죄책감과 연약함을 갖고 살면서 마음에 부대낌이 있는 것입니다. 그러나 그럴 때도 우리가 은혜 아래 있음을 잊지 말아야 합니다. 이것이 성화의 모든 출발이자 끝입니다.

우리는 비록 육신의 연약함 때문에 부정함과 더러움을 여전히 가지고 있지만, 그리스도께서 우리를 이미 정결케 하셨습니다. 육체의 흔적으로 인한 부정함과 더러움 때문에 율법의 엄격한 잣대로 영원한 형벌을 내미는 정죄를 하지 않으십니다. 따라서 두려움을 갖지 말라고 합니다. 이것이 위로입니다. 성도는 여전히 은혜 아래에 있다는 확신 때문에 위로를 누리는 것입니다.

그러나 그럼에도 구원의 확신을 갖지 못하는 사람이 있습니다. 그런 사람은 자기의 죄를 이야기합니다. 항상 자신을 들여다보면서 많은 죄의 모습을 보고 불안감을 갖는 것입니다. 그런 경우는 둘 중 하나입니다. 그리스도를 모르기 때문에 중생자의 은혜를 몰라서 여전히 죄 중에 있는 사람이거나 아니면 은혜 아래 있는데도 육신의 옛 성품 때문에 죄에 시달려서 낙심하는 사람입니다. 이 둘은 구별되어야 합니다. 만일 육신의 옛 성품 때문에 낙심하여 구원에 확신을 못 갖고 있다면, 본문 14절이 그 답이 되어줄 것입니다. 성화의 은혜는 하나님의 긍휼하심 아래 하나님이 우리를 죄에서 끌어내사 용서를 전제로 우리에게 새로운 삶을 살라는 것입니다. 하나님은 천 번, 만 번이라도 용서하신다며 다시 일어서라고 우리에게 말씀하십니다. 하나님은 절대 포기하지 않으십니다. 신자가 스스로 포기한다면 그것은 율법주의 아래 종노릇하는 것이고, 율법이 우리에게 의미가 없다고 하면 반율법주의입니다. 둘 다 복음의 원리에 어긋나는 것입니다.

하나님은 절대로 우리가 거룩하게 사는 것을 포기하지 않으십니다. 우리가 반복하는 죄 가운데 있어도 징계와 책망을 하시고, 설교와 찬송과 기도 가운데 우리의 심령을 흔들기도 하시며, 끝까지 일깨워주십니다. 그러다 보면, 어느새 심령이 주님 앞에서 생명의 능력으로 성장하게 됩니다. 사실 십계명을 읽어보면 지은 죄가 생각나고 "나는 도대체 왜 이 모양인가" 하는 생각이 듭니다. 그런데 그 가운데서 우리는 우리를 거룩하게 이끌어 가시는 하나님의 선한 열심이 절대로 식지 않는다는 것을 볼 수 있습니다. 은혜 아래서 하나님이 우리에게 그렇게 행하시는 것입니다.

33. 의에게 종이 되었느니라

그런즉 어찌하리요 우리가 법 아래에 있지 아니하고 은혜 아래에 있으니 죄를 지으리요 그럴 수 없느니라. 너희 자신을 종으로 내주어 누구에게 순종하든지 그 순종함을 받는 자의 종이 되는 줄을 너희가 알지 못하느냐 혹은 죄의 종으로 사망에 이르고 혹은 순종의 종으로 의에 이르느니라. 하나님께 감사하리로다 너희가 본래 죄의 종이더니 너희에게 전하여 준 바 교훈의 본을 마음으로 순종하여 죄로부터 해방되어 의에게 종이 되었느니라. 로마서 6:15-18

순종의 은혜

보통 은혜 아래 있다고 하면 죄 용서를 받는 것으로 이해합니다. 사실은 이 말도 보통 어려운 것이 아닙니다. 죄인이 어떻게 의인이 되어 하나님 앞에서 의인의 신분을 갖습니까? 이 사실을 믿음으로 받는 데는 놀라운 사고의 변화가 있어야 합니다. 왜냐하면 우리 마음에는 율법주의라고 칭할 만한 공로적 의식이 뿌리를 내리고 있기 때문입니다. 이것은 타락 이후 우리 마음에 기본값으로 자리잡고 있는 생각입니다. "무언가를 행하고 값을 치른 후 대가를 얻어야 비로소 공의로운 것이다"라는 의식이 우리 안에 있습니다. 이런 의식은 잘못한 사람의 죄를 정죄할 때 잘 드러납니다. 어떤 잘못에 대해 날카롭게 정죄할 때, 내 마음 깊은 곳에 공의 의식이 얼마나 뿌리 깊게 박혀 있는가를 알 수 있습니다. 공의 의식이 있다는 사실은 내가 무언가를 해서 인정을 받는다는 의식이 깔려 있는 것입니다. 한편으로는 자기가 한 일에 대해 정당한 칭찬과 가치와 인정을 받아야겠다는 생각이 있고, 다른 한편으로는 그것이 이루어지지 않을 때 정죄하는 의식이 맞물려 있습니다. 이것이 본성상 우리 안에 뿌리 깊게 박혀 있습니다.

따라서 전적인 용서, 곧 예수 그리스도를 믿음으로 말미암아 얻는 놀라운 은혜의 약속은 하나님의 특별한 은혜가 아니면 받질 못합니다. 복음의 은혜에 대한 감동과 감격을 받아들이고 믿는 것은 굉장히 어려운 일입니다.

그런데 어떤 사람들은 이 사실에 대해 너무 흥분한 나머지, 우리 안에 더 이상 율법의 정죄가 없다는 사실을 마치 율법 자체의 효과, 효능, 이유, 목적 자체가 아예 없는 것으로 간주해 버리기도 합니다. "율법이 우리에게는 아무 의미가 없다"는 식의 주장은 결국 또 다른 은혜의 측면을 잊어버리게 하는 것입니다.

죄지은 자가 공의에 따라 판단받지 않도록 전적으로 우리의 죄를 사해주시는 것이 하나님의 은혜인데, 또 다른 면에서 그런 은혜를 받은 자는 율법이 요구하는 의의 명령대로 살아야 할 것을 요구받습니다. 그러나 이것도 은혜입니다. "율법이 요구하는 의의 명령대로 살아가라는 것이 어떻게 우리에게 은혜가 됩니까? 우리에게 저주가 되는 것 아닙니까?"라고 의문이 들 수 있습니다. 그에 대한 답은 주께서 그렇게 살아갈 이유를 밝히시고 능력도 주셨기 때문입니다. 걸을 수 없는 사람에게 걸으라고 하시는 명령이 아닙니다. 죽은 자에게 살아나는 생명력을 나타내 보이라고 말씀하시는 것이 아닙니다. 율법이 요구하는 의의 명령은 우리가 죽은 자가 아니요, 생명이 있는 자이기 때문에 우리에게 은혜가 되는 것입니다

이 사실은 우리에게 굉장한 존재적인 변화가 일어났다는 사실을 알려줍니다. 죽은 자가 율법의 거룩한 의의 명령대로 살라는 명령을 받으면, 그는 영원한 정죄 아래 있을 수밖에 없게 됩니다. 그런데 본래 죽은 자인 우리를 주님이 살리셨습니다. 이때 "율법의 정죄가 더 이상 적용되지 않는다"라는 대전제가 있게 됩니다. 그것으로 말미암아 우리는 하나님의 자녀가 되는 것입니다. 그래서 율법의 정죄로 인한 책망과 형벌로부터 면제받는 법정적 측면뿐 아니라, 우리의 습성을 바꾸는 상태적 변화를 주님이 이루기 시작하신 것입니다.

그래서 '죄가 없다'는 말은 "죄는 있지만 그 죄로 인해 벌을 받을 책임이 없어졌다. 따라서 너는 무죄다. 법적으로 너에게 벌을 내릴 것이 없다"라는 뜻입니다. 그렇게 선언하시면서 하나님은 우리를 이전과는 다른 사람으로 바꾸어주십니다. 바로 '생명을 가진 자'로 바꾸시는 것입니다. 따라서 우리 안에 예수 그리스도의 공로를 의지해 나오는 회개와 믿음의 역사가 나타나고, 그로 인해 무죄 방면이 가능해진 것입니다. 근본적으로 우리를 새롭게 바꾸셨기 때문에 우리에게 율법이 요구하는 거룩한 의의 명령대로 살아야 하는 것을 요구하시면서 은혜의 또 다른 부분을 알게 하십니다. 즉, 본래 죽어서 율법을 행할 수 없으므로 더럽고 추악한 죄에 빠진 우리를 살리셔서 율법에 순종할 수 있는 복되고 아름다운 모습으로 바꿔주시는 것입니다.

이 일이 우리에게 벌어졌습니다. 이전에는 상상도 할 수 없는 더

럽고 추하고 썩은 냄새가 진동하는 인생이 이제는 아름답고 향기롭고 생기가 있고 거룩한 향기가 나는 삶으로 바뀐 것입니다. 신자는 근본적으로 죄를 지을 수 있는 자이지만 또한 죄를 짓지 않을 수도 있으며, 특별히 기억할 것은 죄를 즐기지는 않는다는 것입니다. 아기는 변을 못 가려서 기저귀를 차고 있습니다. 그런데 아이도 감각이 있어서 변을 보면 울거나 다른 방식으로 표시를 합니다. 타락한 상태의 인간은 신자가 되기 이전에는 막 태어난 아이처럼 자기가 배설을 하고도 표시를 하지 않습니다. 그것이 익숙한 원래 자기 모습이기 때문입니다. 그런데 신자가 되어 용서의 은혜를 받고 나면 배설을 하고 가만히 있지 못합니다. 마음이 부대끼는 것입니다. 욕심 자체로 부대끼고, 유혹의 자극 자체가 부대끼고, 냄새 자체가 싫어지기 시작하면서 성화의 모습이라 말하는 변화된 삶의 질이 드러납니다. 선을 사랑하고 악을 미워하는 모습이 되면서 새로운 향기가 드러나는 것입니다. 하나님이 기뻐하시는 삶으로 채워지고 순종하는 삶을 가꿔 나가기 시작합니다. 이 변화를 즐거워하고 기뻐하며 감사해합니다. 그래서 율법의 거룩한 의의 명령대로 살고자 하며, 성경의 표현대로 의의 종으로 살아갑니다. 그리고 이러한 삶을 '은혜'라고 고백하게 됩니다.

거룩한 삶을 살고자 하는 동안에는 인격적 결단과 경건의 노력이 있게 됩니다. 노력하는 데 자기의 수고가 들어가니, 수고로 얻는 경건의 열매를 내 것이라고 주장할 수 있다고 생각하는 사람이 있을지 모릅니다. 하지만 진정한 신자는 "나로서 할 수 없는 일을 주께서 내 안에 이루신다"고 고백하며 소망을 따라 기도하고, 이 일이 이루어지는 역사 자체와 신앙적 경건을 위해 노력하고 애쓰는 과정을 통해 얻은 결과가 자신이 한 것이 아님을 고백합니다. 왜냐하면 그것이 은혜로 인한 것임을 알기 때문입니다. 살아가는 삶의 질이 은혜요, 그 삶의 질을 이루어가는 과정이 은혜요, 소망도 은혜요, 하나님이 죄로 죽은 나를 살리시고 복된 그리스도를 닮아가는 거룩한 삶을 살게 하신 모든 것이 은혜인 것입니다.

성도와 율법주의

그러니까 율법주의는 거룩하게 살고자 하는 진정한 성도의 삶 속에는 들어올 수가 없습니다. 율법주의는 복음과 대치적이어서 자신이 무언가를 수고하여 결과를 얻고 그로써 하나님께 인정받고자 하는 원리입니다. 우리 안에는 수고하여 하나님께 칭찬받고자 하는 소원이 있습니다. 과연 주님은 주를 사랑하는 마음으로 하는 동기에서 행하는 모든 수고를 안다고 하시며 우리 일상생활의 경건을 위한 노력과 헌신을 칭찬하십니다. 주님께 칭찬받고 싶은 욕심이나 기대를 갖고 사는 것은 정서상 자연스러운 것이니 하나님이 그것을 탓하지는 않으십니다.

그런데 하나님의 칭찬을 받을 권리가 있다고 주장하기 시작하면 본질이 흐려집니다. 하나님이 나에게 채무를 갖고 있는 분이 되어 버리는 것이죠. "하나님, 제가 이만큼 수고했는데 왜 저에게 칭찬을 안 해주십니까? 그건 하나님의 공의에 어긋나지 않나요?"라고 하며 하나님을 향해 채권 의식을 갖고 있는 순간, 이는 율법주의 의식과 비슷한 상태가 됩니다. 그러한 칭찬의 요구는 성도가 감히 할 수 없습니다. 그렇게 하는 것은 "받지 않은 것이 없다"는 사실을 인식하지 못하기 때문입니다. 즉, 성도는 그가 누리고 있는 모든 것이 하나님에게서 받은 것이기 때문에 하나님께 요구할 권리가 없습니다. 성도에게 공로주의가 있으면 안 됩니다. 그런 공로주의 의식과 달리, 하나님의 미쁘신 은혜 때문에 더욱더 하나님께 칭찬받고자 주의 영광을 위해 애쓰는 마음의 동기로 하는 사랑의 헌신은 너무 귀하고 아름다운 것입니다. 하나님은 그것을 칭찬하십니다.

사도 바울은 "주께서 나를 칭찬하실 그날, 나는 그날에 받을 면류관을 바라고 쫓아간다. 내가 받을 상급은 하늘에 있다"고 말했습니다. 그러나 그 누구도 그것을 요구로 생각하지 않았습니다. 구원론에서 율법주의는 철저히 배격됩니다.

그런데 주의해야 할 또 하나의 변형된 율법주의가 있습니다. 그것은 율법이 아니라 그리스도를 사랑하는 마음을 내세우는 것입니다. 그리스도를 사랑하여 그리스도의 교훈에 순종하지 않으면, 구원을 받지 못한다고 주장합니다. 단지 그리스도를 믿는 것으로는 부족하고 그리스도의 교훈에 순종할 때라야 구원을 받는다는 주장입니다. 어떻게 생각하십니까? 이 주장은 얼핏 생각하면 옳은 것 같습니다. 왜냐하면 그리스도를 믿는다고 하면서 그리스도의 교훈에 순종하지 않는 것은 잘못된 거짓 믿음으로 판단할 수 있기 때문입니다. 그러나 이것은 위험한 생각입니다. 율법주의에서 율법에 순종하는 것을 구원의 전제조건으로 내세우듯이, 이 주장은 그리스도를 사랑하여 그리스도의 교훈에 순종하는 것을 구원의 전제조건으로 내세웁니다. 따라서 이 주장은 율법주의와 원리상 동일하기 때문에 잘못된 주장입니다. 그리스도를 참으로 믿는 사람은 그리스도의 교훈에 순종합니다. 그러나 그리스도의 교훈에 순종함으로 구원을 받는 것은 아닙니다.

우리가 의롭다 함을 받는 것은 오직 믿음으로 인한 것이라는 점을 명심하여야 합니다. 어떤 형태로든지 의를 행하여 구원받는 사람은 없습니다. 오직 믿음으로 구원을 받습니다. 그런데 믿음으로 구원받는 사람이라고 인정받으려면 그리스도를 사랑하여 그리스도의 교훈에 순종해야 한다고 주장하는 것은 율법주의의 원리와 다를 바가 없습니다. 이러한 주장은 복음으로 변장된 '신율법주의'입니다. 그러나 분명한 것은, 구원은 전적인 주님의 용서로 거저 받는 것입니다. 그래서 주님을 향한 무한한 감사와 사랑의 동기로 율법의 거룩한 의의 명령에 따라 살고자 하는 소망이 마음속에 자리하고 솟아납니다. 그리고 순종의 삶을 살아갑니다. 그러는 과정 중에 불순종하는 허물이 드러날 때면 십자가를 통해 정결하게 되는 은혜를 다시 입습니다. 그 은혜 가운데 하나님의 놀라운 역사를 보면서 주 앞에 순종의 능력을 경험하게 되고, 그 결과로 나타나는 복된 삶에 감사하게 되니까 법 아래 있지 않고, 율법의 정죄 아래 있지 않은 상태가 되는 것입니다.

더 이상 죄의 종노릇하지 말라

본문 15절을 읽어보겠습니다.

"그런즉 어찌하리요 우리가 법 아래에 있지 아니하고 은혜 아래에 있으니 죄를 지으리요 그럴 수 없느니라."

우리가 율법의 정죄 아래 있지 않고 은혜 아래 있으니, 전적인 하나님의 긍휼하심을 입고 용서받은 자가 되었다는 것입니다. 그럼에도 신자는 또 죄를 범합니다. 하지만 그 죄를 지을 때도 신자는 율법의 정죄 아래 있지 않습니다. 즉, 믿기 이전에 행한 죄뿐 아니라 신자로 살아가는 삶의 모든 죄를 용서받는 것입니다. 전적인 하나님의 자녀가 되어 죄사함을 받는 은혜 아래 있는 것입니다.

죄를 지을 때를 생각해보세요. 마음에 죄를 지을 때, "주님이 다 용서하셨으니까 이 죄도 또 용서받을 거야. 어차피 용서받을 수 있으니까 죄를 범해도 괜찮아"라고 생각하며 평안한 마음으로 죄를 범합니까? 어차피 주님이 다 용서하시니까 죄짓는 일을 서슴없이 했다는 사람이 과연 성령 안에서 정상적 신자로 서 있는 것입니까? 아닙니다. 참된 신자라면 그럴 수 없다고 본문은 이야기합니다. 구원받은 신자는 절대로 그렇게 죄를 범할 수 없습니다. 복음은 "주님이 죄를 모두 용서하셨으니 죄를 범해도 괜찮다"는 사고로 연결이 안 됩니다.

신자는 죄를 지을 수 있지만, 그에게는 죄로부터 돌이켜 탄식하고 괴로워하며 주님 앞에 눈물로 돌이키는 일의 역사가 있습니다. 은혜 아래 있다는 말은 여전히 죄를 범하고 평생 죄를 범할 우리를 주님이 정죄하지 않고 다 용서하신다는 의미만 있는 것이 아닙니다. 또한 율법의 거룩한 의의 명령에 따라 책임을 감당하며 살도록 우리 심령을 바꾸시고 격려하시며 우리의 삶을 이끌어 가신다는 의미도 포함하고 있습니다. 그것이 바로 구원받은 자에게 주신 하나님의 놀라운 은혜입니다. 16절을 보겠습니다.

"너희 자신을 종으로 내주어 누구에게 순종하든지 그 순종함을 받는 자의 종이 되는 줄을 너희가 알지 못하느냐 혹은 죄의 종으로 사망에 이르고 혹은 순종의 종으로 의에 이르느니라."

이 말씀은 신자가 죄의 종으로 살다가 사망에 이르는 경우가 있다는 것을 말씀하지 않습니다. 오히려 그 반대입니다. 신자가 죄의 종으로 살다가 사망에 이를 수는 없습니다. 이 말씀은 신자는 그럴 수 없다는 사실을 일깨워주려고 가정한 것입니다. "신자가 죄의 종으로 계속 산다고 해보자. 그럼 그 사람이 영생에 이르겠냐? 사망에 이르겠냐?"라고 물어봅니다. 논리적으로는 죄의 종으로 살기 때문에 사망에 이르게 됩니다. 요한복음 8장 34절에서 예수님은 "죄를 범하는 자마다 죄의 종이라"고 말씀하셨습니다.

그런데 신자는 사망에 이르지 않고 영생을 얻은 자이기에 의에 이릅니다. 그런데 그런 자가 어떻게 평생 죄를 주인으로 삼아 죄의 종 노릇을 할 수 있겠습니까? 그럴 수 없습니다. 율법에 순종하는 종으로 의에 이르는 사람은 영생을 얻게 됩니다. "신자가 사망에 이를 수 없으니 죄에 종 노릇 할 수 없는 것 아니겠느냐?"는 물음으로 "당연히 그럴 수 없다"는 답을 기대하면서, 주인과 종에 비유를 들어 설명하고 있는 것입니다.

영혼을 변화시킨 은혜

17-18절을 읽어보겠습니다.

> "하나님께 감사하리로다 너희가 본래 죄의 종이더니 너희에게 전하여 준 바 교훈의 본을 마음으로 순종하여 죄로부터 해방되어 의에게 종이 되었느니라."

이와 관련하여 에베소서 2장 1-3절은 "그는 허물과 죄로 죽었던 너희를 살리셨도다 그 때에 너희는 그 가운데서 행하여 이 세상 풍조를 따르고 공중의 권세 잡은 자를 따랐으니 곧 지금 불순종의 아들들 가운데서 역사하는 영이라 전에는 우리도 다 그 가운데서 우리 육체의 욕심을 따라 지내며 육체와 마음의 원하는 것을 하여 다른 이들과 같이 본질상 진노의 자녀이었더니"라고 말씀하십니다. 이 구절은 본문 17절의 "너희가 본래 죄의 종이더니"라는 말과 같습니다. 죄의 종은 육체의 욕심을 따라 종노릇하는 것과 본질상 진노의 자녀라는 뜻을 다 포괄하고 있는 것입니다. 그런데 그런 자가 예수 그리스도 복음의 교훈을 따라 바뀌었습니다. 에베소서 2장 5-9절은 "허물로 죽은 우리를 그리스도와 함께 살리셨고 (너희는 은혜로 구원을 받은 것이라) 또 함께 일으키사 그리스도 예수 안에서 함께 하늘에 앉히시니 이는 그리스도 예수 안에서 우리에게 자비하심으로써 그 은혜의 지극히 풍성함을 오는 여러 세대에 나타내려 하심이라 너희는 그 은혜에 의하여 믿음으로 말미암아 구원을 받았으니 이것은 너희에게서 난 것이 아니요 하나님의 선물이라 행위에서 난 것이 아니니 이는 누구든지 자랑하지 못하게 함이라"고 말씀합니다.

에베소서 2장 5-9절 말씀은 우리가 하나님께 감사해야 하는 이유가 됩니다. 죄로 죽었던 우리를 다시 살리시고 본질상 진노의 자녀인 우리를 예수 그리스도와 함께 하늘에 앉는 자로 삼으신 일은 오직 하나님의 긍휼하심 덕분입니다. 에베소서 2장 4절은 긍휼이 풍성하신 하나님이 우리에게 그 큰 사랑을 보이셨다고 합니다. 이것이 하나님께 감사할 첫 번째 이유가 됩니다. 두 번째는 하나님이 우리에게 구원을 선물로 주신 것입니다. 그러니 어찌 하나님께 감사하지 않을 수 있겠습니까?

다시 본문으로 가서 17절을 보겠습니다. 거기에는 "마음으로 순종하여"라는 말이 나옵니다. 여기서 마음은 생각과 뜻과 소망이 다 포함된 말입니다. 즉, 이 마음은 영혼의 의지, 영혼의 갈망, 생각, '지정의'를 다 포함하는 것입니다. 우리 영혼의 근본을 하나님을 향한 사랑의 마음, 예수 그리스도의 복음을 열렬히 원하는 사람으로 바꾸셨다고 합니다. 복음에 순종하는 그 마음은 거짓된 마음이 아닙니다. 이것은 죽은 자를 살리시는 은혜가 없으면 도저히 불가능합니다. "전적으로 부패한 우리가 어떻게 그리스도의 복음의 본에 순종하도록 반응할 수 있느냐? 마음으로 하는 순종이 어떻게 우리 안에 있느냐? 하나님께 참 감사하리로다." 이것은 곧 에베소서 2장 8절에 나오는 "하나님의 선물"인 것입니다.

에베소서 2장 10절은 "우리는 그가 만드신 바라 그리스도 예수 안에서 선한 일을 위하여 지으심을 받은 자니 이 일은 하나님이 전에 예비하사 우리로 그 가운데서 행하게 하려 하심이니라"고 말씀합니다. 우리에게 새로운 창조의 역사가 벌어졌습니다. 원래 우리는 허물과 죄로 죽은 자, 불순종하는 자, 육체와 마음에 원하는 것을 욕심을 따라 행하던 자들이었는데, 그리스도 예수 안에서 선한 일을 행할 수 있는 자로 바뀐 것입니다. 완전히 새롭게 바뀐 것으로 이 변화는 하나님이 하신 일입니다. 그러므로 하나님께 감사하지 않을 수 없는 것입니다.

본문 17절의 "마음으로 순종하여"는 에베소서 2장의 "마음으로 불순종하여"와 대조를 이룹니다. 전에 마음으로 불순종을 원하던 자가 마음으로 순종을 원하는 자로 바뀐 것은 하나님의 은혜의 역사요 복음입니다. 즉, 죄로부터 해방되어 의의 종이 되었고 주인이 바뀌었다는 뜻입니다. 18절에 나오듯이 복음은 "죄로부터 해방되어 의에게 종이" 되게 합니다. 따라서 죄를 지어도 괜찮다는 말은 나올 수 없고,

죄짓는 일을 사랑하는 마음을 가지고 있으면서 신자라 할 수 없는 것입니다.

그러므로 율법폐기론은 근본부터 잘못된 것입니다. 율법의 정죄가 없어졌으니 법대로 살지 않아도 된다는 사고 발상은 애초에 불가능한 것입니다. "예수님이 모든 정죄로부터 우리를 건져주셨는데 뭐가 걱정이냐?"라는 단순한 논리는 처음부터 하나님이 우리를 마음으로부터 그리스도의 복을 받도록 바꾸셨다는 것을 전제하지 않는 것입니다. 즉 영적 실상으로는 불가능한 논리를 피고 있는 것입니다. 성경 곳곳에서도 그 부분을 분명하게 밝혀줍니다. 요한일서 1장 6절의 "만일 우리가 하나님과 사귐이 있다 하고 어둠에 행하면 거짓말을 하고 진리를 행하지 아니함이거니와"에서는 그런 자를 거짓말하는 자라고 말합니다. 또 요한일서 2장 4절에도 "그를 아노라 하고 그의 계명을 지키지 아니하는 자는 거짓말하는 자요 진리가 그 속에 있지 아니하되"라고 나오고, 요한일서 3장 9절에도 "하나님께로부터 난 자마다 죄를 짓지 아니하나니 이는 하나님의 씨가 그의 속에 거함이요 그도 범죄하지 못하는 것은 하나님께로부터 났음이라"고 나옵니다.

그때 "아, 나는 죄를 짓는데 그러면 나는 과연 구원받은 자일까?"라는 생각이 들게 됩니다. 그런데 요한일서에서 말하는 영적 실상은 그런 것이 아닙니다. 로마서 6장에서 설명한 내용과 같습니다. "죄를 지을 수 있으나 죄 가운데 그냥 있지 못한다. 그러므로 하나님께로부터 난 자는 고의적이며 지속적으로 죄를 짓고도 괜찮아할 수 없다.

하나님의 씨가 그의 속에 거하기 때문이다." 물론 신자라도 죄짓는 일이 있을 수 있습니다. 하지만 그것이 우리의 정체성을 결정할 만큼 그대로 머물러 있지 못합니다. 눈물이 나고 괴로움으로 부대끼며 아파합니다. 신경이 살아 있기 때문입니다. 살이 썩어가는데 괜찮다고 할 수 없는 것처럼 생명력이 있는 것입니다. 여러분은 바로 이 은혜를 받고 있는 것입니다. 주님의 은혜를 감사하며 찬송하는 우리 모두가 되기를 축복합니다.

34. 하나님의 은사 : 그리스도 안에 있는 영생

너희 육신이 연약하므로 내가 사람의 예대로 말하노니, 전에 너희가 너희 지체를 부정과 불법에 내주어 불법에 이른 것 같이 이제는 너희 지체를 의에게 종으로 내주어 거룩함에 이르라. 너희가 죄의 종이 되었을 때에는 의에 대하여 자유로웠느니라. 너희가 그 때에 무슨 열매를 얻었느냐 이제는 너희가 그 일을 부끄러워하나니 이는 그 마지막이 사망임이라. 그러나 이제는 너희가 죄로부터 해방되고 하나님께 종이 되어 거룩함에 이르는 열매를 맺었으니, 그 마지막은 영생이라. 죄의 삯은 사망이요 하나님의 은사는 그리스도 예수 우리 주 안에 있는 영생이니라.

로마서 6:19-23

죄의 종과 의의 종

우리가 앞서 살핀 17-18절에서는 신자의 신분이 죄의 종에서 의의 종으로 바뀌었다고 말합니다. 그러면 죄의 종과 의의 종의 삶은 어떤 것입니까? 그것이 본문 19절에 나와 있습니다.

> "너희 육신이 연약하므로 내가 사람의 예대로 말하노니 전에 너희가 너희 지체를 부정과 불법에 내주어 불법에 이른 것 같이 이제는 너희 지체를 의에게 종으로 내주어 거룩함에 이르라."

"사람의 예대로 말하노니"는 "너희가 영적 진리를 깨닫는 것이 더디고 미련하니, 영적인 분별력이 없는 죄 가운데 있는 사람도 충분히 이해할 만하게 말한다"라는 뜻입니다. 그러니까 도무지 깨닫지 못해 못하겠다고 핑계할 수 없게 하려는 것입니다. 그렇다면 무엇을 말하려는 것입니까? 우선 '죄의 종'에 대해 말합니다. 여기에 두 가지 단어가 나오는데, 너희 지체를 "부정과 불법에 내주어"라는 말입니다. '부정'하다는 것은 정결하지 못하다는 것입니다. 도덕적으로 마땅히 살아야 할 규범에 비추어도 정결하지 못할 뿐만 아니라, 영적으로도 순결하지 못하다는 것입니다. 즉, 근본적인 하나님과의 관계에서 정결하지 못하다는 것입니다.

도덕적인 부분은 사람의 눈에 비치는 것으로 판단할 따름입니다. 마음으로 생각하는 죄를 가지고 비도덕적이라고 할 사람은 없습니다. 도덕적인 부분은 행위로 드러나는 것으로 판단하는 것입니다. 사람들은 겉으로 드러나는 행실이 도덕적으로 바르면 그를 훌륭한 사람이라고 여깁니다. 그런데 영적인 부분도 비추어 보신다는 것은 그 속까지 보신다는 것입니다. 그 마음속의 생각이 하나님이 보실 때 어떠냐는 것입니다. 예를 들어, 어떤 사람이 종교적 의무를 다하면 그가 영적으로 선하고 흠이 없는 것처럼 보이지 않습니까? 그러나 종교적 의무를 행하는 것 자체가 종교인에게 일종의 도덕적 행위요, 의무입니다. 이 말은 종교 생활에서 흠이 없더라도 영적으로는 정결하지 못할 수도 있다는 말입니다. 외적인 것을 넘어서서 하나님은 심령이 상한 자를 보십니다. 그리고 주 앞에 드리는 제사를 감사로 드리지 않으면 그 제사를 제사로 받지 않으십니다. 그러니까 영적으로 본다는 것은 종교 생활의 측면에 따라서 드러나는 종교 윤리나 도덕 행위가 아니라 그것을 넘어서 하나님과의 관계 속에 우리 내면에 그분이 어떤 자리에 있는가를 들여다보는 것입니다. 그래서 심령 깊은 곳까지 보시고 너희가 죄의 종노릇했을 때 너희는 부정한 자였다고 말씀하신 것입니다.

예수님을 안 믿는데 법 없이도 살 만큼 선한 사람이 있다고 가정해봅시다. 그런 사람도 하나님이 보시는 영적 측면에서는 부정함을 부인할 수 없습니다. 그럴 때에 하나님 앞에서 순결하다, 정결하다, 흠이 없다, 죄성의 오염이 없다고 할 만한 사람이 있습니까? 없습니다. 신자들은 다 자기가 죄인인 줄 아니까 그렇게 말할 사람이 없다는 데 동의합니다. 하나님이 하신 말씀에 따라 그렇게 생각하고 판단하는 것입니다. 사실 우리도 하나님의 은혜를 입기 전에는 우리의 부정함을 잘 알지 못했습니다. 예수님을 믿고 첫사랑의 그 감격에 젖어 있을 때에도 우리는 우리의 부정함을 잘 몰랐습니다. 도덕적인 죄, 행위의 범죄, 과실에 대한 안타까움이 있었을 뿐입니다. 그러나 신앙이 깊어질수록 영적인 부정함이 내면에서 더 근원적으로 드러나는 경험을 하게 됩니다. 하나님이 우리를 사랑하셔서 그 부정함을 드러내시는 것입니다. 우리를 정죄하여 멸망당하게 하시려는 것이 아닙니다.

'불법'은 타락하고 더럽고 오염된 영적, 도덕적 상태를 비롯해 하나님이 정하신 규범을 불순종하고 위반하는 것을 가리킵니다. 세상에 법이 있고 불법이 있듯이, 하나님 앞에서도 법과 불법이 존재합니다. 그 법은 계명입니다. 십계명이 모든 계명의 내용을 요약해줍니다. 따라서 "우리가 죄의 종노릇 했다"는 말은 죄를 짓고자 하는 오염된 욕망이 차올라 하나님의 뚜렷한 계명조차 위반하고 불순종하는 자들로 살았다는 것입니다.

반대로 '의의 종'이란 어떤 자입니까? 예수 그리스도 안에서 우리에게 주신 하나님의 의를 주인으로 삼는 것입니다. '의'란 하나님의 계명에 어긋나지 않는 것이요, 거룩함을 추구하며 사는 것을 말합니다. 의를 주인으로 삼아 사는 자들은 거룩함에 이르게 됩니다. 로마서 6장 13절은 이에 대해 "또한 너희 지체를 불의의 무기로 죄에게 내주지 말고 오직 너희 자신을 죽은 자 가운데서 다시 살아난 자 같이 하나님께 드리며 너희 지체를 의의 무기로 하나님께 드리라"고 말씀합니다. 이 말씀은 거룩함에 이르는 길에 대한 한 가지 방식을 설명합니다. 즉, 너희의 마음과 생각, 인격성 그 자체를 하나님께 드리라는 말로, 하나님의 계명을 사랑하라고 말씀합니다.

사실 남에게 무언가를 준다는 것은 쉬운 일이 아닙니다. 그런데 감사할 때는 주는 게 기쁘고 쉽습니다. 억지로 하려니까 힘든 것입니다. 따라서 하나님께 드리는 헌상도 겸비한 마음과 감사로 드려야 합니다. 눈치를 보면서 하다 보면 그것은 전부 종교 생활의 억압이 됩니다. 어떤 이들은 기도를 할 때도 기쁜 마음을 갖고 자발적으로 하는데, 어떤 이들은 그 모든 것을 힘들어합니다. 예배에 참석하는 것, 교회를 섬기는 것, 하나님 앞에 나아가는 개인 경건의 일들, 더 나아가서 예수 그리스도의 이름으로 다른 이웃을 돌보고 섬기는 봉사 등은 모두 기쁨과 감사로 행할 때 비로소 하나님이 베푸신 은혜에 대한 감사의 표현이 됩니다.

'의의 종'의 내면 상태는 감사와 겸손, 이 두 가지로 요약할 수 있습니다. 하나님 앞에서 내가 어떤 자인지 아니까 겸손할 수밖에 없고, 이런 자를 자녀로 삼아주셨으니 감사할 수밖에 없는 것입니다. 그리고 하나님에 대한 사랑의 표현으로 의로운 생활을 해 나가는 것입니다. 에베소서 4장 11-16절을 보겠습니다.

"그가 어떤 사람은 사도로, 어떤 사람은 선지자로, 어떤 사람은 복음 전하는 자로, 어떤 사람은 목사와 교사로 삼으셨으니 이는 성도를 온전하게 하여 봉사의 일을 하게 하며 그리스도의 몸을 세우려 하심이라 우리가 다 하나님의 아들을 믿는 것과 아는 일에 하나가 되어 온전한 사람을 이루어 그리스도의 장성한 분량이 충만한 데까지 이르리니 이는 우리가 이제부터 어린 아이가 되지 아니하여 사람의 속임수와 간사한 유혹에 빠져 온갖 교훈의 풍조에 밀려 요동하지 않게 하려 함이라 오직 사랑 안에서 참된 것을 하여 범사에 그에게까지 자랄지라 그는 머리니 곧 그리스도라 그에게서 온 몸이 각 마디를 통하여 도움을 받음으로 연결되고 결합되어 각 지체의 분량대로 역사하여 그 몸을 자라게 하며 사랑 안에서 스스로 세우느니라."

이 말씀은 교회가 어떤 곳인지 드러내줍니다. 교회에서는 목사와 교사가 가르치는 목회 활동을 합니다. 사도, 선지자, 복음 전하는 자, 목사, 교사는 전부 가르치는 일을 합니다. 이들은 어떤 목적으로 말씀을 전합니까? 12절에 나온 대로 그리스도의 몸인 교회를 온전하게 세우기 위함입니다. 교회가 온전히 세워지면 어떤 유익이 있습니까?

13절에 나온 대로 성도가 그리스도의 장성한 분량이 충만한 데까지, 곧 의의 종으로서 거룩함에 이르는 상태까지 자라게 됩니다. 그런 자들은 사람의 속임수, 간사한 유혹, 온갖 교훈의 풍조에 요동하지 않습니다. 사랑과 진리만을 구하며 구주 되신 예수 그리스도를 닮아가는 것입니다. 이 모든 일은 교회를 통해서 이루어집니다. 그래서 앞서 본 16절에 그 유명한 교회론이 나옵니다. 성도가 서로 연결되어 각각 성장하는 것입니다. 이것은 의의 종인 성도가 그리스도의 장성한 분량이 충만한 데까지 자라고 거룩함에 이르는 것에 대한 내용이요, 또 그것을 이루어가는 방식에 대한 교회론적인 설명입니다. 그러므로 지체가 연결되어 교회 생활을 하는 것은 너무나 소중한 일입니다.

의의 종에게 주어진 명령

본문 19절에 "이제는 너희 지체를 의에게 종으로 내주어 거룩함에 이르라"는 명령형이 나옵니다. 주인이 종에게 명령하는데 행하지 않는 종이 있을 수 있습니까? 그러므로 이 구절은 "거룩함에 이르라고 했는데 순종하지 않는 종이 있을 수 있는가? 거룩함에 이르라는 명령을 받고 순종하지 않아도 종일 수 있는가?"라는 말입니다. 본문의 핵심은 "의의 종이라는 신분은 거룩함에 이르라는 명령이자 의무를 순종해야 유지되는 것인가? 아니면 명령을 받고도 계속 불순종하지만 그래도 종의 신분이 유지될 수 있는 것인가? 거룩함을 이루어야 할 신앙적 책임을 행하지 않아도 종의 신분이 유지되는 것인가?"하는 것입니다. 만일 이것이 별개라면 거룩함에 이르라는 것은 그저 상급의 문제일 뿐, 구원의 문제와는 전혀 상관없는 것이 됩니다.

"우리가 예수 그리스도를 믿고 하나님의 자녀로 의롭다 함을 받았으니 우리는 구원을 받은 것입니다. 이제는 거룩함을 이루며 성장하여 하늘의 상급을 받읍시다"라는 말에 "나는 굳이 상까지 필요 없어. 그저 천국에 들어가는 것으로 족해. 거룩하게 사는 것은 나와 맞지 않아"라고 말하는 이들이 있습니다. 하지만 칭의와 성화가 분리되거나 의의 종의 신분과 의의 종으로서 마땅히 해야 할 신앙적 책무가 분리되는 일이 있을 수 있습니까? 본문이 명령형으로 주어진 것은 "그 일이 과연 있을 수 있느냐"는 뜻입니다. 평서문이었다면 그냥 "아, 거룩함에 이르는 삶을 살지 않는 사람은 의의 종이 아니네"라고 결론 내리면 됩니다. 그런데 본문 19절 말씀은 명령형으로 주어졌습니다.

여기서 의의 종과 그 명령에 대해 좀 더 구체적으로 살펴보겠습니다. 첫 번째, 그 명령은 의의 종이라는 신분을 가진 자에게만 주어집니다. 두 번째, 의의 종이어야 그 명령을 받고 순종할 가능성이 있습니다. 세 번째, 의의 종은 원래 그렇게 하도록 되어 있는 사람들이기 때문입니다. 여기서 세 번째 내용이 좀 이상할 수 있습니다. 의의 종이 원래 그런 사람이라면 그냥 저절로 거룩함에 이를 것인데 왜 또 명령을 하느냐는 것입니다. 그러나 여기에도 이유가 있습니다. 의의 종이 지닌 인격성 때문에 그렇게 명령하신 것입니다. 그들은 인격성을 갖고 있어서 하나님이 명령하시면 말씀의 내용을 분별하여 기쁨과 겸손으로 받고 주 앞에 순종하는 것을 통해 거룩함에 이르게 됩니다. 거룩함은 단순히 페인트칠을 하는 것이 아닙니다. 우리를 덮은 거룩성은 하나님과의 관계성에서 드러나는 것이기 때문에, 주님은 우리가 명령에 순종하는 인격적인 과정을 거쳐서 거룩함에 이르도록 이끌어가십니다.

의의 종에게 그 명령이 필요한 이유를 살펴보겠습니다. 첫 번째는 우리가 의의 종인 신분을 가졌더라도 여전히 연약함을 갖고 있기 때문입니다. 그래서 하나님은 명령하심으로 우리의 신분에 합당한 영적 소망을 격려하시고, 우리가 더욱 분별하여 경계하고 싸워 나갈 수 있게 하십니다. 두 번째는 첫 번째 이유에서 비롯됩니다. 우리는 연약함, 곧 옛 사람의 모습을 갖고 있기 때문에 명령을 통한 과제를 받는 일이 필요합니다. 우리에게 새 생명과 더불어 옛 사람의 모습이 여전히 남아 있기 때문에 새 생명이 힘을 얻을 수 있도록 옛 사람의 흔적을 지우는 과제를 주시는 것입니다. 세 번째는 그 명령에 순종하는 자를 칭찬하시기 위함입니다. 의의 종은 옛 사람을 벗어 버리고 새 사람을 입어야 하는데, 여전히 경계해야 될 죄성이 있으니까 그것을 털어버리게 하시려고 명령을 주시고 명령의 순종과 불순종에 따라서 칭찬과 책망을 내리십니다. 그래서 연약성에 끌려 넘어지면 징계를 주시고, 반면에 의의 명령에 순종한 때는 하나님이 기뻐하시며 칭찬을 내리십니다. 결국 명령은 순종하지 못할 자에게 주는 것이 아니요, 행할 자에게 주시는 것입니다. 하나님이 그렇게 하도록 설정하셨기 때문입니다. 그런 명령을 받고 순종해야 할 이유를 본문의 20-21절에서 설명합니다.

> "너희가 죄의 종이 되었을 때에는 의에 대하여 자유로웠느니라 너희가 그 때에 무슨 열매를 얻었느냐 이제는 너희가 그 일을 부끄러워하나니 이는 그 마지막이 사망임이라."

죄의 종이었을 때 어떤 형편이었는지를 생각해보라는 것입니다. 즉 "거룩함에 이르라"는 명령을 주고 이 거룩함에 이르라는 명령을 기쁨과 겸손과 감사로 순종해야 할 이유가 있다는 것을 알고 있지 않느냐는 것입니다. 죄의 종이었을 때 우리는 의를 전혀 찾아볼 수 없는 자였습니다. 왜냐하면 불의를 좋아하여 부정한 마음으로 죄를 마음껏 지었기 때문입니다. 그래서 그때 얻은 열매를 생각하면 어떻습니까? 그때 마음의 성정, 생각, 감정, 쾌락이 좋았냐고 묻는 것입니다.

"이제는 너희가 그 일을 부끄러워하나니"라는 말은 이제는 너희가 부끄러워하는 그 일의 열매로 무엇을 얻었느냐는 뜻입니다. 우리말로는 의문문이 "얻었느냐"로 끝났지만 원문은 "부끄러워하나니"까지가 의문문입니다. 즉, 두 개의 문장이 아니라 하나의 문장인데 연결을 끊어서 번역한 것입니다. 그런데 원문 그대로 붙여서 번역하면 더 의미가 살아납니다. "너희가 그 때에 맺은 열매는 지금은 너희가 그 일로 인해 부끄러워하는 그런 열매가 아니냐" 그러므로 신자에게 신자로서 어떻게 살아야 한다고 일일이 가르칠 필요가 없습니다. 하나님의 말씀 앞에서 새롭게 되면, 말씀에 비추어 이전에 부정한 상태에서 불법을 행했던 일들이 수치로 다가오기 때문입니다. 그래서 사도 바울은 신자에게 생성된 영적인 새로운 감각, 새로운 정서, 새로운 기쁨 등, 하나님을 아는 자가 누리는 행복과 감사를 근거로 "여러분은 믿는 사람이 아니요? 새롭게 중생한 자가 아니요? 그러니 당신의 마음을 보시오. 예전에 행했던 그런 일들이 그렇게 기뻤소? 죄의 종노릇을 하던 일이 기뻤소? 그렇게 수치스럽고 더러운 일을 또 할 것이오?"라고 말하는 것입니다.

로마서 1장 24-32절에는 수치스럽고 더러운 일에 대해 나옵니다. 특히 26-27절은 동성애와 관련된 내용인데, 그런 죄악 가운데 있다가 하나님의 은혜로 돌이켜 신자가 된 사람은 과거의 일을 너무나 부끄러워합니다. 29-32절은 "곧 모든 불의, 추악, 탐욕, 악의가 가득한 자요 시기, 살인, 분쟁, 사기, 악독이 가득한 자요 수군수군하는 자요 비방하는 자요 하나님께서 미워하시는 자요 능욕하는 자요 교만한 자요 자랑하는 자요 악을 도모하는 자요 부모를 거역하는 자요 우매한 자요 배약하는 자요 무정한 자요 무자비한 자라 그들이 이같은 일을 행하는 자는 사형에 해당한다고 하나님께서 정하심을 알고도 자기들만 행할 뿐 아니라 또한 그런 일을 행하는 자들을 옳다 하느니라"라고 말씀합니다.

본문에서는 신자로서 이렇게 나열된 죄를 행하고 싶은 것인지 물어봅니다. 21절은 "그 마지막이 사망임이라"고 분명하게 말씀합니다. 앞서 본 1장 32절에도 그 일을 행하는 자는 "사형에 해당한다"고 나옵니다. 즉, 앞서 나온 죄를 범하며 사는 것은 사망의 냄새, 시체 썩는 냄새를 풍기면서 사는 것과 같습니다. 자신에게 생명이 없다는 것을 보여주는 것입니다. 우리의 내면과 악행을 사도 바울은 갈라디아서 5장 19-21절에 더 구체적으로 늘어놓았습니다. "육체의 일은 분명하니 곧 음행과 더러운 것과 호색과 우상 숭배와 주술과 원수 맺는 것과 분쟁과 시기와 분냄과 당 짓는 것과 분열함과 이단과 투기와 술 취함과 방탕함과 또 그와 같은 것들이라 전에 너희에게 경계한 것 같이 경계하노니 이런 일을 하는 자들은 하나님의 나라를 유업으로 받지 못할 것이요." 이 말씀에 나열된 일을 하는 자들은 "하나님의 나라를 유업으로 받지 못한다"고 합니다. 죽음은 세 가지 의미가 있습니다. 그것은 육체적 죽음, 영적인 죽음, 영원한 죽음입니다. 육체의 죽음은 믿는 자나 믿지 않는 자나 다 경험하는 일입니다. 그러나 신자에게 있어서 육체의 죽음은, 그가 영적으로는 죽은 자가 아니기 때문에 영원한 생명을 얻는 과정상의 죽음을 뜻합니다. 반면 죄인은 영적으로 죽은 자이기 때문에 육체의 죽음이 영원한 죽음으로 가는 죽음임을 의미합니다. 그래서 본문의 그 "마지막이 사망임이라"라는 말은 영원한 죽음에 이르는 것까지 포함하는 것입니다. 그리고 그것을 갈라디아서에서는 "하나님의 나라를 유업으로 받지 못한다"고 표현한 것입니다.

본문 22절을 보겠습니다.

"그러나 이제는 너희가 죄로부터 해방되고 하나님께 종이 되어 거룩함에 이르는 열매를 맺었으니 그 마지막은 영생이라."

앞서 "마지막이 사망인데도 죄의 종으로 살겠느냐. 아니면 의의 종으로 하나님의 계명을 섬기며 거룩함에 이르는 생활을 하겠느냐"라고 말했습니다. 그리고 "이제는 너희가 더러운 부정함과 불순종의 불의를 떠나서 하나님께 겸비하고 감사한 마음으로 살아야 되지 않겠느냐"고 권합니다. 본문의 "해방되고"와 "하나님께 종이 되어"의 시점은 과거로, 이미 그렇게 되었다는 것을 뜻합니다. 그런 자는 거룩함에 이르는 열매를 맺게 됩니다. 본문의 "맺었으니"는 현재 갖고 있다는 뜻으로 현재형입니다. 결국 여러분은 이미 죄로부터 해방된 자요 하나님께 종이 된 자이고, 거룩함에 이르는 열매도 갖고 있습니다. 그것이 바로 영생입니다.

23절을 보겠습니다.

"죄의 삯은 사망이요 하나님의 은사는 그리스도 예수 우리 주 안에 있는 영생이니라."

한마디로, 죄의 길로 가는 사람은 죄의 종이 됩니다. 그렇게 의에 대하여 자유로운 사람들, 곧 의에 대하여 불순종하며 마음대로 방탕하게 산 자들에게는 사망이 주어집니다. 육체의 사망, 영적인 사망뿐 아니라 영원한 사망이 주어집니다. 그것을 계시록에서는 "둘째 사망"이라고 표현했습니다. 영적인 사망은 이 땅에 살면서 감각 없는 짐승처럼 방탕한 가운데 하나님이 내버려 두신 대로 살아가는 삶입니다. 그런 삶은 예배가 무엇인지 모르는 삶입니다.

반면 의의 종이 된 자는 영생을 얻고 구원받은 자로서 은사를 받습니다. 그것은 우리가 어떤 값을 치르고 받는 것이 아니라 선물로 받는 것입니다. 즉, 의의 종으로 그리스도를 섬기며 살아가는 수고는 우리가 영생을 얻기 위해 치르는 값이 아닙니다. 그저 감사하여 드리는 것입니다. 우리의 마음이 성령 충만하면 주를 위해 살게 되는데, 사실 이것은 우리 편에서 하는 말이지 하나님 편에서는 어떤 도움도 되지 않을 것입니다. 부족함이 있어야 보탬이 되는 것인데, 하나님은 보탬이 필요 없는 분이니까 주를 위해 한다는 것은 우리의 표현일 뿐입니다.

우리가 주님을 위하여 한다고 하는 모든 행동은 우리가 주님께 받은 은혜에 감사해서 주의 뜻대로 행하는 것입니다. 즉, 주님께 받은 은혜가 커서 주의 뜻대로 행하는 것인데, 사실은 그것이 또 우리에게 유익을 가져다줍니다. 그래서 하나님이 우리를 그렇게 부르신 것입니다. 결국 모든 것은 다 우리를 위해 하나님이 행하신 일입니다. 경건뿐 아니라 사역도 마찬가지입니다. 사역도 주님을 위한 것이라 하지만 실제로 그것은 주님이 우리에게 맡기신 사역입니다. 목양과 선교와 구제 등을 하면서 주를 위하여 한다는 말은 엄밀하게 따지면 틀린 말입니다. 우리는 주께서 맡기신 일을 그냥 할 뿐이요, 우리를 위하여 주께서 맡기신 일을 행함으로 하나님의 목적대로 그 은혜를 받아 누리니 은혜 위에 은혜인 것입니다.

그것 외에 우리의 신앙을 설명할 길이 없습니다. 결국 영생은 선물로 받는 것입니다. 이것이 사도 바울이 가르쳐주는 복음의 원리입니다. 이 일을 위하여 주께서 이 땅에 오셨고 피 흘려 죽으셨습니다. 그리고 죽음으로 죄를 이기시고 부활 승천하셔서 주 안에 있는 우리 모두에게 새로운 생명을 주셨습니다. 너무나 놀라운 은혜입니다. 그 은혜에 대한 감사로 주님을 깊이 찬송하고, 겸비한 마음으로 주를 사랑하는 여러분이 되기를 축복합니다.

35. 우리가 율법에서 벗어났으니

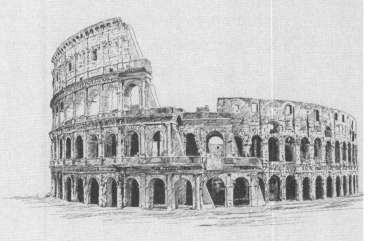

형제들아 내가 법 아는 자들에게 말하노니, 너희는 그 법이 사람이 살 동안만 그를 주관하는 줄 알지 못하느냐. 남편 있는 여인이 그 남편 생전에는 법으로 그에게 매인 바 되나 만일 그 남편이 죽으면 남편의 법에서 벗어나느니라. 그러므로 만일 그 남편 생전에 다른 남자에게 가면 음녀라. 그러나 만일 남편이 죽으면 그 법에서 자유롭게 되나니 다른 남자에게 갈지라도 음녀가 되지 아니하느니라. 그러므로 내 형제들아 너희도 그리스도의 몸으로 말미암아 율법에 대하여 죽임을 당하였으니, 이는 다른 이 곧 죽은 자 가운데서 살아나신 이에게 가서 우리가 하나님을 위하여 열매를 맺게 하려 함이라. 우리가 육신에 있을 때에는 율법으로 말미암는 죄의 정욕이 우리 지체 중에 역사하여 우리로 사망을 위하여 열매를 맺게 하였더니, 이제는 우리가 얽매였던 것에 대하여 죽었으므로 율법에서 벗어났으니, 이러므로 우리가 영의 새로운 것으로 섬길 것이요 율법 조문의 묵은 것으로 아니할지니라. 로마서 7:1-6

성도와 율법의 관계

본문은 크게 두 단락으로 나뉩니다. 첫 번째 단락은 1-3절로 혼인관계의 비유입니다. 혼인관계의 비유를 통해 성도와 율법의 관계가 어떤 것인지를 우리에게 가르쳐줍니다. 두 번째 단락은 4-6절로 앞부분의 결과입니다. 즉, 앞에서 성도가 율법으로부터 자유해졌다고 했다면, 여기서는 그 성도가 어떻게 살아야 하는가를 다룹니다.

먼저 첫 번째 단락을 살펴보겠습니다. 1절에서 사도 바울은 답답해하고 있습니다. 상대방이 마땅히 알아야 할 것을 알지 못하는 듯보이기 때문에 그는 어찌 너희가 그것을 알지 못하느냐는 말로 답답한 심정을 토로합니다. "너희가 이미 다 알고 있어야 하는데 어찌하여 영적 진리인 '율법과 성도의 관계'에 대해 모른다고 할 수 있느냐?" 즉, 마땅히 알아야 할 영적 진리에 대한 무지를 탓하고 있는 것입니다.

그래서 영적 진리를 깨닫게 하기 위해 누구라도 알 수 있는 하나의 원리를 제시하면서 너희가 다 알지 않느냐고 말합니다. 그 내용이 2절입니다. 남편이 있는 여인은 남편 생전에 그 남편과의 혼인관계의 법을 따라야 합니다. 아내와 남편이 혼인관계에 있으므로 지켜야 할 법도가 있는 것입니다. 남편이 있는 여인은 남편 생전에는 그 남편의 법을 따라야 합니다. 그러나 남편이 죽으면 그 죽은 남편의 법에 종속될 필요가 없습니다.

3절에서는 그것이 실제로 어떠한 의미인지 사례를 들어 설명하고, 종속된다는 것이 무엇인지도 이야기합니다. 혼인관계의 법도가 남편 생전에만 적용된다는 사실을 보여주는 분명한 사례를 제시하면서, 바울 사도는 남편이 있는 여인이 다른 남자에게 가는 경우 남편이 살아 있느냐, 죽었느냐에 따라 음녀가 되느냐, 되지 않느냐로 확연하게 나뉜다고 말합니다. 당시 사회는 여인이 남편 생전에 남편 이외에 다른 남자와 관계를 갖게 되면 음녀라 하여 법으로 엄하게 다스렸습니다. 그러나 남편이 먼저 세상을 떠나 혼자일 경우에는 물론 혼인을 전제로 하지만, 다른 남자와 관계를 가져도 이전 남편에 의해 음녀로 책망받을 이유가 없습니다.

이 이야기를 한 이유는 무엇입니까? 그리스도 안에 있는 성도와 율법이 어떤 관계인지를 잘 생각해보라는 것입니다. 1절은 2-3절과 다르게 법은 그 사람이 살 동안만 적용되며, 죽은 자에게는 효력이 없다고 말합니다. 그런데 여기서 이 원리를 성도와 율법의 관계에 적용할 때, 죽은 것이 무엇인가를 주의하여 생각할 필요가 있습니다.

만일 2-3절을 해석하기를 남편이 죽으면 아내가 자유롭듯이 율법이 죽으면 성도는 율법에서 자유롭다고 이해한다면, 그것은 옳지 않습니다. 왜냐하면 율법은 죽는 것이 아니기 때문입니다. 율법은 하나님의 거룩한 명령이니 없어질 수 없습니다. 간혹 "율법이 폐하여졌다"는 말을 오해해서 하나님의 형상으로 지음받은 피조물이 지켜야 할 마땅한 도리 자체가 없어졌다고 하는데, 그것은 잘못된 것입니다. 성경의 원리와 전혀 맞지 않는 내용입니다.

피조물인 이상 우리는 하나님 앞에 마땅히 지켜야 할 도리가 있습니다. 그리고 그 도리를 일깨워주는 관계의 원리가 있습니다. 관계의 원리란, 우리가 하나님의 말씀에 순종하며 살아야 한다는 것이고, 그 말씀에 순종하는 것만이 우리를 선하다고 할 수 있는 근거가 된다는 사실입니다. 우리는 하나님의 뜻에 대적하여 임의로 행하면서 '선하다'고 말할 수 없다는 사실을 이해해야 합니다. 오직 하나님의 말씀에 순종할 때만 선이 됩니다. 하나님은 하나님의 말씀에 순종해야만 선이 된다는 관계의 원리를 '계명'을 통해 구체적으로 밝혀주십니다. 그 계명은 창세부터 있었고 주께서 다시 오실 그날까지 계속 있을 것입니다. 따라서 우리가 하나님 앞에서 살아가면서 지켜야 할 삶의 규범 자체가 없어졌다고 말하는 소위 율법폐기론은 거짓말입니다. 그러므로 율법폐기론은 근본적으로 성경의 원리에 어긋나며 복음을 거스르기에 이단으로 정죄받은 것입니다.

율법폐기론자가 "우리는 하나님 앞에서 더는 구애 받을 것이 없다. 성령을 좇아 살면 된다"는 식으로 말하는 것에 주의해야 합니다.

얼핏 생각하면, 어떤 계명이나 규칙 없이 성령의 인도함을 따라 산다는 것이 가장 고상하며 성숙한 성도의 바른 태도로 보이고, 심지어는 굉장히 거룩해 보이기도 합니다. 그러나 성령님의 인도하심을 따라 산다고 하지만, 사실 신자는 여전히 부패함의 흔적을 이기지 못한 채 무절제와 분별없음과 극심한 주관주의로 죄악에 빠지는 아주 심각한 상태에 놓일 수가 있습니다. 그렇게까지 되지 않을지라도, 율법폐기론은 하나님께서 성도의 삶을 거룩하게 하기 위하여 세우신 율법의 규범을 사람이 임의로 부인하는 것입니다. 따라서 율법폐기론은 신학적이며 영적인 오류를 범하고 있습니다. 그러다 보면 성령의 인도하심이라는 핑계로 자신의 뜻을 절대적으로 내세우는 큰 과오를 범하기도 합니다. 성령을 온전히 좇아 완전히 거룩한 삶을 사는 성도는 이 세상에 한 명도 없습니다.

따라서 2-3절에서 "남편 있는 여인이 그 남편이 죽으면 남편의 법에서 벗어난다"는 구절을 보고, 남편을 율법으로 보고 남편 있는 여인을 신자로 봐서 "율법이 복음으로 인하여 죽었으니 신자는 더 이상 율법의 제한을 받을 것이 없다"고 해석하는 것은 큰 오류입니다. 2-3절의 내용은 죽은 자에게는 더 이상 법의 효력이 없다는 것입니다. 그래서 "그 죽음이 어떠한 법과 상관하여 효과를 주는 것인가? 어떤 결과를 미치는가?"라는 측면에서 봐야 합니다. 남편이 죽으면 남편의 법이 살아 있는 아내에게 더 이상 효력을 미치지 못한다는 말씀은, 죽음이 남편과 아내 사이를 연결해주었던 혼인의 끈을 끊어 내고 파괴한다는 것입니다. 다시 말해, 죽음은 두 사람 사이에 묶여 있는 혼인의 끈을 끊어 냅니다. 더 이상 묶여 있지 않게 해줍니다. 본문이 말하는 것은 바로 이와 같이 그리스도의 죽음이 그리스도 안에 있는 신자를 율법의 정죄의 굴레에서 벗어나게 한다는 것입니다.

예수 그리스도 안에 있는 자는 율법의 정죄를 받지 않는다

율법은 하나님 앞에서 모든 사람이 지켜야 할 삶의 규범이기에, 그리스도 바깥에 있는 사람이 율법에 불순종하면 그는 율법의 정죄라는 굴레 아래 묶이게 됩니다. 그래서 타락 이후의 온 인류와 율법의 관계는 '행하라 또는 행하지 말라'라는 명령에 순종해야 하는 의무 관계로 묶여져 있습니다. 즉, 율법은 우리의 행할 바를 명하고 우리는 그것을 순종해야 할 의무를 지닌 자로 서 있는 것입니다. 율법을 지키지 않아도 되는 자유로운 사람은 아무도 없습니다. 그렇게 될 때 율법을 온전히 순종할 수 없는 인간의 부패한 성품은 율법 앞에 설 때마다 불순종이라는 정죄의 굴레 아래 갇히게 되는 것입니다.

타락 이후의 인간은 율법의 정죄 아래 종속되어 있으며 율법의 정죄라는 끈으로 묶여 있습니다. 그런데 그리스도의 죽음으로 인해 신자는 그리스도 안에 있으므로 율법의 정죄, 불순종에 대한 정죄의 굴레에서 완전히 벗어났습니다. 정죄로 묶는 율법의 효력이 끝난 것입니다. 남편의 죽음으로 살아 있는 아내에게 적용할 수 있는 혼인의 끈이 끊어진 것처럼, 그리스도의 죽음으로 그리스도 안에 있는 신자에게 적용되었던 율법의 정죄의 효력이 끊어졌습니다. 요컨대 남편이 죽음으로 혼인의 끈이 끊어지고 그 법의 효력이 중단된 것처럼, 그리스도의 죽음으로 율법의 정죄의 효력이 중단되었다는 뜻입니다. 고린도전서 15장 55-56절은 "사망아 너의 승리가 어디 있느냐 사망아 네가 쏘는 것이 어디 있느냐 사망이 쏘는 것은 죄요 죄의 권능은 율법이라"고 말씀합니다. 죄의 권능이 율법인데 그 율법이 그리스도의 부활로 인해 끊어지니까 율법의 정죄의 효력도 끊어지고 사망도 없고 죄도 없게 된 것입니다. 이 일은 예수 그리스도 안에 있는 자에게만 일어납니다.

또 다른 관점에서 율법의 정죄가 그리스도인에게 미치지 못하는 까닭에 대해 살펴야 할 필요가 있습니다. 1절에서 말했듯이 법은 산 사람에게만 적용이 되는데, 성도는 예수 그리스도 안에서 그리스도와 함께 죽은 자이기 때문에 율법이 어떠한 정죄의 효력을 작용할 수 없습니다. 율법의 정죄의 효력이 성도에게 더 이상 작용하지 않는 것은 죽은 자에게 법의 효력이 없는 것과 같다고 말할 수 있는 것입니다. 그리고 이 내용은 "우리가 그리스도 안에서 죽었기 때문에 더 이상 율법 아래 있지 않다"고 표현할 수 있습니다.

로마서 6장 14절 "죄가 너희를 주장하지 못하리니 이는 너희가 법 아래에 있지 아니하고 은혜 아래에 있음이라"에 나오듯이 예수 그리스도 안에 있다는 사실이 주는 행복은 바로 여기에 있습니다. 우리가 법 아래 있지 않으면 무법한 사람입니까? 그 의미가 아니라 우리는 법에 따라 정죄받을 대상이 아니라는 말입니다. 이는 우리가 은혜 아래 있기 때문입니다. 은혜 아래 있다는 것은 예수 그리스도 안에 있다는 말로 풀어 쓸 수 있습니다.

그러므로 예수 그리스도를 믿는다는 것은 정말로 놀라운 은혜를 입는 것입니다. 예수 그리스도를 믿는다는 것은 그리스도 안에 들어가는 것으로, 주님이 죽으심으로 나도 죽었기 때문에 죽은 자인 나를 율법이 어떻게 할 수 없습니다. 게다가 주님이 부활하셔서 나도 같이 살아났기 때문에 율법은 절대로 그리스도 안에 있는 신자를 정죄함으로 어떤 형태로든지 사망에 이르게 하지 못합니다. 그런 의미에서 우리는 율법으로부터 완전히 자유케 된 자입니다. 율법으로부터 자유케 되었다는 말은 율법의 정죄로부터 완전히 자유로워졌다는 뜻입니다. 우리는 율법폐기론처럼 성도가 지켜야 할 삶의 규칙인 율법으로부터 완전히 자유해졌다고 오해하면 안됩니다. 그들은 그리스도인에게 지켜야 할 규범 자체가 아예 없어졌다는 잘못된 주장을 합니다.

그러면 "율법의 정죄로부터 두려워할 것이 없으니, 더 이상 율법의 정죄의 대상이 아닌 그리스도 안에 있는 성도들은 죄를 지어도 되는가?"라는 질문이 다시 나옵니다. 당연히 아닙니다. 그 부분은 로마서 6장 1-2절에서 이미 제기된 질문이었습니다. "그런즉 우리가 무슨 말을 하리요 은혜를 더하게 하려고 죄에 거하겠느냐 그럴 수 없느니라 죄에 대하여 죽은 우리가 어찌 그 가운데 더 살리요."

그리고 이어서 3-4절이 그 내용을 더 풀어 줍니다. "무릇 그리스도 예수와 합하여 세례를 받은 우리는 그의 죽으심과 합하여 세례를 받은 줄을 알지 못하느냐 그러므로 우리가 그의 죽으심과 합하여 세례를 받음으로 그와 함께 장사되었나니 이는 아버지의 영광으로 말미암아 그리스도를 죽은 자 가운데서 살리심과 같이 우리로 또한 새 생명 가운데서 행하게 하려 함이라."

우리가 그의 죽으심과 합하여 세례를 받았고 그 결과 우리는 그와 함께 장사되었습니다. 죽음을 더 확실하게 표현한 것입니다. 새로운 의미가 부여된 것이 아니라 죽음과 장사 지내는 것을 통해 단계적으로 그리스도와의 연합에 대해 확증해주는 것입니다. 그 내용을 풀면 다음과 같습니다. "그리스도께서 죽으실 때 우리도 죽은 것이요. 그분이 장사될 때 우리도 장사되었다. 또한 아버지의 영광으로 그리스도를 죽은 자 가운데서 살리심과 같이 우리도 부활할 것이다. 그리스도와 연합한 우리는 모든 그리스도인의 구원을 위한 사역에 항상 연합되어 있다."

본문 1-3절은 혼인관계의 비유를 통해 우리가 율법의 정죄로부터 어떻게 자유해졌는지를 설명하는데, 이 부분이 로마서 6장 3-4절과 연결됩니다. 그리고 6장 2절에 "죄에 대하여 우리가 죽었다"는 영적 실상은 본문 1-3절의 내용과 같습니다. 물론 죽은 자는 다릅니다. 혼인관계의 비유 속에서 죽은 사람은 남편입니다. 그리고 영적 실상에 있어서 죽은 사람은 그리스도 안에서 그리스도와 함께 죽은 그리스도인입니다. 죽은 남편의 법이 살아 있는 여인에게 작용하지 못하듯이, 율법은 6장 3-4절에서 말한 대로 그리스도와 함께 죽은 우리에게 작용하지 못합니다. 우리가 그리스도와 함께 죽었으니 더 이상 율법이 우리에게 작용할 수 없는 것입니다. 그러면 본문 4-6절은 어떻게 되어 있습니까?

> "그러므로 내 형제들아 너희도 그리스도의 몸으로 말미암아 율법에 대하여 죽임을 당하였으니 이는 다른 이 곧 죽은 자 가운데서 살아나신 이에게 가서 우리가 하나님을 위하여 열매를 맺게 하려 함이라 우리가 육신에 있을 때에는 율법으로 말미암는 죄의 정욕이 우리 지체 중에 역사하여 우리로 사망을 위하여 열매를 맺게 하였더니 이제는 우리가 얽매였던 것에 대하여 죽었으므로 율법에서 벗어났으니 이러므로 우리가 영의 새로운 것으로 섬길 것이요 율법 조문의 묵은 것으로 아니할지니라."

6장 4절에서는 "아버지의 영광으로 말미암아 그리스도를 죽은 자 가운데서 살리심과 같이 우리로 또한 새 생명 가운데서 행하게 하려 함이라"라고 합니다. 이는 우리를 새 생명 가운데 행하게 하시려고 주께서 죽으시고 장사지내시고 그와 함께 우리도 죽이신 것이라는 말입니다. 그리고 본문 4절은 6장 3-4절과 연결되는데, "살아나신 이에게 가서"라는 말은 이제야 비로소 간다는 의미가 아니라 항상 그와 연합되어 있던 상태를 전제로 하는 표현입니다. 이어서 "하나님을 위하여 열매를 맺게 하려 함이라"는 6장 4절과 같은 말씀입니다. 동일한 내용의 말씀을 이런저런 관점에서 설명해주는 것입니다. 왜 그렇습니까? 사도 바울이 글을 쓰면서 계속 질문이 나오기 때문입니다. 그래서 6장에서는 주인과 종의 관계로 설명했으며 다시 7장에서 혼인관계를 통해 설명하는 것입니다.

7장의 내용은 "율법이 죽었는데 왜 내 안에는 죄에 대한 욕망이 계속 있는 것인가?", "내 안에 역사하는 죄의 문제를 어떻게 봐야 하는가?"와 같은 신자의 깊은 탄식과 고민의 문제를 이어가기 위한 도입으로 혼인관계를 통해 율법의 문제를 다시 언급합니다. 본문 4절을 좀 더 자세하게 풀어보겠습니다. 성도는 한마디로 그리스도로 인하여 율법에 관해서는 죽은 자입니다. 따라서 법은 죽은 자인 우리에게 역사할 수 없습니다. '부관참시'라고 왕이 진노해서 죽은 자의 무덤까지 파헤쳐서 그 시신을 참하라고 명령을 내리는 경우가 있는데, 사실 이것도 죽은 자에게 벌을 준다기보다는 산 자에게 겁을 주는 것입니다. 죽은 자는 무덤을 파헤치든, 다시 태우든 계속 죽은 자이기 때문에 그것은 죽은 자에게 아무 의미가 없습니다. 성도는 그리스도로 인해 율법에 관해서는, 정확히 말해서 율법의 정죄에 관해서는 죽은 자입니다.

그러나 다른 한편으로 성도는 그리스도 안에서 율법에 대하여 산 자입니다. 그리스도 안에서 산 자이기 때문에 하나님의 율법에 대하여 산 자가 됩니다. 그리스도 바깥에 있는 자는 율법에 대하여 영원한 멸망을 받을 대상입니다. 그러나 그리스도 안에 있는 사람은 그리스도께서 대신 죽으심으로, 곧 그 멸망을 당하심으로 더 이상 율법의 요구를 받지 않습니다. 정죄의 효력이 없어진 것입니다. 결국 "나는 그리스도 안에서 죽었다"라는 사실은 역설적으로 "나는 그리스도 안에서 살았다"가 됩니다. 내가 죽은 것이 아니라 그리스도께서 죽으셨고, 내가 그리스도 안에 있으므로 율법의 정죄의 효력이 미치지 않습니다. 그리스도와 연합한 나는 율법에 대하여 죽은 자가 되는 것입니다. 그런데 우리는 또한 율법에 대해 산 자가 됩니다. 이는 우리가 그리스도 안에서 생명을 얻은 자로서 율법을 지키는 자가 된다는 것입니다. 이처럼 율법은 신자에게 새로운 의미로 다가옵니다. 즉, 율법이 성도의 규범으로서 다가오는 것입니다. 그것은 하나님께 순종의 열매를 드릴 지침이 되어 줍니다. 물론 성도도 율법에 불순종합니다. 그러나 그 가운데 성도는 주의 은혜가 아니면 불순종할 수밖에 없는 자신의 모습을 새삼 깨닫게 되고, 돌이켜 회개하고 새롭게 주 앞에 나아가게 됩니다.

그러나 그리스도 안에 있는 신자의 불순종은 영원한 멸망으로 심판받을 정죄의 근거가 되지 않습니다. 성도는 불순종으로 인하여 살아있는 동안 책망과 징계를 받을 뿐, 사후에는 멸망의 정죄를 받지 않습니다. 그날에 성도는 그냥 영광으로 들어갑니다. 만일 어떤 성도가 죄를 아주 많이 지었는데도 생전에 아무런 징계를 받지 못하고 죽었다면, 그는 성도가 아닌 것입니다. 반면에 어떤 성도가 죄를 많이 지었는데 징계의 매가 있기 전에 하나님 앞에 크게 각성하고 눈물로 회개해서 징계의 효과를 이루었다면, 그는 낙원에 갈 수 있습니다. 하나님은 절대로 그분의 자녀를 죄 가운데 그냥 두거나, 죄 중에 회개하지 않고 죽게 두지 않으십니다. 다만 회개하지 않는 성도는 징계를 받습니다.

우리는 늘 연약하고 온전하지 못합니다. 그래서 성도가 숨 쉬고 살아 있는 시간은 굉장히 소중한 것입니다. 우리가 회개할 수 있는 시간이기 때문입니다. 회개는 멸망을 당할까봐 두려워서 하는 것이 아니라 주의 형상을 닮아가는 과정입니다. 그래서 성도의 삶, 신앙을 한마디로 요약하면 '회개의 삶'이라 합니다. '옛 사람은 죽고 새 사람으로 살아가는 삶', 이것을 회개라고 하는 것입니다. 회개하고 주를 바라보며 감사하는 삶은 그리스도 안에서만 가능합니다. 그리스도 밖에서는 불가능하다는 사실을 늘 기억해야 합니다.

참된 자유

우리가 그리스도 안에서 율법에 대하여 죽은 자가 되었으매 더 이상 율법의 정죄와 상관이 없다는 것은 우리가 의롭게 된 자라는 사실을 의미합니다. 율법의 정죄를 받을 것이 없으니까 하나님께서 무죄라고 선언하시는 것입니다. 이처럼 죄 없다고 하시는 것을 가리켜 '칭의'라고 합니다. 죄가 없으니 의로운 자라는 말입니다. 칭의의 근거는 그리스도의 고난과 죽음을 통해 주어지는 그리스도의 의입니다. 흔히 그리스도의 고난과 죽음을 가리켜 그리스도의 수동적 순종이라고 합니다. 이것은 신학적 표현인데, 그리스도께서 선택하신 죄인을 위하여 죗값을 대신 치르시기 위하여 당하신 고난과 죽음을 가리켜 말합니다. 아울러 그리스도의 능동적 순종이라는 표현에도 눈을 돌릴 필요가 있습니다. 이것은 그리스도께서 하나님의 명령과 율법을 온전히 성취하셨음을 뜻합니다. 율법의 의를 이루셨으니 희생제물로

서 흠이 없으시며, 또한 대리속죄의 대상인 우리를 위하여 의의 공로를 세우셨습니다. 그리스도의 고난의 순종인 수동적 순종은 하나님 아버지의 뜻이었으므로 이 뜻을 이루시는 능동적 순종을 통하여 수동적 순종을 이루셨습니다. 곧 수동적 순종과 능동적 순종은 그리스도의 순종의 두 측면이며, 그리스도를 믿는 자를 의롭다 하시는 그리스도의 의를 이룹니다. 우리는 그리스도를 믿어 그리스도와 연합하여 이 의를 받습니다.

이렇게 우리를 의롭다 하시는 일은 우리를 향한 하나님의 또 다른 선한 은혜로 이어져 갑니다. 하나님께서는 우리를 죄 없다 하시고, 의롭다 하시고, 실제로 우리를 바꾸어 가시는 은혜를 베푸십니다. 그것이 내가 그리스도로 인하여 율법에 대하여 산 자요 율법을 규범으로 받고 살아가는 자로 변화되는 것의 이유입니다. 율법의 정죄에 대하여 죽은 자인 성도가 그리스도의 살아나심으로 인하여 율법의 규범에 대해서는 살아 있는 자가 되는 것입니다. 그래서 살아 있는 자로서 율법을 지키고 순종하며 구원받은 자의 행복을 누립니다. 하나님은 그분의 유익을 위해 우리를 구원하신 것이 아니고, 우리의 유익과 행복을 위해 구원하셨습니다. 그리고 우리가 우리의 행복을 통해 하나님을 찬미하게 하시고, 하나님은 그 영광을 받으십니다. 그것이 구원의 궁극적인 목적입니다.

하나님이 우리에게 주신 영원한 은택이 있습니다. 그것은 우리를 참으로 자유롭게 하신 것입니다. 6장에서는 그 자유에 대해 죄의 종 노릇한 데서 의의 종 노릇하는 삶으로 바뀌는 것이라고 설명합니다.

의의 종 노릇은 우리가 하나님의 율법을 행함으로 이루어지는 것인데, 하나님의 율법의 행함은 종속되는 억압이 아니라 성령 안에서 누리는 심령의 최고 기쁨이자 자유로움입니다. 죄인을 불러 의인으로 삼으시는 목적이 성취되고 원래 우리를 만드신 그 뜻이 실현되는 것입니다. 그러므로 너무나 행복할 수밖에 없습니다.

　우리는 몸의 기능이 제대로 작용하면 건강하다고 이야기하고 몸의 기능이 제대로 작용하지 않으면 병이 들었다고 합니다. 죄의 종 노릇하는 것은 병든 것입니다. 반면에, 의의 종 노릇한다는 것은 새로운 사람이 되어서 하나님이 창조하신 원리대로 역사하는 것으로 건강한 것입니다. 성령 안에서 참 자유를 누리며 사는 것은 영적으로 건강한 삶입니다. 하지만 죄의 정욕대로 행하는 사람은 자기 마음대로 하니 마치 자유로운 것 같으나 사실은 죄의 종 노릇을 하며 사는 자입니다. 하나님 앞에서 근신하며 성령의 도우심을 받아 말씀대로 순종하는 자는 행복합니다. 근신하는 것은 절제요 절제는 일종의 긴장감이라서 일종의 억압 같지만, 실제로는 그 영혼을 자유케 하는 것입니다. 여러분도 주의 말씀에 순종하는 신앙생활의 행복을 잘 알지 않습니까? 그것은 자유한 자의 행복감입니다. 그리고 그 모든 것은 성령의 도우심으로만 가능합니다. 그래서 4절에 나온 대로 "죽은 자 가운데서 살아나신 이에게" 가야만 하는 것입니다. 이 일과 연관되어 요한복음 15장 1-4절에 그 유명한 포도나무 비유를 읽어보시기 바랍니다.

"나는 참포도나무요 내 아버지는 농부라 무릇 내게 붙어 있어 열매를 맺지 아니하는 가지는 아버지께서 그것을 제거해 버리시고 무릇 열매를 맺는 가지는 더 열매를 맺게 하려 하여 그것을 깨끗하게 하시느니라 너희는 내가 일러준 말로 이미 깨끗하여졌으니 내 안에 거하라 나도 너희 안에 거하리라 가지가 포도나무에 붙어 있지 아니하면 스스로 열매를 맺을 수 없음 같이 너희도 내 안에 있지 아니하면 그러하리라."

주님과 우리는 상호교통을 합니다. 주님이 내 안에 거하시고 나는 주님 안에 거하는 이 관계는 지상에 있는 혼인관계에 빗대어 설명이 주어지기도 합니다. 바로 에베소서에 나오는 혼인 비유입니다. 남편과 아내의 하나됨을 가리켜서 예수 그리스도와 교회의 관계로 설명하시는 것입니다. 예수 그리스도와 교회의 관계를 가르치기 위해 혼인을 가르치신 것이 아닙니다. "교회와 그리스도의 관계를 너희가 다 알지 않느냐? 남편과 아내의 관계가 그렇다."라고 설명하시는 것입니다. 즉, 영적인 사실을 먼저 두고 이 땅에 있는 관계의 원리를 설명하십니다. 그만큼 성도가 그리스도 안에 있고 그리스도께서 성도 안에 있는 것은 명백한 사실인 것입니다.

주님과 우리가 교통한다는 주님의 약속은 너무 분명합니다. 그러므로 여러분이 그리스도 안에 있음을 확신하시기 바랍니다. 투명망토를 쓰는 것처럼 그리스도의 망토를 뒤집어쓰는 것입니다. 포도나무 비유에 나온 것처럼 주님은 "너희가 나를 떠나서는 아무것도 할 수 없다"고 말씀하십니다. 우리가 하는 회개도 우리가 그리스도 안에 있기 때문에 할 수 있는 것입니다. 회개는 그리스도께서 여러분을 떠나지 않으셨다는 사실의 증거입니다. 아무리 죄를 지었어도 주 앞에 돌아와 회개할 수 있는 것은 우리가 그리스도 안에 있기 때문에 가능한 일입니다. 또한 우리가 주의 말씀을 순종해 어떤 일을 행한다면 그것도 우리가 그리스도 안에 있기 때문에 가능한 것입니다. 말씀의 적용으로 우리가 결정한 말과 행동, 일이 모두 그리스도 안에 있다는 증거입니다.

본문 5절을 보겠습니다.

> "우리가 육신에 있을 때에는 율법으로 말미암는 죄의 정욕이 우리 지체
> 중에 역사하여 우리로 사망을 위하여 열매를 맺게 하였더니."

"육신에 있을 때에"라는 말은 여러 가지 뜻이 있지만, 여기서는 죄의 정욕의 노예가 되었을 때를 뜻합니다. 죄의 정욕에 따라 살 때, 타락한 인간의 본성에 지배되었을 때, 곧 그리스도 밖에 있을 때를 말하는 것입니다. 그리고 이어서 "율법으로 말미암는 죄의 정욕"이라는 말이 나오는데 이것은 율법 때문에 일어난 죄의 정욕이라는 뜻입니다. 즉, 율법이 자극하여 일어난 죄의 정욕이란 말입니다. 율법이 죄의 정욕을 막 부추기는데 그 이유에 대해서는 7장에서 보는 바와 같이, 율법은 거룩한데 우리의 본성이 타락하여 거룩한 율법을 대하면 죄가 막 불붙듯 일어난다는 것입니다. 율법이 하지 말라고 하니까 하고 싶고, 하라고 하니까 하기 싫은 마음이 든다는 말입니다. 그

리고 사망의 열매를 맺게 됩니다.

그러면 성도는 어떻습니까? 6절은 한마디로 성도는 다르다고 말합니다.

"이제는 우리가 얽매였던 것에 대하여 죽었으므로 율법에서 벗어났으니 이러므로 우리가 영의 새로운 것으로 섬길 것이요 율법 조문의 묵은 것으로 아니할지니라"

우리는 율법에 대하여 죽은 자요, 율법의 정죄에서 벗어난 자입니다. 그래서 율법의 조문이 명하는데 안 하면 멸망당할까봐 두려워서 순종하는 것이 아닙니다. "율법 조문의 묵은 것"은 율법을 행하면 살 것이요 안 하면 죽을 것이라는 행위적인 순종과 불순종에 따라 죽고 사는 행위언약의 관계를 말하고, 우리는 더 이상 그 관계에 있지 않다는 말입니다.

구약에서도 마찬가지입니다. 구약 시대에 이스라엘 백성도 율법, 곧 십계명을 받을 때 "행하면 살고 행하지 않으면 죽으리라"는 말씀을 들었습니다. 그러나 그 말씀은 그들이 어떻게 해서 죽은 자가 되었는지를 알려주기 위한 것이지, 이스라엘에게 주신 제사의 규례에 따라 용서받을 만한 기회도 없는 자, 하나님의 언약 백성이 아닌 자, 또는 이방인처럼 취급하기 위해서 주신 것이 아닙니다. 그들은 계명을 행함으로 하나님의 언약 백성의 참뜻을 이루고, 불순종함으로 자기들이 본래 어떤 자인지를 깨달을 수 있었습니다. 그리고 회개하고 돌이켜 그들에게 베푼 긍휼의 제사를 통해 다시 은혜를 입어 하나님의 계명 앞에 섰습니다. 이스라엘 백성 중에서도 가라지가 있는데, 그 언약 백성이 아닌 사람들에게는 그 말씀이 영원한 정죄의 효과를 갖습니다. 언약 바깥에 있던, 곧 그리스도 바깥에 있는 자들에게는 그 말씀이 이방인들과 똑같이 주는 정죄의 말씀이고, 언약 안에 있는 사람들에게는 회개를 일으키는 말씀인 것입니다.

　"하나님의 계명에 순종하면 살 것이요 불순종하면 죽을 것이다"라는 말은 구약의 경우와 같은 방식으로 우리에게도 적용됩니다. 그래서 이 말씀은 "사느냐 죽느냐", "구원을 받느냐 구원받지 못하느냐"의 결과를 결정짓는 말씀이 아니라, 참된 신앙 안에 있는 중생자가 성령을 좇아 살아야 할 이유를 밝혀주는 말씀입니다. 이 점을 반영하여 본문은 "우리가 영의 새로운 것으로 섬길 것이요"라고 했습니다. 영의 새로운 것으로 섬길 것이라는 말은 성령께서 우리 안에 주신 새 생명을 따라 섬길 것이라는 의미입니다. 본문 4절과 6절을 연결해서 보면 더욱 분명하게 보입니다. 죽은 자 가운데서 살아나신 이에게 가면, 우리 안에 성령의 은혜가 주어져서 성령을 따라 율법을 섬기고 지킬 수 있는 새로운 능력이 드러나는 것입니다. 그래서 "영의 새로운 것으로 섬길 것"은 계명을 순종하는 능력으로 드러납니다. 6장 2절에서 "죄에 대하여 죽은 우리가 어찌 그 가운데 더 살리요"라고 했고, 4절에서 "새 생명 가운데서 행하게 하려 함이라"고 하며 새 생명 가운데서 행함에 대해 설명합니다. 이것은 구약 성경 예레미야 31장에 예언된 말씀의 성취입니다. 예레미야 31장 31-34절을 보겠습니다.

"여호와의 말씀이니라 보라 날이 이르리니 내가 이스라엘 집과 유다 집에 새 언약을 맺으리라 이 언약은 내가 그들의 조상들의 손을 잡고 애굽 땅에서 인도하여 내던 날에 맺은 것과 같지 아니할 것은 내가 그들의 남편이 되었어도 그들이 내 언약을 깨뜨렸음이라 여호와의 말씀이니라 그러나 그 날 후에 내가 이스라엘 집과 맺을 언약은 이러하니 곧 내가 나의 법을 그들의 속에 두며 그들의 마음에 기록하여 나는 그들의 하나님이 되고 그들은 내 백성이 될 것이라 여호와의 말씀이니라 그들이 다시는 각기 이웃과 형제를 가리켜 이르기를 너는 여호와를 알라 하지 아니하리니 이는 작은 자로부터 큰 자까지 다 나를 알기 때문이라 내가 그들의 악행을 사하고 다시는 그 죄를 기억하지 아니하리라 여호와의 말씀이니라."

하나님은 우리의 죄를 기억하지 않으십니다. 그리고 33절 말씀대로 주님의 법도를 우리 마음속에 기록하시고, 하나님은 우리의 하나님이 되시며, 우리는 그분의 백성이 됩니다. 바로 이 약속의 말씀, 새 언약을 통해 받은 놀라운 은혜가 로마서 7장에 확실하게 나와 있습니다. 그래서 성도에게 "성령 하나님이 우리 안에 계시다"라는 말은 말씀을 따라 살고자 하는 마음의 소망을 이룰 만한 능력을 주신다는 것을 뜻합니다.

그리스도 밖에 있는 사람에게는 열매를 맺게 된다는 말씀을 주지 않으십니다. 그들에게는 율법으로 인하여 죽음이 있을 뿐입니다. 그들이 계명을 지켜 열매를 맺는 일은 불가능합니다. 그리스도 안에 있는 자와 밖에 있는 자는 첫째로 신분이 다르고, 둘째로 주의 계명을 지킬 수 있는 능력에서 차이가 있습니다. 성도에게는 능력이 있습니다. 그것은 우리의 능력이 아니라 성령으로 말미암아 받는 성령의 도우심의 능력입니다. 즉, 우리는 모든 계명을 성령의 도우심으로 행합니다. 주의 계명은 성령의 도우심이 있어야만 행할 수 있습니다. 성령의 도우심을 붙들지 않는 순간, 우리는 바로 넘어지게 됩니다. 그러므로 날마다 기도하고, 항상 말씀을 가까이하며, 마음과 생각을 언제나 주를 향해 열고 있어야 합니다. 그래서 깨어 있으라고 하는 것입니다. 다윗을 포함해 성경 속 수많은 인물들도 자기의 힘으로는 순종할 수 없었습니다. 바울은 그것을 너무 잘 알고 "날마다 나를 쳐서 복종시킨다"고 말했습니다. 이 말은 성화가 자신의 힘이 아니라 성령의 능력으로 되는 것인 줄 알기 때문에 날마다 성령님의 도우심만 붙든다는 뜻입니다.

우리는 "새 생명 가운데서 행하라"는 부름을 받고 있다는 사실을 의식하고 있어야만 변화를 누릴 수 있습니다. 때로 우리는 자기 자신이나 누군가의 변하지 않는 성격을 보면서 "하나님께서도 바꾸지 못하신다"고 생각합니다. 어떤 부부는 "성령 하나님도 성격은 못 바꾸시네"라고 하며 서로를 쳐다봅니다. "그래서 당신이 그 모양이야" 하며 손가락질을 하는데, 그러고도 은혜를 받았다고 합니다. 하지만 그것은 은혜를 잘못 받은 것입니다. 성령님도 못 바꾸신다는 말은 신학적으로 틀린 말입니다. 안 변하는 이유는 딱 하나입니다. 성령의 도우심을 구하면 바뀌는데, 구하지 않으니 바뀌지 않는 것입니다. 날마다 성령의 도우심을 붙들고 있으면 그 사람은 분명 변할 것입니다. 성령의 도우심을 날마다 붙들지 않기 때문에 안 변하는 것입니다. 죄지을 때 성령의 도우심을 붙들고 죄짓는 사람은 없지 않습니까? 예수님은 죄를 범하는 자는 다 죄의 종이라고 말씀하셨습니다. 그러나 예수님이 우리를 자유케 하셨고, 우리는 그리스도 안에서 참 자유자가 되었습니다. 그 자유는 성령의 도우심을 붙들어야 가능합니다. 이것이 본문의 가르침입니다. 우리는 율법의 정죄 아래 있는 사람이 아니요 열매 맺기 위하여 부르심을 받은 성령 안에 있는 사람들입니다. 이 기쁨과 자랑과 행복을 풍족하게 누리기를 주의 이름으로 축복합니다.

36. 그러면 율법이 죄인가

그런즉 우리가 무슨 말을 하리요 율법이 죄냐 그럴 수 없느니라. 율법으로 말미암지 않고는 내가 죄를 알지 못하였으니, 곧 율법이 탐내지 말라 하지 아니하였더라면 내가 탐심을 알지 못하였으리라. 그러나 죄가 기회를 타서 계명으로 말미암아 내 속에서 온갖 탐심을 이루었나니 이는 율법이 없으면 죄가 죽은 것임이라. 전에 율법을 깨닫지 못했을 때에는 내가 살았더니 계명이 이르매 죄는 살아나고 나는 죽었도다. 생명에 이르게 할 그 계명이 내게 대하여 도리어 사망에 이르게 하는 것이 되었도다. 죄가 기회를 타서 계명으로 말미암아 나를 속이고 그것으로 나를 죽였는지라. 이로 보건대 율법은 거룩하고 계명도 거룩하고 의로우며 선하도다 그런즉 선한 것이 내게 사망이 되었느냐 그럴 수 없느니라. 오직 죄가 죄로 드러나기 위하여 선한 그것으로 말미암아 나를 죽게 만들었으니 이는 계명으로 말미암아 죄로 심히 죄 되게 하려 함이라. 로마서 7:7-13

율법은 죄를 깨닫게 한다

율법은 우리에게 죄를 깨닫게 합니다. 율법으로 말미암아 우리가 죄를 죄로 인식하게 되고, 또 율법으로 말미암아 죄가 기회를 타서 오히려 죄를 짓게 되는 것이 우리의 영적 실상입니다. 율법이 우리 안에 역사해서 결국 우리가 그것으로 인해 사망의 열매를 맺게 된다면 그 율법은 좋은 것이냐, 나쁜 것이냐? 하나님은 왜 우리에게 율법을 주셔서 그 율법으로 말미암아 죄와 사망의 열매를 맺게 하시느냐? 사실 이것은 어리석은 질문이지만 이 질문에 대한 답을 본문을 통해 살펴볼 수 있습니다. "율법이 죄를 일으키니 율법 자체가 악한 것이 아니냐? 율법이 없었다면 죄가 없었을 것이요. 율법이 죄를 일으키니 율법 자체가 문제다"라는 시각에 대해 본문 7절은 "그런즉 우리가 무슨 말을 하리요"라고 반문을 하면서 답을 줍니다. 답은 아주 간단하고 확실합니다. 그리고 확정적입니다. "율법이 죄냐 그럴 수 없느니라." 그 이유가 본문 7절에 이어서 나옵니다.

> "율법으로 말미암지 않고는 내가 죄를 알지 못하였으니 곧 율법이 탐내지
> 말라 하지 아니하였더라면 내가 탐심을 알지 못하였으리라."

이 말의 전제는 율법 자체 안에 죄악이 있는 것이 아니라 율법으로 인해 우리 안에 있는 죄악이 드러난다는 점입니다. 하나님이 우리에게 남겨주신 양심은 우리 안에 있는 죄악성을 감지합니다. 그러나 양심이 굳어지면 그 죄악의 요소를 감지하지 못합니다. 양심이 완악해지고 둔해지면 제대로 기능을 못하는 것입니다. 죄악을 분별하는 지식이 없는 상황 속에 율법을 받으면, 무뎌진 양심으로 자각하지 못하는 나의 죄악 된 내면이 그대로 드러납니다. 율법이 아니면 탐심도 죄라는 것을 몰랐을 텐데 율법이 "탐심을 갖지 말라"고 하니 비로소 죄라고 깨닫는 것입니다.

주님은 십계명을 주시며 마지막에 남의 것을 탐내지 말라고 하셨습니다. 사실 "도둑질하지 말라" 속에 이미 "탐내지 말라"가 있고, "간음하지 말라"는 말씀 속에 혼인의 법도를 벗어난 음욕으로 탐하지 말라는 말씀이 있는 것입니다. 이미 앞의 계명 속에 탐심에 대한 경고가 있는데, 어찌하여 마지막 열 번째 계명에 탐심을 금하는 말씀을 또 주신 걸까요?

열 번째 계명은 내면의 부패성에 대한 계명입니다. 탐하지 말라는 말씀에 따라 이 한 계명이 나머지 계명을 지배합니다. 즉, 한 계명

이 나머지 아홉 계명을 해석하는 상호적 연관성을 갖습니다. 그러니까 탐심에 대한 금령은 "살인하지 말라"는 명령 안에서 해석의 깊이가 더해집니다. 나아가 형제를 미워하는 것도 이미 살인죄를 저지른 것이라고 해석할 수 있는 여지를 열어줍니다. 다시 말해서, 탐심에 대한 금령을 아예 십계명 안에 넣어 주심으로 모든 외적으로 확인되는 죄의 근원적인 뿌리가 우리의 본성의 부패함에 있다는 사실을 들여다보게 하셨고, 그것을 금하십니다. 즉, 율법으로 인해서 죄를 깨달았다는 말은 하나님이 기뻐하시지 않는 행동을 했다는 자각이나 그 행위를 하고자 발동한 의지가 나빴다는 자각에 그치는 것이 아니라, 의지 자체를 움직이는 가장 근원적인 세력인 죄 된 욕망, 곧 심령 깊은 영혼의 뿌리까지 들여다보는 것을 뜻합니다. 그리고 그것을 '탐심'이라고 정의 내린 것입니다.

탐심, 정욕은 만 가지 악의 근원이라고 했습니다. 율법은 우리를 양파 껍질 벗기듯 벗깁니다. 우리의 심령이 완전히 다 벗겨지고 나면, 마지막에는 지글지글 끓어오르는 탐심의 불덩어리가 있을 것입니다. 그래서 이 불덩어리까지 다 벗기고 하나님의 은혜로 회개하게 하시며, 성령의 은혜로 이 욕망의 불씨를 약화시키도록 이끌어 가십니다. 불행하게도 이 땅에 사는 동안 불씨는 완전히 꺼지지 않습니다. 그래서 하나님은 우리의 연약함을 연단의 기회로 바꾸시고 우리를 성화의 길로 이끌어 가십니다. 꺼지지 않는 이 욕망의 불씨로 인해 자신에게 의의 가능성이 없음을 절망하고 탄식하게 하며, 십자가만이 생명인 것을 절감하게 하고, 내 힘이 아니라 성령 하나님의 능력을 기도로 구하게 하십니다. 그리하여 그 불씨가 더는 뜨겁게 달아오르지 않도록 식히고 가라앉히는 은혜의 역사를 이루어 가십니다. 그것이 구원받은 자들에게 주시는 성령 하나님의 끊임없는 은혜입니다. 계속해서 8절을 보겠습니다.

> "그러나 죄가 기회를 타서 계명으로 말미암아 내 속에서 온갖 탐심을 이루었나니 이는 율법이 없으면 죄가 죽은 것임이라."

이는 어떻게 율법이 죄를 깨닫게 하는지를 설명하는 것입니다. 율법은 죄를 깨닫게 하는 하나의 기회를 제공하는 것입니다. 하지만 멀쩡하게 있는 사람에게 계명을 주어서 탐심이 일어나게 했다"고 8절을 해석하면, 계명 자체는 우리에게 나쁜 것이 됩니다. 그런데 8절의 뜻은 그게 아닙니다. 여기서 사도 바울은 계명과 율법을 동의어로 쓰면서 계명이 없었으면 드러나지 않았을 나의 죄악된 본성이 터져나온다고 합니다. 내 안에 탐심이라는 것이 자리를 틀고 있으면서 죄를 격동케 하는 줄을 몰랐는데, 계명을 통해 죄라는 것을 알게 될 뿐만 아니라 더 나아가서는 죄인 줄을 알면서도 그것을 도리어 행하도록 탐심을 자극하여 부추기는 죄의 세력이 있다는 것을 발견하게 됩니다. 그래서 계명이 죄를 깨닫게 했다고 말하는 것입니다.

사실 주님이 하지 말라고 하신 것이 내 욕망을 자극해서 들어오면 괴롭습니다. 욕심이 나지 않는 대상에 대해서는 탐하지 말라는 계명이 어렵지 않습니다. 예를 들어, 저는 양고기를 먹지 않기 때문에 양고기는 욕심이 나지 않습니다. 하지만 닭고기는 다릅니다. 제가 좋아하는 것이기 때문에 탐심이 일어날 수 있습니다. 제가 바라지 않는 것, 대단치 않게 여기는 것, 관심 없는 것은 탐심에서 좀 자유롭습니다. 그런데 내가 조금이라도 바라는 것이 있으면 탐하는 마음 자체를 지워내질 못합니다. 그렇게 마음속에 많은 죄들이 행동으로 나오기 전에 상상과 마음속의 욕망으로 자리잡고 있는 것입니다. 죄 된 욕망 자체는 왜 안 지워지고 남는 걸까요? 그것은 하나님이 금하신 것이기 때문에 더욱더 있기도 합니다. 나는 원하는데 하나님은 금하시니 더욱 반발심과 갈등이 일어나고 그러한 상태에서 끝내 죄를 따라가는 영적 실상이 현저하게 드러나는 것입니다.

9절에는 "전에 율법을 깨닫지 못했을 때에는 내가 살았더니 계명이 이르매 죄는 살아나고 나는 죽었도다"라고 나옵니다. 이 구절도 얼핏 보면 계명이 나쁜 것처럼 보입니다. 계명이 와서 죄는 죽이고 의는 살아나게 했다면 그 계명은 도움이 되는 것일 텐데, 반대로 계명이 와서 죄는 살아나고 나는 죽게 했다고 하니 이게 무슨 도움이 되는가 싶습니다. 그런데 이 말씀은 그런 의미가 아닙니다. 율법을 몰랐을 때, 우리는 하나님이 보시기에 죽은 자였지만 우리의 부패한 욕망 가운데 지내면서도 잘 살고 있다고 생각했다는 것입니다. 에베소서 2장 1-3절은 "그는 허물과 죄로 죽었던 너희를 살리셨도다 그 때에 너희는 그 가운데서 행하여 이 세상 풍조를 따르고 공중의 권세 잡은 자를 따랐으니 곧 지금 불순종의 아들들 가운데서 역사하는 영이라 전에는 우리도 다 그 가운데서 우리 육체의 욕심을 따라 지내며 육체와 마음의 원하는 것을 하여 다른 이들과 같이 본질상 진노의 자녀이었더니"라고 말씀합니다.

이처럼 말씀에서 가리키는 것은 허물과 죄로 인하여 죽은 자입니다. 죽은 자는 이 세상 풍조를 따르고 악한 영을 따르며 육체의 욕심을 따라 마음에 원하는 것을 하며 살아갑니다. 그는 하나님이 보시기에 본질상 진노의 자녀입니다. 그런데 본질상 진노의 자녀요, 허물과 죄로 죽은 자가 계명이 없었을 때는 자기가 살아 있는 줄 알다가 율법을 깨닫고 나면 자신이 산 자가 아니고 죽은 자였다는 사실을 알게 됩니다. 그리고 율법을 마주하고 서서 자기 안에 역사하고 있는 힘을 보니, 그 힘이 사실은 죄가 펄펄 살아 있는 것임을 보여주고 있음을 알게 되는 것입니다. 즉 하나님 앞에서 자기는 죽은 자요, 내 안에서 죄의 세력이 펄펄 힘을 내며 살고 있었다는 사실을 알게 된 것입니다. 9절 말씀은 바로 이것을 이야기하는 것입니다.

칼빈은 이 말씀을 이렇게 풀이했습니다. "내가 율법을 알지 못하는 상태에서 죄를 지었을 때는 내가 나의 죄를 전혀 주목하지 않기 때문에 죄가 잠들어 있어 죽은 것처럼 보였다." 그래서 우리가 실제로 죄를 짓고 있으면서도 내 자신이 죄인 같아 보이지 않았기 때문에 스스로 만족하며 살아 있는 자라고 여겼던 것입니다. 영적인 혼동과 착각 속에 있었던 것입니다. 그런데 미혹된 세상 속에서 착각하던 그 죽은 감각을 성령 하나님이 일깨우십니다. 그리고 계명을 통해서 자신의 죄를 주목하게 됩니다. 그리하여 자신이 죽은 자요 자신 안에 죄의 세력이 있다는 사실까지 깨닫는 데에 이르게 됩니다. 그것을 깨달은 사람에게는 구원의 길이 열립니다. 그 사람에게 회개의 역사가 일어나기 때문입니다. 반대로 계명을 들이대도 자신의 죄를 알지 못하는 사람은 회개하지 않으며 구원의 길로 나가지 못합니다. 여기서 주목해야 할 진리가 있습니다. 계명 자체뿐만 아니라 계명과 함께하는 성령의 은혜가 있어야 한다는 사실입니다. 신자들은 십계명을 보면 자신의 죄인 됨을 보게 되는데 그것이 성령의 은혜입니다. 따라서 엄격하게 말하면 9절 말씀은 신자만 할 수 있는 고백입니다.

하나님의 말씀이 깨닫게 한다

10-11절을 보겠습니다.

> "생명에 이르게 할 그 계명이 내게 대하여 도리어 사망에 이르게 하는 것이 되었도다 죄가 기회를 타서 계명으로 말미암아 나를 속이고 그것으로 나를 죽였는지라."

계명은 우선 하나님의 형상으로 만들어진 우리가 마땅히 지키며 살아야 할 규범을 보여줍니다. 첫 번째 계명은 "선악을 알게 하는 나무의 과실을 따먹지 말라"는 것이었습니다. 그 계명은 우리를 죽이는 것이 아니라 살리기 위한 계명이었습니다. 그런데 그 생명의 길을 우리가 죽음의 길로 바꾸어버렸습니다. 율법 자체는 하나님이 우리에게 생명으로 나아가는 길을 보여주기 위해 주신 것인데, 결과적으로는 생명이 아니라 죽음으로 이끄는 길이 되었습니다. 왜 그렇게 되는 것입니까? 그 이유를 11절에서 확인할 수 있습니다.

"죄가 기회를 타서 계명으로 말미암아 나를 속이고 그것으로 나를 죽였는지라."

그 근본적 이유는 계명이 아니라 죄에 있다고 합니다. 여기서 죄는 우리의 부패성을 가리킵니다. 우리의 부패성이 율법이 행하라는 것을 하기 싫어하고 금한 것은 행하고자 애쓰니, 결국 이 부패성이 나를 속인 것이라는 말입니다.

성령의 깨우침을 받지 못한 타락한 자의 양심은 무뎌져 있어서 그 양심이 그들의 죄를 고발하지 않습니다. 이 정도면 괜찮다고 타협하게 합니다. 그러다가 죽은 다음 하나님 앞에 갔을 때 양심이 나에 대해 증언하러 나올 것입니다. 이 양심이 우리의 고발자가 되어 서는 것입니다. 나와 함께 살아온 양심은 사는 동안에 나를 속이고 죄에 대하여 무딘 감각으로 살아도 괜찮다고 하던 양심이었습니다. 그런데 그 양심이 하나님 앞에 서는 순간 나를 고발하는 양심으로 변합니다. 양심은 일종의 기록 장치이자 기억 장치이자 블랙박스와 같습니다. 사는 동안 죄에 대해 괜찮다고 말하며 나를 속인 무딘 양심이었지 않습니까? 그런데 그 양심이 내가 죽었을 때 나의 모든 죄를 낱낱이 기억하고 있는 고발자로 서게 되니 그때에 다시 한번 나를 배신하며 속이게 되는 것입니다. 그래서 예수 그리스도의 십자가 보혈로 죄 사함을 받지 못한 사람은 하나님 앞에서 낱낱이 그 죄가 드러날 것이고, 죗값으로 무서운 심판을 피할 수 없게 될 것입니다.

마지막 심판 날에 가서야 자신이 몰랐던 무지함이 드러날 것입니다. 양심이 자신의 고발자가 된 상황에서 자신의 죄를 괜찮다고 말한 양심에게 속았다는 생각을 하게 될 것입니다. 그러나 그 책임은 어느 누구에게도 돌릴 수 없습니다. 스스로 한탄할 뿐입니다. "내가 미련하고 짐승 같은 자였구나. 어찌 이 죄를 몰랐단 말인가." 하나님 말씀에 적혀 있는 죄를 죄로 모르는 사람은 짐승 같은 자입니다. 그런데 여기서 역설이 일어납니다. 만일 어떤 자가 자신이 미련한 짐승과 같았다는 것을 깨닫고 한탄한다면, 그래서 그가 그리스도에게로 나아간다면 그는 멸망자가 아니라 구원을 받은 살아있는 자가 됩니다. 죄를 깨닫는 것은 단지 죄의 어떤 행위가 죄인 줄 아는 것을 넘어서, 사람은 결코 노력하여 선을 이룰 수 없고 본래부터 악한 부패성을 가진 자라는 것에 대한 자각을 포함합니다. 그리고 인간이 생각하는 도덕적인 노력과 한계를 넘어 창조주 하나님에 대한 영적인 부패가 있다는 사실을 아는 것입니다. 그리고 이러한 깨달음은 성령의 은혜를 입은 자에게 가능한 일입니다. 죄인은 자신의 양심이 자신의 부패성과 악한 행실을 고발할 때에 자신이 과연 그러하다고 인정하고 고백하지 않습니다. 도리어 변명하며 자신을 합리화하려고 합니다. 그러나 자신의 양심이 자신의 부패성과 악행을 증언함으로 핑계하지 못하게 됩니다.

주변에 도덕적으로 착해서 법 없이도 살 것 같다는 사람이 있습니다. 도덕적으로 착하게 살려고 애를 쓰는 그는 도덕적으로 허물이 많은 그리스도인데 비해 도리어 훌륭하다는 평가를 받게 됩니다. 즉, 인격적인 수준과 평가는 신앙 안에 들어왔다고 해서 쉽게 눈에 보이도록 바뀌는 것이 아닙니다. 하나님의 은혜로 연단하고 성화되어 가는 길을 걸어야 신앙의 성숙과 인격적 성숙을 이룰 수 있습니다. 그렇지 않은 사람은 그런 미진한 상태로 신앙 안에 있다가 세상을 떠날 것입니다. 경건의 분량과 깊이는 모든 신자에게 동일한 것이 아니라 개인의 차이가 있습니다. 따라서 예수를 믿는 사람들 가운데 신자가 아닌 사람보다 인격적 성숙이 떨어지는 사람들이 상당히 있습니다. 그럼에도 신자는 용서받은 사람들입니다. 이러한 사실과 관련하여, 세상 사람들은 도저히 납득하지 못하여 하나님과 복음을 향하여 저항하는 이유로 삼습니다.

궁극적으로, 하나님 앞에 죄인 됨을 깨닫는 순간에 자신의 영적 실상을 깨닫고 하나님의 계명이 나를 살리는 것이 아니라 나를 죽였다고 고백하는 사람, 자신의 부패성이 자기를 죽였다는 사실까지 보는 사람, 예수의 십자가와 하나님의 긍휼 외에는 살 길이 없다고 고백하는 사람은 일반적인 인격이 미성숙해도 구원을 받습니다. 그것이 하나님의 은혜입니다. 하나님은 인격이 성숙한 사람만 구원하시는 것이 아닙니다. 그분은 예수를 믿고 회개하는 사람을 구원하십니다. 그러므로 우리는 주변에서 예수를 믿는데 이해할 수 없는 사람을 보며, 그도 하나님이 구원하실 수 있다고 생각해야 합니다. 하나님은,

우리가 생각하기에 도대체 열매가 있을까 싶은 사람일지라도 구원을 베푸십니다. 그리고 마침내 그들에게 열매의 흔적이 비록 적을지라도 반드시 나타나게 하십니다. 그것이 하나님이 우리에게 보이시는 긍휼입니다. 성도 가운데 인격적으로 심각한 문제가 있어서 서로 비난하고 싸우는 이들이 있다고 생각해봅시다. 우리는 그들이 구원을 받은 사람일까 의구심을 가질 수도 있습니다. 그러나 사람을 가려내어 구원받지 못한 자와 구원받은 자를 판단하려고 해서는 결코 안 됩니다. 교회 안에는 하나님의 선택을 받아 중생한 사람과 그렇지 못한 사람이 있을 수 있습니다. 이 사실을 이유로 내세워 목회자가 중생한 자와 중생하지 못한 자를 가려내어서 하나님의 참 백성(알곡)만 남게 해서 교회를 지키는 게 목표라고 생각해서는 안 됩니다. 오히려 이와 반대로, 교회 안에 있는 모든 사람을 하나님의 백성으로 알고 목회를 하는 것이 마땅합니다. 적어도 스스로 신앙을 부인하고 교회를 떠나는 배도자로 자신을 드러내기까지는 교회에 출석하는 교인을 가려내어 구원을 받지 못하는 유기된 자라고 미리 섣불리 판정을 내리면 안 됩니다. 그들을 가려내는 일은 하나님이 하시는 것이지, 사람이 하려고 하면 죄를 짓게 됩니다.

우리는 다 죄인이지만, 구원하지 못할 자가 없으신 하나님의 긍휼을 믿어야 합니다. 여기서 구원받는 죄인이란 아름다운 회개의 열매를 맺는 사람만을 뜻하는 것이 아닙니다. 회개의 아름다운 열매라고 내세울 것은 없지만, 부끄러움을 무릅쓰고 용서를 빌며 주님 앞에 엎드려 그리스도의 용서의 은혜를 구하는 자들도 포함됩니다. 사실 사람이 얼마나 변하겠습니까? 사람이 지니고 있는 옛 본성은 쉽사리 사라지지 않습니다. 그렇기에 사람은 믿은 이후에도 변하지 않는 모습을 보이기도 합니다. 이러한 맥락에서 볼 때, 율법은 우리를 바꾸지 못한다는 사실을 이해할 수 있습니다. 계명은 본래 우리가 마땅히 지키며 살아가야 할 규범이지만, 우리의 인격을 변화시키는 힘은 없기 때문입니다. 오히려 죄에 대한 본성을 드러내고 그 죄의 본성이 계명의 금하는 것을 하고자 하는 욕망의 기회를 삼아서 불순종하여 더욱 죄를 짓게 합니다. 그래서 우리가 죄인임을 더욱더 보여주는 것입니다. 계명이 어떻게 우리를 바꾸어 나가는 삶의 표준과 규범이 되겠습니까? 여기에는 성령의 능력이 필요합니다. 성령님이 우리를 바꾸어 주시는 힘이 있어야 비로소 계명이 우리 삶의 표준과 규범이 됩니다. 12절을 보겠습니다.

"이로 보건대 율법은 거룩하고 계명도 거룩하고 의로우며 선하도다."

본문은 결국 우리의 죄를 드러내는 율법이 거룩하고 선하며 의롭다고 선언합니다. 즉, "그런즉 우리가 무슨 말을 하리요 율법이 죄냐 그럴 수 없느니라"라는 7절에 대해 결론을 내립니다. 그리고 13절은 7-12절의 내용에 대한 요약입니다.

"그런즉 선한 것이 내게 사망이 되었느냐 그럴 수 없느니라 오직 죄가 죄로 드러나기 위하여 선한 그것으로 말미암아 나를 죽게 만들었으니 이는 계명으로 말미암아 죄로 심히 죄 되게 하려 함이라."

율법은 우리에게 사망을 가져다주지만 율법 자체가 사망을 주는 것은 아닙니다. 우리의 내면 속 영혼 깊은 곳에 자리 잡고 있는 죄의 부패한 본성이 율법을 기회로 삼아서 죄를 짓게 하고, 그로 인해 우리가 사망에 이른 자였음을 드러내기 때문에 사망에 이른다고 하는 것입니다. 사망의 책임을 율법과 계명에 돌리는 것은 안 됩니다. 그것이 바로 아담의 죄의 속성이었습니다. 그는 "하나님께서 내게 준 저 여자가 나로 선악과를 먹게 하였고, 저 여자는 당신이 만든 뱀이 간교하게 속여서 그랬습니다"라고 말했습니다. 결국 선악과를 만든 하나님께 책임을 돌린 것입니다.

많은 사람이 "하나님은 왜 선악과를 만들어서 죄를 짓게 하셨는가?"에 대한 의문을 갖고 하나님을 이해할 수 없는 분이라고 생각합니다. 그러나 그 선악과에도 우리의 모습을 드러나게 하시려는 그분의 의도가 있습니다. 또 어떤 사람들은 계명으로 인하여 죄가 죄로 드러나게 되었으며, 사망에 이르게 되었다는 사실로 인해 "계명이 악하다. 계명을 주신 하나님이 악하다"라고 판단하는 마음을 갖습니다. 이것은 죄의 근본으로 "하나님이 본래 안 계시다면 우리가 심판을 받을 필요가 없지 않느냐"라는 생각과 같은 것입니다. 그러나 이것은 하나님을 지우고 우리가 스스로 주인 되어 살아가려는 악한 인본주의적 죄일 뿐입니다. 안타깝게도, 이것이 오늘날의 시대정신입니다. 그리고 이 시대뿐만 아니라 타락 이후 모든 시대에 있었던 인간의 정신을 지배하는 원리입니다. 계명은 우리에게 바로 이런 모습이 있다는 것을 드러내줍니다. 지금까지 함께 살핀 본문 말씀을 토대로 계명과 율법의 역할을 제대로 깨닫고 살아가는 여러분이 되기를 축원합니다.

37. 오호라, 나는 곤고한 사람이로다

우리가 율법은 신령한 줄 알거니와 나는 육신에 속하여 죄 아래에 팔렸도다. 내가 행하는 것을 내가 알지 못하노니 곧 내가 원하는 것은 행하지 아니하고 도리어 미워하는 것을 행함이라. 만일 내가 원하지 아니하는 그것을 행하면 내가 이로써 율법이 선한 것을 시인하노니 이제는 그것을 행하는 자가 내가 아니요 내 속에 거하는 죄니라. 내 속 곧 내 육신에 선한 것이 거하지 아니하는 줄을 아노니 원함은 내게 있으나 선을 행하는 것은 없노라. 내가 원하는 바 선은 행하지 아니하고 도리어 원하지 아니하는 바 악을 행하는도다. 만일 내가 원하지 아니하는 그것을 하면 이를 행하는 자는 내가 아니요 내 속에 거하는 죄니라. 그러므로 내가 한 법을 깨달았노니 곧 선을 행하기 원하는 나에게 악이 함께 있는 것이로다. 내 속사람으로는 하나님의 법을 즐거워하되, 내 지체 속에서 한 다른 법이 내 마음의 법과 싸워 내 지체 속에 있는 죄의 법으로 나를 사로잡는 것을 보는도다. 오호라. 나는 곤고한 사람이로다. 이 사망의 몸에서 누가 나를 건져내랴. 우리 주 예수 그리스도로 말미암아 하나님께 감사하리로다. 그런즉 내 자신이 마음으로는 하나님의 법을 육신으로는 죄의 법을 섬기노라. 로마서 7:14-25

신자의 탄식과 고백

예수님을 믿고 하나님의 자녀가 되면, 바로 하나님의 법도, 곧 '율법'을 알게 됩니다. 이전에는 양심에 따라 회개를 했지만, 신앙생활을 하면서 하나님의 율법의 엄밀함과 엄숙함을 깨달으면 회개의 깊이와 넓이가 달라집니다. 율법은 사람이 아니라 하나님께로부터 온 것이므로 본문 14절에서 "율법은 신령한 줄 알거니와"라고 표현합니다. '신령하다'는 것은 첫 번째로 "그 기원이 하나님에게 있다"라는 의미와 두 번째로 "따라서 그것은 세상에 있는 어떤 것과 같은 것이 아니고 거룩한 것이다"라는 의미입니다. 율법은 하나님께로부터 온 것으로 피조물인 인간이 마땅히 지키고 순종해야 할 절대적이며 권위 있는 규범입니다. 따라서 인간이 그것을 불순종하면 죄를 짓는 것이고, 순종하면 온전케 됩니다.

그런데 본문 14절에서 "나는 육신에 속하여 죄 아래에 팔렸도다"

라는 참 비참한 말을 합니다. 육신에 속하였다는 말은 육체의 정욕을 따라 사는 자가 되었다는 뜻입니다. 여기서 말하는 '육신'은 타락 이후에 인간의 자연 본성 안에 드리워진 죄의 정욕에 따라 살아가는 존재성을 의미합니다. 그리고 죄 아래에 팔렸으니 그 사람의 주인이 죄라는 것입니다. 즉, 이 말씀은 자신이 죄의 종 노릇을 하고 있다는 비참한 영적 현실을 깊이 깨닫고 하나님 앞에서 탄식하는 고백입니다. 이것은 신자만이 할 수 있는 신자의 고백입니다. 신자가 아닌 자는 같은 죄를 범했어도 "내가 죄 아래에 팔렸도다"라고 생각하지 않습니다. 오히려 "내가 뜻한 바를 이루었도다"라고 생각합니다. 죄로 인한 결과로 당할 형벌의 두려움 때문에 죄를 범한 것을 후회할지는 모르지만, 신자의 탄식이나 고백이 그들에게는 없습니다. 믿지 않는 사람들은 죄를 짓는 일로 말미암아 양심의 가책을 느끼고 심판의 두려움을 가져도 자신이 죄를 주인으로 삼고 살았다고 생각하지 않습니다. 자신이 죄를 범했고 자기가 범한 죄는 스스로 얼마든지 피할 수 있다는 자기 주체 의식을 가지고 있기 때문에, 자신이 죄의 세력을 다스린다고 생각합니다. 지금 본문의 말씀과 반대입니다. 본문에서 신자는 죄를 범한 이후에 "나는 죄 아래에 팔렸으니까 나를 주장하고 이끄는 것은 죄구나"라는 상황 인식과 내면에 대한 깊은 통찰로 나아갑니다.

두 가지 진실

15절을 보니 자기의 경험에 대한 영적 관찰이 나옵니다.

> "내가 행하는 것을 내가 알지 못하노니 곧 내가 원하는 것은 행하지 아니
> 하고 도리어 미워하는 것을 행함이라."

"내가 행하는 것을 내가 알지 못하노니"라는 말은 자기가 무엇을 행했는지 모르겠다는 뜻이 아닙니다. 이는 "그것은 내가 본래 행하고자 한 것이 아닌데, 내가 그것을 했다. 그것은 전혀 내가 원한 게 아니었다"라는 뜻을 담고 있습니다. 그렇다면 내가 "원하는 것"은 도대체 무엇이었습니까? 내가 원한 것과 행한 것 사이의 간격이 얼마나 크기에 내가 알지 못했다고 표현한 것입니까? 그 답은 중생자의 고백 속에 있습니다. "나는 거듭난 사람이요 하나님 앞에 바라는 것이 있는데 내 안에 여전히 남아 있는 타락한 본성이 작용하여 나에게 어떤 일을 행하게 했으니, 그것은 내가 중생자로서 생각할 수도 없는 일을 하게 했다"는 것입니다. 그가 "원하는 것"은 중생한 사람으로서 성령을 좇아 새로운 본성에 따르는 것이었습니다. 또한 "내가 행하는 것을 내가 알지 못하노니"라는 말은 "내게 책임이 없다"는 뜻이 아닙니다. 이 고백을 마치 "내가 원하여 죄를 지은 것이 아니다. 내가 정말 원하는 것은 하나님의 거룩한 율법을 순종하는 것이었다"라고 오해할 수 있는데 그 뜻이 아닙니다.

성령으로 말미암아 중생자의 참된 자아가 원하는 것은 순종이지만, 그의 안에 남아 있는 육신의 죄에 따라 살아가고자 하는 본성의 흔적과 잔재는 여전히 우리 가운데 위력을 발휘해서 죄를 짓게 됩니다. 즉, 죄를 짓기 원하는 나의 본성은 중생자로서 성령으로 새롭게 된 나의 본성 편에서 보면 생각할 수도 없는 것입니다. 그런데 그 둘은 다 '나'라는 인격성이요, '나의 의지'를 발동하여 사용하는 것입니다. 그러므로 죄를 짓는 것도, 성령의 은혜로 순종하는 것도 모두 내가 원하여 행하는 것입니다.

하나님 앞에서 살아가는 성도의 거룩한 성화는 자원하는 기쁨 가운데 이루어지는 것입니다. 율법의 멍에요, 형벌에 대한 두려움 때문에 하나님 말씀에 순종하는 것은 성화의 행복을 모르는 것입니다. 그것은 성화의 온전성이 아니라 그저 종의 두려움 때문에 하는 것입니다. 그러나 그 마음은 신자가 아니어도 갖는 심령입니다. 마치 무당을 따르는 사람들이 귀신에 대한 두려움 때문에 그 비위를 맞추는 것과 같습니다.

신자가 하나님께 불순종했을 때 당할 징계가 두려워서, 순종했을 때 받을 칭찬 때문에 경건에 힘쓰는 것은 성숙한 성화로 나가는 과정입니다. 하나님의 징계와 칭찬은 우리가 성화의 길로 가도록 자극하고 이끌어 줍니다. 그러나 이러한 것들보다 더 깊은 곳에 하나님을 사랑하고 그분이 베푸신 은혜에 대한 감사의 마음이 자리하고 있어야 합니다. 이런 마음으로 인하여 징계받을 일을 피하고, 칭찬받을 일에 힘쓰는 것은 훌륭하고 성숙한 성화의 모습입니다. 자기 성찰을 하며 돌이키는 것은 항상 있는 일이지만, 그것만으로는 하나님의 말씀 앞에서 자신을 바꾸고 돌이켜 회개하며 주의 뜻대로 살아가는 경건의 모양을 이룰 수는 없습니다. 그것은 우리를 절제하게 하시고 우리를 다스리시는 하나님의 한 가지 방식입니다. 이제는 거룩함 자체에 대한 열망과 기쁨과 환희를 가져야 합니다. 영적 경건은 즐거움과 기쁨 가운데 행하여지는 것이지, 억압의 고통으로 되어지는 일이 아닙니다.

성령으로 거듭난 중생자는 하나님의 말씀 앞에서 살고 싶은 열망을 갖습니다. 따라서 우리의 마음속에는 다 그것이 있습니다. 그래서 예배하고 찬송하고 기도하고 말씀을 보고 설교를 듣는 것을 기뻐하며 자원하는 것입니다. 그런데 우리 안에 여전히 죄의 습관이 남아 있어 육신의 정욕이 우리를 다스리려고 합니다. 연약한 죄 된 성품이 아직도 우리 안에 잔재하므로 때로는 매도 필요합니다. 그때 "이대로 있으면 안 되지"라는 하나님의 엄한 징계를 생각해볼 수 있는 것입니다. 그러나 중생자의 본래 마음속은 하나님을 향해 자원해 나아갑니다. 성령의 속사람으로 원하는 것이 주님을 향해 있는 것입니다.

깨달음과 회개

16-17절에는 사도 바울이 분명하게 선언하는 한 가지 영적 사실이 있습니다.

"만일 내가 원하지 아니하는 그것을 행하면 내가 이로써 율법이 선한 것을 시인하노니 이제는 그것을 행하는 자가 내가 아니요 내 속에 거하는 죄니라."

신자가 죄를 행하기를 원하지 않고 율법을 따라 살기를 원한다고 말한다면, 그 말은 진실입니다. 그러나 그럼에도 불구하고 신자는 죄를 범합니다. 억지로 죄를 범하나 봤더니 억지로 범하지는 않습니다. 그래서 어떤 사람들은 그를 향해 "주의 율례에 따라 살기를 원해놓고도 죄를 원하여 짓는 것을 보니, 당신은 이중인격이다. 우리는 네가 하나님 말씀대로 살고 싶다는 말의 진실성을 인정할 수 없다"고 판단할지 모릅니다.

그런데 그것이 그렇게 간단하게 판단할 수 없다는 사실을 알아야 합니다. 적어도 "하나님 앞에 제 영혼과 제 마음을 드립니다"라는 고백과 눈물은 진실입니다. 그러나 죄를 짓는 일도 원해서 지은 것이 사실입니다. 이 두 가지 진실이 우리 안에 같이 있습니다. "그리스도께서 본래 죄인인 자를 그분의 보혈로 정결케 하사, 정죄를 받을 만한 율법의 흔적을 지워주셨다"라는 의미에서 우리는 사면을 받은 자요, 무죄한 자요, 그리스도의 의를 덧입은 자요, 하나님의 자녀라는 특권을 받은 자요, 영생을 유업으로 약속받은 자입니다. 성령으로 변화된 은혜를 입은 우리의 인격의 정체성은 의인입니다. 하지만 옛 성품이 남아 있는 자리에서 새 성품이 자라고 있기 때문에 앞서 말한 갈등 구조가 항상 있는 것입니다. 따라서 남아 있는 육신의 잔재에 따라 내 의지를 작동시킬 때는 죄를 원하여 짓는 것이고, 성령의 새로운 성품에 따라 내 의지를 작동시킬 때는 주 앞에 기쁨으로 순종하는 것입니다. 둘 다 내가 한 것이고, 둘 다 사실입니다.

사도 바울이 율법을 유익하고 선하다고 말한 것은 율법이 하나님이 의도하신 대로 우리에게 제대로 기능한다는 뜻입니다. 우리는 율법을 통해 죄를 짓는 행위를 발견하게 됩니다. 죄지은 행위가 없었는데 갑자기 생겼다는 뜻이 아니라, 늘 죄를 짓던 자기의 모습을 재발견하는 것입니다. 이것이 영적 통찰입니다. 자기 안에 분명하게 존재하는, 부인할 수 없는 어떤 성향이나 세력을 확실하게 보는 것입니다. 대개 죄를 범한 후 "다음에는 안 해야지"라고 결심합니다. 안 할 수 있다고 생각하며 내 의지로 판단하는 것입니다. 그때 죄는 나에게서 외적인 것이 되고 나는 죄에 대해 중립적이 됩니다. 그래서 어떤 유혹이 있을 때라도 "신자로서 그렇게 살면 안 되지" 하면서 그 유혹에 넘어가지 않아야 하겠다고 결심합니다. 이것은 내가 죄를 외적인 것으로 보고 마음을 다스려 죄를 짓거나 안 지을 수도 있다고 여기는 것입니다. 그러나 사도 바울은 그렇게 말하지 않았습니다. "가만히 생각해보자. 네가 죄를 지을 때 너는 원하지 않으면서 왜 그랬느냐? 원하는 바를 왜 하지 않았느냐?" 이에 우리는 "누가 내 인격을 지배하고 있는 거 아니야?"라는 질문을 하게 됩니다. 그리고 자기 인격의 지배력이 나라면 내가 원하는 것을 해야 하는데 왜 못하는지를 생각해보게 됩니다. 그리고 자기 안에 어떤 세력이 있어서 내가 원하는 바를 하지 못하게 만들고 원하지 않는 바를 행하게 만든다는 것을 깨닫게 되는 것입니다.

인식이 여기까지 이를 때, 신자의 본격적인 회개가 이루어집니다. "다시는 안 하겠습니다"라는 회개는 믿지 않는 사람들도 다 하는 것입니다. 신자의 회개는 그것과 달라야 합니다. "하나님, 제가 이것을 원하여 행하고 말았습니다. 본래 저는 주께서 주신 말씀 앞에서 이것을 하지 않겠다고 마음먹었었습니다. 하지만 저의 죄성이 욕망대로 자원하여 이것을 행하였고, 이를 제가 부인할 수 없습니다. 그러나 한편으로는 이 죄를 행하지 않겠다고 했던 저의 진정성을 주께서 아실 것입니다. 제 안에 끊임없는 죄의 정욕이 저의 인격을 지배하고 그로써 나오는 악함이 제게 있음을 주 앞에 고백합니다. 하나님의 율법의 참된 뜻을 따라 '마음과 뜻과 힘을 다해 하나님을 사랑하는가'라는 관점에 저를 비추어볼 때, 저의 본래의 내면에는 그러한 모습이 들어 있지 않은 것을 고백합니다. 이 죄는 근원적으로 제가 하나님을 사랑하지 못한 것에서 비롯된 것입니다. 하나님의 대적자의 모습이 제 본래의 중심에 있습니다"라고 말하며 몸부림을 칩니다. 신자의 회개는 외적인 행동에 대한 결과가 아니라 내면의 깊은 통찰로 들어갑니다. 죄성과 전적 부패함에 대한 고백을 완전히 주 앞에 내어놓고 엎드리는 것입니다.

내 안에는 선한 것이 하나도 없다

이어서 본문은 인간에게 선이 없다고 말합니다. 선을 행하지 않고 악한 일만 행한다는 것이 아닙니다. 인간 안에 나타나는 외적인 모든 선의 가능성은 여전히 있는데, 그것이 하나님의 거룩한 율법이 요구하는 수준과 구원받은 자로서 이루어야 할 그리스도의 형상이라는 수준에 비추어볼 때는 항상 악하다는 것입니다. 그래서 신자는 자복하면서 "내게 선한 것이 없습니다"라고 고백하게 됩니다. 주변에 있는 성도들도 다 착하게 사는 것 같지만 늘 회개를 합니다. 그들이 시민법을 어겨서 회개하는 것입니까? 아닙니다. 그리스도의 형상의 높은 수준에 이르지 못하고 하나님 앞에서 온전한 거룩을 이뤄야 하는데 그렇지 못하기 때문에 회개하는 것입니다. 18절을 보겠습니다.

> "내 속 곧 내 육신에 선한 것이 거하지 아니하는 줄을 아노니 원함은 내게 있으나 선을 행하는 것은 없노라."

여기서 "내 속"은 육신을 가리킵니다. 그러면 육신은 무엇을 가리킵니까? 중생자에게 남아 있는 육신의 정욕, 곧 부패한 본성의 잔재와 흔적을 육신이라고 하는 것입니다. 18절은 내가 전적으로 항상 악한 일만 행한다는 의미가 아닙니다. 믿지 않는 사람에게 자연적인 선과 도덕적 선이 있는 것처럼, 그 선은 우리 안에도 있습니다. 그것은 당연한 것입니다. 그래서 우리는 온전히는 못하지만 일정한 수준으로 자연적인 선과 도덕적 선을 행합니다. 그 수준도 개인의 차이는 있습니다. 그러므로 "신자가 믿지 않는 사람보다 훨씬 못하다"라는 말을 너무 이상하게 생각할 것이 없습니다. 신자가 그들보다 더 훌륭한 도덕적 삶을 살아야 하는 것은 이상적 목표지만, 신자가 되었다고 해서 안 믿는 사람보다 자동적으로 또는 즉각적으로 도덕적인 성숙함을 더 훌륭하게 나타낸다는 실제적인 보장은 없습니다. 신자에게는 불신자에게 없는 영적 선이 물론 있습니다. 하나님을 사랑하고 감사하며 하나님의 교훈에 따라 살고자 하는 마음으로 그 교훈에 순종해 가는 영적인 의미의 선이 신자에게는 있습니다. 이러한 영적 선이 신자에게 있음에도 불구하고 왜 신자가 불신자에 비해서 도덕적으로 더 훌륭하거나 뛰어나지 못한 일이 있는 것입니까? 왜 그러합니까? 그 까닭은 신자라도 육신의 더러운 옛 성품이 그 안에 아직 남아 있고 그게 작동하면 아무리 경건을 위해 애써도 무너지게 되기 때문입니다. 어느 정도 경건 생활에 익숙해지고 과거 죄의 습관이 많이 없어지면 "아, 이제 내가 많이 변했구나. 이제 괜찮다"라는 생각이 들 수 있습니다. 그때 자신이 어느 정도 거룩한 성품이 됐다고 여길지도 모르는데 그것은 한순간에 무너질 수 있는 것입니다. 우리에게 나타난 작은 선의 결과도 우리의 힘으로 되는 일이 아니기 때문입니다. 그러므로 계속해서 거룩한 성품을 갖고 살아가려면, 평생 주의 도우심만 의지해 살아가야 합니다.

경건은 강 위에 있는 살얼음판과 같습니다. 한 발 딛고 안 빠져야 안심할 수 있는 것입니다. 그렇게 가다 보니 남들보다 멀리 가면 사람들이 대단하다고 합니다. 그렇게 경건 생활을 했다면 참으로 경건한 사람입니다. 그런데 그는 자기가 빠질 것 같다며 또 한 발자국을 움직입니다. 남들이 보기에는 그가 대단한 것 같지만 그는 사실 노심초사하며 가고 있는 것입니다. 결국 남들보다는 앞서 간 훌륭한 사람, 사도 바울과 같은 것입니다. 경건을 자랑할 사람은 아무도 없습니다. 우리는 때마다 붙들어주시는 하나님의 은혜 덕분에 사는 것입니다. 그래서 내 안에는 선한 것이 하나도 없다는 고백이 나오는 것입니다. 사도 바울도 이 고백을 했습니다.

왔다 갔다 하는 우리의 영적 실상

본문에서 그는 전적인 무능력을 고백합니다. 19절을 보겠습니다.

> "내가 원하는 바 선은 행하지 아니하고 도리어 원하지 아니하는 바 악을 행하는도다."

여기서는 전적인 무능력뿐만 아니라 죄를 향한 열망에 대한 실상을 고백합니다. 원하는 바를 행하고 원하지 않는 바는 행하지 않아야 하는데, 우리는 이와 반대로 행합니다. 우리는 그럴 만한 자유를 갖고 있지만 그렇게 하지 못합니다. 부조리요, 모순이 우리 안에 존재하는 것입니다. 이것은 신자에게 영적 싸움, 영적 갈등으로 나타납니다. 이런 현상이 나타나는 이유는 무엇입니까? 죄를 범하는 자아가 따로 있고 주 앞에 살아가는 중생자가 따로 있기 때문이 아닙니다. "죄를 범하는 모든 일은 중생자가 아니요. 원래 있던 나의 옛 자아가 행한 것이고, 옛 자아는 이미 그리스도의 십자가에 못 박혀 죽었으므로 지금 나는 죄지은 것 때문에 회개할 이유가 없다."라고 생각하는 두 자아론은 전부 이단적 생각이요, 지극히 잘못된 생각입니다. 사실은 하나의 인격적인 자아가 본성상 옛 성품에 따라 행하는 것이요, 또 성령으로 말미암아 거룩한 소망을 따라 행하는 것입니다. 한 입으로 주를 찬양하고, 욕설과 저주를 퍼붓는 것입니다. 그렇게 카멜레온처럼 왔다 갔다 하는 모습은 평생 짊어질 우리의 실상입니다. 사망의 굴레이며 죄의 종속의 억압이 중생자인 우리에게도 옛 성품에 따라 영향을 일정한 정도 미칩니다. 그래서 우리는 전적인 무능력을 고백하게 됩니다. "하나님, 저는 율법의 의를 하나도 이룰 수 없습니다. 내 힘으로는 도저히 그리스도의 형상을 닮아갈 수 없고 하나님의 자녀답게 사는 것도 어렵습니다"라고 고백하는 것입니다. 신자는 자기의 죄악 된 본성에 따른 부패성을 고백하고 무능력을 고백하는 데까지 나아갑니다.

그러면 신자는 평생 죄를 짓는 걸까요? 신자는 성화로 인한 변화, 곧 거룩한 삶의 변화와 경건을 전혀 이루지 못한다는 말입니까? 아닙니다. 무능력하지만 할 수 있습니다. 다시 말해 우리는 무능력하지만 하나님의 도우심으로 할 수 있습니다. 성화는 나로 인해 이루어지는 것이 아니라 성령님의 도우심으로 이루어지는 것입니다. 따라서 성령의 도우심을 받기 위해 말씀 앞에 정직하게 서야 합니다. 말씀에 따라 도우시는 하나님의 은혜와 능력을 간절히 구하지 않으면 성화를 이룰 수 없습니다. 기도하지 않으면 성화의 능력은 생기지 않습니다. 스스로 말씀을 보고 깨닫고 그렇게 살겠다고 결심하는 것만으로는 신자답게 살기에 충분하지 않습니다. 그 결심은 귀하지만, 작은 실천이라도 하나님께 기도하여 능력을 구해야만 이루어집니다. 죄는 영향력의 폭과 진동이 굉장히 넓고 깊습니다. 예를 들어, 술을 2-30년 동안 끊었던 사람이 다시 술을 마시면 계속해서 마시던 사람처럼 잘 마십니다. 마찬가지로 죄는 오랜 세월 멈췄던 것이라도 어제 지은 것처럼 다시 지을 수가 있습니다. 세월의 간격이 우리를 죄에 대해 무감각한 자로 만드는 것이 아닙니다. 그래서 우리는 계속해서 기도로 성령님의 도우심을 구해야 합니다.

우리가 믿는 개혁신학은 하나님이 주시는 칭찬을 인정합니다. 하나님 앞에서 죄짓는 것을 두려워하며 살듯이 하나님의 칭찬을 사모하라고 합니다. 하나님은 우리에게 은혜를 주셨고, 그 은혜를 주신 것이 우리에게 행복이 되었습니다. 그런데 그 행복대로 우리가 경건한 삶을 살아가면, 하나님이 기뻐하시고 그것을 우리가 행한 것처럼 여기시고 우리를 칭찬해주십니다. 바로 그것을 바라보는 것이 신앙의 원리입니다. 그것이 우리를 이끌어 가시는 하나님의 다스림입니다. 그것을 기뻐해야 합니다. 그러나 우리가 행한 것이 아니라 하나님의 도우심으로 한 것이므로 그 어디에도 우리의 공로는 없습니다.

그런데 가톨릭은 하나님이 바꿔주시는 중생자의 성품에 따라 자기의 의지로 행했으니 그것만큼 그가 주께 받을 공로가 있다고 말합니다. 그 공로는 대가로 받는 공로라 해서 '적정 공로'라고 합니다. 그들은 성령의 감화 감동이 내 안에 있어서 나를 은혜로 바꾸어 주셨으니 새로운 성품에 따라 내 의지로 순종한 것만큼 공로가 있다고 믿습니다. 그 공로가 죗값을 치러줄 만한 공로요, 따라서 연옥에서 받을 벌을 면하게 해줄 만한 정당한 대가 지불이라고 여기는 것입니다. 하지만 우리는 그것을 인정하지 않습니다. 로마서 7장이 그것을 거부합니다.

전적인 부패요, 전적인 무능을 가진 자가 경건을 행할 수 있는 것은 주의 도우심을 구하고 그 능력으로 해야만 가능한 것입니다. 내 의지가 아니라 옛 성품의 영향력을 이겨 내고 거룩한 소망대로 실현할 수 있도록 주장하는 힘을 주시는 성령님의 도우심이 있기에 경건과 헌신과 하나님 사랑을 행할 수 있는 것입니다. 그 모든 것은 내가 하나님께 얼마나 큰 사랑을 받았는지에 대한 증거가 되는 것이지, 내가 하나님께 드릴 만한 공로로 나오는 것이 아닙니다. 즉, 경건은 하나님께 받은 사랑에 대한 증거입니다. 우리는 우리의 헌신과 섬김을 가지고 와서 하나님을 사랑하는 증거로 내놓는데, 그것은 전부 내가 얼마나 큰 하나님의 사랑을 입었는지에 대한 증거일 뿐입니다.

본문 20-23절을 보겠습니다.

"만일 내가 원하지 아니하는 그것을 하면 이를 행하는 자는 내가 아니요 내 속에 거하는 죄니라 그러므로 내가 한 법을 깨달았노니 곧 선을 행하기 원하는 나에게 악이 함께 있는 것이로다 내 속사람으로는 하나님의 법을 즐거워하되 내 지체 속에서 한 다른 법이 내 마음의 법과 싸워 내 지체 속에 있는 죄의 법으로 나를 사로잡는 것을 보는도다."

먼저 20-21절에서는 내 속에 죄, 악이 있다고 합니다. 그리고 22-23절을 보니 네 개의 법이 나옵니다. 칼빈은 그것을 이렇게 구별했습니다. 첫째, **하나님의 법**입니다. 이것은 신자에게 주신 법으로 우리의 삶이 올바르게 정립되도록 주신 은혜의 규범입니다. 둘째, **마음의 법**입니다. 하나님의 법 앞에서 중생자의 마음에 작용하는 원리가 있습니다. 하나님의 법, 곧 의의 규범에 상응하는 내 마음속의 하나의 원리요 힘으로 순종하고 싶은 마음입니다. 셋째, **죄의 법**입니다. 이것은 육신의 욕망대로 살게끔 이끌어 가는 죄의 지배력입니다. 마지막으로 넷째, **지체 속에 작용하는 한 다른 법, 곧 육신의 욕망**입니다. 중생자의 마음의 법은 하나님 법대로 살아가고 싶어 합니다. 그런데 다른 한편으로 죄의 욕망이 영혼 깊은 곳에서 꿈틀거리고 있습니다. 성령 하나님의 도우심으로 중생자인 우리는 우리의 주관적인 마음의 법을 하나님의 법에 일치하도록 능력을 받아 육신의 욕망이라는 내적이며 주관적인 세력을 거슬러 죄의 지배력, 곧 불의의 법을 이겨나가는 삶을 살아가도록 부름을 받고 있습니다.

이러한 싸움 속에서 항상 승리하지 못하는 영적 실상을 중생자는 무덤덤하게 지나치지 못합니다. 그 결과, 신자는 탄식합니다. 24절을 보겠습니다.

"오호라 나는 곤고한 사람이로다 이 사망의 몸에서 누가 나를 건져내랴."

바울의 깊은 탄식을 보면서 어떤 이들은 그에게 구원의 확신이 있는지 의문을 가지기도 합니다. 신자가 볼 때는 바울의 탄식이 너무나 패배적이라고 생각되기 때문입니다. 그런데 이 탄식은 사망과 멸망의 몸에 갇혀 버린 자신을 누가 건져낼 수 있는지에 대한 절규입니다. "사망의 몸"은 육신의 정욕대로 살다가 멸망에 처할 몸을 나타냅니다. 창세기 6장 3절을 보면 하나님이 노아의 홍수 심판을 하시기 전에 "나의 영이 영원히 사람과 함께 하지 아니하리니 이는 그들이 육신이 됨이라 그러나 그들의 날은 백이십 년이 되리라"라고 말씀하셨습니다. 이 말씀은 "사람들이 생각하는 모든 계획이 항상 악했다. 그들은 그런 존재다"라는 의미입니다. 그러므로 사망의 멸망을 피할 수 없던 것입니다.

24절의 탄식은 구원의 확신에 대한 문제가 아닙니다. 구원받은 자로서 자기 안에 여전히 역사하는 육신의 잔재를 보고 자기의 무능력과 부패함에 대해 토로하는 것입니다. 신자는 죽을 때까지 이것을 피할 수 없습니다. 하나님이 우리를 구원하셨지만, 한순간에 완전히 거룩한 자로 만들지 않으시고 육신의 연약한 성품을 남겨 두셨기 때문입니다. 그래서 우리가 끊임없이 24절의 고백을 진실하게 하기를 원하십니다. 실로 나에게 의가 없으며 내 힘으로 아무것도 할 수 없다고 전적인 무능력을 고백하고, 나를 바꾸실 이는 오직 주님뿐이라는 고백입니다. 24절을 모르면, 신자라고 해도 그 사람과 영적 교통이 되지 않아 대화를 이어갈 수 없습니다. 죄인이라고 고백은 하는데 그 고백에 자기 성찰과 자기반성과 내면의 탄식이 들어 있지 않아서 그 사람의 죄에 대한 고백이 대체 무엇인지 알 수 없는 것입니다. 24절의 이 탄식은 하나님 앞에서의 자기 부정이요, 자기 부인입니다. 그것을 알아야 비로소 "내가 옳다고 했던 것들이 사실은 그렇지 않구나"라고 깨닫게 됩니다. 24절은 옳은 것을 실현해내지 못하는 자기의 부정을 보면서 하나님께 탄식하는 것입니다. 이 탄식은 곧 "하나님, 도와주세요"라는 의미입니다.

25절 전반절을 보겠습니다.

"우리 주 예수 그리스도로 말미암아 하나님께 감사하리로다."

예수 그리스도로 말미암은 진실한 구원에 대한 확신과 영광의 찬송이 있습니다. 그리고 이때 예수 그리스도로 말미암아 감사하는 것은 두 가지 의미를 갖습니다. 하나는 사망의 몸에 갇힌 나를 구원하셔서 하나님의 자녀 삼으시고 영생을 주신 것에 대한 감사로, 신분적 변화에 대한 확신입니다. 이것은 곧 믿음으로 의롭다 함을 받은 은혜입니다. 그리고 다른 하나는 곤고하고 비참한 나를 끝내 바꾸어 주실 예수님의 은혜에 대한 감사입니다. 신자는 이것을 믿고 하나님께 감사드리는 것입니다. 이 약속은 반드시 이루어집니다.

우리는 이 땅의 삶을 다 살고 주님께 영혼을 의탁하는 순간, 곧 육신과 영혼이 분리되는 그 순간에 천국으로 가게 될 텐데 그때 영광의 주님은 우리를 영접해주시며 우리는 더 이상 죄의 시달림을 받지 않는 거룩의 즐거움과 기쁨을 누리게 됩니다. 그리고 주님이 재림하실 때, 우리는 거룩하고 신령한 몸을 다시 입게 되면서 영화의 지극함을 약속대로 받게 됩니다. 신자는 바로 그것에 대해 하나님께 미리 감사하는 것입니다. 신자로 살다가 죽는 것은 너무 감사한 일입니다.

25절 하반절을 보겠습니다.

> "그런즉 내 자신이 마음으로는 하나님의 법을 육신으로는 죄의 법을 섬기노라."

성도가 살아갈 인생에 이것은 여전히 과제로 남아 있습니다. 그러므로 내가 믿음으로 주 앞에 나갈 때 자녀 삼아주신 하나님의 긍휼에 감사하며 살아가야 합니다. 감사가 성화의 동력이요, 성화를 이끌어 가는 추진력입니다. 그 추진력이 하나님의 법을 마음으로 섬기게 합니다. 영혼의 속사람이 성령의 조명을 받아 하나님의 율법의 의를 바르게 이해하고 순종하며 하나님과 이웃을 사랑하기를 원하는 것입니다. 하지만 육신으로는 죄의 법을 섬긴다고 했으니 계속해서 육신의 정욕과 싸울 수밖에 없습니다.

이 말씀은 우리에게 두 가지 교훈을 줍니다. 우리는 온전할 수 없다는 것과 기도의 능력이 없으면 성화를 이루지 못한다는 것입니다. 우리는 이 세상에서 사는 동안에 부패한 본성의 흔적과 잔재를 완전히 씻을 수 없습니다. 그러므로 신자로 사는 가운데 어떤 수치스러운 일을 범하게 되더라도 그것 때문에 좌절하고 낙심해서 하나님의 은혜를 떠나고 멸망자인 것처럼 죄 가운데로 더 깊이 끌려가서는 안 됩니다. 하나님은 우리의 실존의 한계를 다 아십니다. 그러므로 '내가 이런 죄를 짓다니'라며 깊은 수치를 느끼더라도 주 앞에 나와 깊이 회개하고 다시 힘을 내어 성령을 좇아 살기 위하여 기도로 나아가야 합니다. 성도는 그렇게 살면 됩니다. 그래서 의롭게 되는 것은 믿음으로 한 번에 이루어지지만, 회개할 때마다 다시 실존적으로 경험하게 되는 것입니다. 갈라디아서 5장 16절은 오늘 살핀 교훈의 요약을 제시합니다.

> "내가 이르노니 너희는 성령을 따라 행하라 그리하면 육체의 욕심을 이루지 아니하리라."

이 말씀이 오늘을 사는 여러분의 신앙생활에 자기 성찰의 기회를 주고 새로운 변화의 힘이 될 수 있기를 주의 이름으로 축복합니다.